Prof. Dr. phil. Werner Burgheim (Hrsg.)

Im Dialog mit Sterbenden

zuhören – reden – sich verstehen

Prof. Dr. phil. Werner Burgheim (Hrsg.)

Im Dialog mit Sterbenden

zuhören – reden – sich verstehen

FORUM VERLAG HERKERT GMBH
Mandichostraße 18
86504 Merching
Tel. 08233 / 381-123
Fax 08233 / 381-222
service@forum-verlag.com

Aktuelle Informationen über unser Verlagsprogramm
erhalten Sie auch auf unserer Homepage:
www.forum-verlag.com

Bibliografische Information der Deutschen Bibliothek

Die Deutsche Bibliothek verzeichnet diese
Publikation in der Deutschen Nationalbibliografie;
detaillierte bibliografische Daten sind im Internet
über http://ddb.de abrufbar.

Satz: TextLift · Thomas Gaissmaier · 86150 Augsburg
Druck: Verlagsdruckerei Kessler, 86399 Bobingen
Umschlaggestaltung: grafik et cetera · Maria Reichenauer ·
                    86830 Schwabmünchen
Printed in Germany 2005

ISBN-10: 3-86586-000-1
ISBN-13: 978-3-86586-000-2

Inhalt

Lobpreis eines alten Menschen

Selig, die Verständnis zeigen für meinen
stolpernden Fuß und meine lahme Hand.

Selig, die begreifen, dass mein Ohr sich
anstrengen muss, um alles aufzunehmen,
was man zu mir spricht.

Selig, die zu wissen scheinen,
dass mein Auge trübe
und meine Gedanken träge geworden sind.

Selig, die mit einem freundlichen Lächeln verweilen,
um ein wenig mit mir zu plaudern.

Selig, die niemals sagen: „Diese Geschichte
haben Sie mir heute schon zweimal erzählt."

Selig, die es verstehen, Erinnerungen
an frühere Zeiten in mir wachzurufen.

Selig, die mich erfahren lassen, dass ich
geliebt, geachtet und nicht alleingelassen bin.

Selig, die in ihrer Güte die Tage,
die mir noch bleiben auf dem Weg
in die Heimat
erleichtern.

anonym

Einführung

Jeder, der heute was auf sich hält, ist kommunikativ und steht im Dialog. Doch nicht jeder Dialog ist wirklich das, was eigentlich gemeint ist.

Dialog ist ein Prozess in einer offenen, unabgeschlossenen Gestalt, der dem Für und Wider unter gleichberechtigten Partnern Raum gibt und eigenes Urteilen ermöglicht.

Dialog unterscheidet sich von anderen Formen verbaler Kommunikation wie *Rhetorik*, die durch gezielten und überlegten Aufbau überreden, versüßen (lat. persvadere) und von der *Debatte*, welche nach harter Auseinandersetzung durch Abstimmung beendet wird und Sieger und Verlierer bestimmt.

Dialog ist partnerschaftliche Begegnung zwischen Menschen. Eine Indianerweisheit aus dem Stamme Dakota sagt: „Die wahrhaft höfliche Art und Weise, ein Gespräch zu beginnen, war eine Zeit gemeinsamen stillen Nachdenkens und auch während des Gespräches achteten wir jede Pause, in denen der Partner überlegte und nachdachte." Für die Dakota war das Schweigen bedeutungsvoll. Im Unglück und Leid, wenn Krankheit und Tod unser Leben überschatteten, war Schweigen ein Zeichen von Ehrfurcht und Respekt. Für die Dakota war Schweigen von größerer Kraft als das Wort.

„Weil Dialog Begegnung zwischen Menschen ist, die die Welt benennen, darf er keine Situation bilden, in der einige Menschen auf Kosten der anderen die Welt benennen. Vielmehr ist er ein Akt der Schöpfung[1] ... Dort, wo man sich begegnet, gibt es weder totale Ignoranten noch vollkommene Weise – es gibt nur Menschen, die miteinander den Versuch unternehmen, zu dem, was sie schon wissen, hinzuzulernen[2] ", so der bekannte brasilianisch Erwachsenenbildner *Paulo Freire*.

---

[1] Freire, P. Pädagogik der Unterdrückten, Reinbek Hamburg, 1973, 72.
[2] A. a. O. 74.

Martin Buber geht davon aus, dass Leben sich nur in der Gemeinschaft entfalten kann. „Alles wirkliche Leben ist Begegnung."[3] Im
Ich-Du-Verhältnis wird diese Begegnung erfahren und zwar im
Sicht-Erschließen. Es ist ein zweiseitiger Vorgang zwischen Ich
und Du. Im Es-Verhältnis wird ein / eine oder ein anderes (das
Es) dem eigenen Zweck unterworfen, es wird, besessen. Im begrenzten Ich, durch Dinge und Menschen, auf die es stößt, erfährt
es die anderen, das Du und zugleich sich selbst und kommt damit
zum Bewusstsein der anderen und seiner selbst.

Nina Herrmann berichtet aus ihrer Arbeit als Klinik-Seelsorgerin
in den USA in ihrem Buch: Mit Trauernden reden" von zwei Kollegen. Der Priester „hält im Vorübergehen eine Minute bei einem
Menschen an, und der hat hinterher das Gefühl, er hätte gut und
gern fünf Minuten mit ihm gesprochen. Ein Pfarrer redet fünf Minuten mit einem Kranken und hinterlässt das Gefühl, mal eben
eine flüchtige Minute vorbeigekommen zu sein. Der Priester bleibt
stehen, stellt sich bequem hin oder setzt sich, nimmt eine Hand,
hält Blickkontakt und gibt dem Kranken das Gefühl, seine unge-
teilte Aufmerksamkeit zu bekommen. Der Pfarrer kann nicht still-
stehen, setzt sich nicht hin, kann nicht entspannen, fasst niemand
an, guckt in der Gegend umher und vermittelt den Eindruck,
schrecklich beschäftigt zu sein, und schon damit einen Gefallen
getan zu haben, dass er mal eben vorbeigekommen ist.[4]

Wahres Zuhören ist echte Teilnahme an dem, was der andere
sagt, was er oder sie vielleicht nur andeutet, und darauf, was sie
nicht anspricht. Das ist Arbeit, harte Arbeit sogar, die manchmal
einen alle Kraft kostet.

Der Dialog lebt vom Geben und Nehmen, vom Reden, Hören
und Antworten, vom Impuls geben und aufnehmen, vom Warten, Schweigen, von Meinung und Widerspruch, von Streitkultur,
Dialektik und Synthese. Zwei oder mehrere Menschen begeg-

---

[3] Buber, M.: Das dialogische Prinzip, Heidelberg, 1984, 14.
[4] Herrmann, N., 1990, 149.

nen sich. Das aktive Zuhören hat im Dialog einen wichtigen, zu übenden Anteil.

Keiner der Partner hat den Dialog allein in der Hand. Er liegt im wörtlichen Sinne „zwischen" den Partnern, die Silbe „dia" sagt es. Gegenüber allen einzelnen ist er ein Drittes, das wahrgenommen und gepflegt sein will und in dessen Medien sie erst zum Partner werden... Für jedes Eigene, das im Dialog „zwischen" den Sprechenden geschieht, muss durch sprachliche Bildung das „Organ" entwickelt werden.

Darum lässt *Antoine de Saint-Exupéry* den Fuchs im „Kleinen Prinzen" zum Flieger sagen: „Du musst sehr geduldig sein... Du setzt dich zuerst ein wenig abseits von mir ins Gras. Ich werde dich so verstohlen, so aus dem Augenwinkel anschauen, und du wirst nichts sagen. Die Sprache ist die Quelle der Missverständnisse. Aber jeden Tag wirst du dich ein bisschen näher setzen können..." Und wenig später: „Hier ist mein Geheimnis. Es ist ganz einfach: Man sieht nur mit dem Herzen gut. Das Wesentliche ist für das Auge unsichtbar."[5]

In der Begleitung Sterbender erleben die BegleiterInnen in der letzten Phase des Lebens hautnah den Kampf gegen Schmerzen, Ängste, Verzweiflung, aber auch Hoffnungen und letzte wirkliche Botschaften.

Alltagserfahrungen zeigen, wie oft es zu Missverständnissen kommt. In der Sterbebegleitung ist dies tragisch. Von Sterbenden wird oft eine nonverbale Sprache verwendet und dafür ist ein Wissen und eine Sensibilisierung der Begleiterinnen und Begleiter erforderlich.
Auch das Verhältnis des Sterbenden zu seinen Angehörigen ist und wird oft bis an die Grenze belastet. Wie Brücken schlagen? Wie die Situation verstehen? Wie kann ein Dialog mit dementen und verwirrten Menschen überhaupt noch gelingen?

---
[5] A. a. O. 127.

„Was den existenziellen Grund eines Menschen berührt", so der Hospizarzt *Martin Weber*, „muss belastend, muss schwierig bleiben", und doch kann es befiedigender sein als das Gelingen einer komplizierten Operation.

Hierzu bedarf es kommunikativer Kompetenz. „Ein gelingendes Gespräch wird sich sabei nicht auf bloße „Gesprächstechnik" reduzieren lassen, sondern der Schwerstkranke wird – günstigenfalls – erleben, ob er ein echtes Interesse, eine tatsächliche Wertschätzung seiner Person erfährt und spürt", so schreibt der Kommunikationswissenschaftler *Roland Hofmann* in diesem Buch.

Der Dialog braucht auch Anstöße und Ausdrucksmittel: Das vergangene Leben noch einmal in strukturierter Biografiearbeit zu reflektieren, mit Kunst und Musik Gefühle zum Ausdruck verhelfen und verarbeiten, Tiere und Humor als Medien und als Helfer einsetzen, und Humor als Haltung heilend wirksam werden lassen.

Rituale sind Stützungen der Seele. Anregung zu Formen des Abschiednehmens, der letzten Stunde und Rituale bis zur Bestattung werden hier zahlreich gegeben und an vielen Beispielen verdeutlicht. Die Autoren/-innen haben mit Engagement viel Nützliches aus ihren Erfahrungen in diesem Buch aufgeschrieben.

Möge es den Sterbenden und seinen Begleitern zu einer echten Begegnung verhelfen, Basis und Ausgangspunkt für alle weiteren Gestaltungsprozesse.

September 2005   Prof. Dr. phil. Werner Burgheim

Verbale und nonverbale Kommunikation bei Sterbenden

Roland Hofmann

Tod, Trauer, Sterben, unerträgliche Schmerzen sind in unserer Leistungsgesellschaft Themen, die sehr häufig mit einem Tabu belegt sind.

Immer noch ein Tabu?

Was aber „machen" Menschen, die sich freiwillig – ob professionell oder ehrenamtlich – an das Sterbebett setzen, um Schwerstkranke und Angehörige zu trösten, mit ihnen zu weinen oder einfach nur zuzuhören?

Sie begleiten Sterbende in der letzten Phase ihres Lebens, erleben hautnah den Kampf gegen Schmerzen, Ängste, Verzweiflung, aber auch Hoffnungen und letzte wirkliche Botschaften.

All dies auszuhalten wird nicht dadurch einfacher, dass ein Hospizhelfer, Arzt, eine Krankenschwester, Angehörige die Grundlagen der Kommunikation beherrschen.

„Was den existenziellen Grund eines Menschen berührt", so schreibt *Martin Weber* (2000), „muss belastend, muss schwierig bleiben" (S. 34), „und doch kann es befriedigender sein als das Gelingen einer komplizierten Operation".

Hierzu bedarf es kommunikativer Kompetenz. Ein gelingendes Gespräch wird sich dabei nicht auf bloße „Gesprächstechnik" reduzieren lassen, sondern der Schwerstkranke wird – günstigenfalls – erleben, ob er ein echtes Interesse, eine tatsächliche Wertschätzung seiner Person erfährt und spürt.

Kommunikative Kompetenz

Helene Mayer (2001), die Vorsitzende der österreichischen IGSL, Internationale Gesellschaft für Sterbebegleitung & Lebensbeistand, betont in ihrem Editorial die Bedeutung und Überlegenheit der nonverbalen Kommunikation im Umgang mit Schwerstkranken und Sterbenden.

Die Bedeutung nonverbaler Kommunikation

Gerade hier geschieht das Senden einer Nachricht sehr häufig – oft wegen des Fehlens anderer Möglichkeiten der Übermittelung – durch Blickkontakt, aber auch Lächeln, Gesten, veränderte (etwa plötzlich distanzierte) Körperhaltung usw.

Ob den schwerstkranken Menschen jemand anlächelt, anstarrt, weint, führt sehr häufig zu spontaner Reaktion – mehr oder weniger ausgeprägt auf allen vier Ebenen einer Nachricht.

Mayer (2001, S. 3) versucht durch ein kleines Fallbeispiel einiges zu verdeutlichen:

„Rote Schuhe"

„Als Angela im Krankenhaus lag, weil ihr der Blinddarm entfernt werden musste, wurde zwei Tage später eine junge Patientin zu ihr ins Zimmer gelegt, der bei einem schweren Verkehrsunfall beide Beine gebrochen worden waren. Diese Patientin war überzeugt davon, dass sie nie wieder würde laufen können. Sie war unglücklich, unwillig und launisch. Kaum ein freundliches Wort war den ganzen Tag über von ihr zu hören. Sie weinte oder schlief den ganzen Tag. Nur morgens, wenn die Post kam, schien sie ihrer Umwelt etwas freundlicher gesonnen. Doch trotz aller Geschenke blieb sie traurig und unglücklich. Eines Tages erhielt sie ein größeres Päckchen von ihrer Tante, die weit entfernt wohnte. Als die junge Patientin das Paket geöffnet hatte, fand sie ein wunderschönes Paar roter Schuhe mit kleinen Absätzen.

Die Krankenschwester murmelte etwas von „Leuten, die überhaupt kein Feingefühl hätten ...", und räumte die Verpackung weg. Doch die Patientin schien sie gar nicht gehört zu haben. Sie steckte die Hände in die Schuhe und ging mit ihnen auf der Bettdecke spazieren. Ab diesem Tag änderte sie ihr Verhalten. Sie nahm die Anweisungen der Krankenschwester bereitwillig an, und bald schon konnte die Therapie intensiviert werden.

14

Eines Tages sah Angela zufällig ihre ehemalige Zimmernachbarin, wie sie lachend mit einer Freundin in eine Eisdiele ging; an den Füßen trug sie rote Schuhe mit kleinen Absätzen."

War es vor zehn bis zwanzig Jahren noch der Pflegekraft / dem Arzt „verboten", sich auf oder nah an das Bett eines Patienten zu setzen (etwa um seinen Arm, seine Stirn zu streicheln, seinen Kopf an sich zu drücken) – und dies geschah häufig unter dem Aspekt der Hygiene oder des Distanzgebots –, so gilt dies heute als Unfug.

Das Hygiene- und Distanz- gebot gilt heute als Unfug

Denn sehr viele Patienten versuchen durch nonverbale Kommunikation ihre Ängste, Hilflosigkeit, Trauer, Aggression und Schmerz auszudrücken und sollten in diesem Bedürfnis nicht allein gelassen werden, denn nonverbale Botschaften sind der Sprache überlegen.

Stellen Sie sich vor, Sie beteuern vielfach – etwa als Krankenschwester, Arzt, Sozialpädagogin: „Sie brauchen vor der OP keine Angst zu haben; dies ist nur ein kleiner, unbedeutender Eingriff. Dr. M. hat den schon hundertfach durchgeführt. Die Misserfolgsquote liegt nur bei 0,5 %...."

Medizinische Information

Was bedeutet das für sehr viele Patienten – nach dieser doch sachlich vorgetragenen Information? „Ich bin bei diesen 0,5 %...!" Neben diese (notwendige) medizinische Information sollte die nonverbale Kommunikation treten.

Bevor die Pflegekraft, der Arzt oder andere vielfach beteuern: „Sie brauchen keine Angst zu haben" u.s.w., erhält das „In-den-Arm-nehmen", den „Patienten an sich drücken" eine völlig andere Qualität, selbstverständlich nur, wenn die Beziehung zwischen beiden dies hergibt und wenn die Patienten dieses Bedürfnis auch (nonverbal) ausdrücken.

Eine andere Qualität

Der Wunsch nach aktiver Sterbehilfe kommt bei Schwerstkranken erst gar nicht auf, wenn sie ein verlässliches Gefühl dafür entwickeln können, dass ihre körperlichen Schmerzen mit modernsten Methoden zuverlässig gelindert und ihre begleitenden (seelischen) Schmerzen durch entsprechende Betreuung und psychosoziale Unterstützung begleitet werden. Nonverbale Anteile – gerade auch in der professionellen Arbeit – können hierbei einen unschätzbaren Anteil beitragen.

Letztendlich muss der „Hospizler", der „Profi" rüberbringen:

„Mich interessierst du. Ich verstehe, warum du so fühlst, dich so verhältst. Du interessiert mich als Person...."

Der Wert des Zuhörers

Fazit: Er ist ein guter Zuhörer! Über den Wert des Zuhörens ist schon viel nachgedacht und geschrieben (z. B. Hofmann, 1995) worden. Dort wird die Frage gestellt: Lässt sich dieses Gesprächsverhalten lernen? Ich meine: Ja! Jeder, der will, kann ein guter Zuhörer werden. Die Kommunikation im Berufsalltag des Krankenpflegepersonals bedarf der professionellen Gesprächsführung. Nun haben sich seit vielen Jahren Wissenschaftler und Praktiker darum bemüht herauszuarbeiten, was die Grundlagen

Professionelle Gesprächs- führung

der zwischenmenschlichen Kommunikation, der Psychologie der Gesprächsführung, sind. Diese Theorienentwicklung und Systematiken haben in ein Konzept Eingang gefunden, das sich unter „Gesprächspsychotherapie / klientenzentrierte Gesprächsführung" zusammenfassen lässt.

Das Gegenüber, der Mensch, der Partner, der Patient, der / die Mitarbeiter stehen dabei im Vordergrund. Als deren Partner / Zuhörer will ich mich bewähren und nicht als Experte, der vorschnelle Ratschläge gibt, wie hilfesuchende Personen ihr Leben oder auch ihr Sterben besser „in den Griff bekommen". Denn der Schlüssel zur Problembewältigung liegt bei jedem selbst. Man kann ihn nur beraten, begleitend im helfenden Gespräch unterstützen. Die Bedeutung des Gesprächs in der zwischenmenschlichen Beziehung auf der Station ist allen, die dort arbeiten, bekannt. Der amerikanische Psychologe *Carl Rogers* hat die wissenschaftliche Gesprächsführung begründet. Nach einigen Jahren in der Praxis der Beratung und Psychotherapie hat er zusammen mit seinen Mitarbeitern eine Vielzahl von Tonbandprotokollen aus Beratungssituationen abgehört, analysiert und drei Variablen gefunden, die immer wieder auftauchten, wenn ein Gespräch gut verlief. Es sind die Elemente einer einfühlsamen Haltung:

- Positive Wertschätzung

- Einfühlung / Empathie

- Verbalisierung der emotionalen Erlebnisinhalte

Was macht ein „gutes" Gespräch aus?

Die zentrale Voraussetzung für das Gespräch ist das **Zuhören.**

Der Partner muss die Gelegenheit bekommen, seine Sichtweise ausführlich darzulegen. Dabei kann man helfen, indem man sein Interesse zeigt: „Erzähl weiter! Wie war das genau?" usw.

Ein weiterer Schritt ist dann, dem Partner seine Gedanken und Aussagen widerzuspiegeln. Dies geschieht durch Sätze wie: „Du meinst also, dass...", durch Wiederholungen seiner Aussagen oder Zusammenfassung mehrerer Aussagen mit eigenen Worten.

Schließlich soll man die Gefühle des Partners ansprechen. Dies können sowohl direkt geäußerte Gefühle sein als auch Gefühle, die beim Erzählen mitschwingen („Du hast Angst, dass...", „Bei deinen Worten klingt Hoffnung mit").

Grundsätzlich ist aber wichtiger als jede psychologische Technik, dass man die partnerzentrierte / klientenorientierte Grundhaltung so zeigt, wie sie für einen selbst echt ist. Echtheit heißt: Sie muss sich in die eigene Person und in das eigene Verhalten einfügen. Partnerzentriert sein bedeutet dann, dass man sich in den Partner hineinversetzt.

Klienten- zentrierte Grundhaltung

Exkurs: Was bedeutet ein Lächeln?

Dass Gesichter, die Gefühle zeigen, die Macht haben, ein bestimmtes Ausdrucksverhalten auszulösen und uns zu bestimmten subjektiven Erfahrungen bringen können, ist seit langem belegt (z. B. Deutsch, Le Baron & Fryer, 1991.) Allerdings gibt es demnach geschlechtsspezifische Unterschiede, wonach in Sachen „Lächeln" für Männer und Frauen unterschiedliche Maßstäbe angesetzt werden.

Bedeutung des Lächelns

Wenn Frauen kein ausdrucksstarkes und herzliches nonverbales Verhalten zeigen, werden sie strenger bewertet als Männer. *Alexander Lowen*, dem Begründer der Bioenergetik, wird folgende Behauptung nachgesagt:

Körperausdruck

„Keine Worte sind so klar wie die Sprache des Körperausdrucks, wenn man erst einmal gelernt hat, sie zu verstehen."

...und dazu gehört im Bereich der Mimik neben dem unverzichtbaren Blickkontakt die Bewegung des Mundes. Denn ein Lächeln sagt alles und bewirkt viel. Die positive Gemütsverfassung wirkt sich auf die Gesundheit von Körper und Seele – beim Sender und Empfänger dieser Nachricht – aus.

Supervision als Form der Beratung

Bei der Pflege von Schwerstkranken oder Sterbenden stehen die Pflegenden und alle anderen patientennah arbeitenden Berufsgruppen unter besonders starker psychischer Belastung. Durch Supervision kann ihnen psychosoziale Entlastung geboten werden. Wenn Supervision der professionellen und systematisierten Bearbeitung von beruflichen Interaktionsproblemen dient und eine Verbesserung und Erweiterung persönlicher und fachlich praktischer Handlungskompetenz zur Folge hat – ist sie damit nicht „nur" eine Form der Beratung? Und wenn daneben das einfühlsame, „heilsame" Verhalten und Verständnis für andere Menschen erlernt und eingeübt werden soll – erkennen wir nicht da die Grundlagen der Gesprächsführung – Akzeptanz, Einfühlung, Echtheit – wieder?

Supervision – Beratung und Gesprächsführung

Ist dann Beratung nicht nur eine besondere Form der Gesprächsführung? Diese Fragen sind mit einem klaren JA zu beantwor-
ten! Supervision ist eine Form der Beratung, und Beratung ist
eine Form der professionellen Gesprächsführung, und allen ist
eines gemeinsam: Die Beteiligten in einem solchen Interak-
tionsprozess müssen einander zuhören – oder sie müssen es
lernen. Und dafür gibt es unterschiedliche Supervisionsansätze:
Die Einzel-, die Team- und Gruppensupervision sowie die Projekt-
beratung.

Die Supervisionsinhalte (Gesprächsinhalte) betreffen die Beziehungen des Personals untereinander und zu Führungskräften,
des Pflegepersonals zu den Patienten und deren Angehörigen,
zur Krankenhausorganisation und zur Gesellschaft und können
dann durch die so genannte Supervisionsbrille betrachtet werden. Partnerzentrierte Gesprächsführung, Beratung und Supervision sollten in der Praxis der Sozial- und Gesundheitsberufe
eine Selbstverständlichkeit sein. Sie ist kein Allheilmittel. Ihre
Einführung im Krankenhaus, Altenheim, Hospiz ist aber ein hu-
manistischer Ansatz, um die bestmöglichen Hilfen für Patienten
und Personal bereitzustellen.

Supervisions-
brille

Sterbebegleitung ist eben sehr häufig auch ein Kommunikations-
problem. So ist es ein weit verbreiteter Irrtum, davon auszugehen, Schwerstkranke würden bereits lange vor ihrem Tod das
Bewusstsein verlieren. Sehr viele Patienten – so zeigen Praxiserfahrungen und Untersuchungen immer wieder überzeugend –
bleiben bis kurz vor ihrem Tod erreichbar, wenn auch nicht immer ansprechbar (etwa direkt-verbal, symbolisch-verbal oder
auch in der Form einer „Symbolsprache" wie sie z. B. *Inger Hermann* (2000) unter dem bezeichnenden Titel „Die Koffer sind
gepackt!" beschreibt).

Sterbebegleitung
– ein Kommuni-
kationsproblem?

Zentral bleibt gerade in diesen Phasen, dass sich der Sterbebegleiter auf die dem Patienten noch mögliche Art der Kommunikation einlassen kann und sie verstehen lernt.

Dies mögen z. B. Symbol- oder Traumsprache sein, die das Nacherleben von vielleicht Unaussprechlichem möglich machen, etwa durch Weiterassoziieren und -phantasieren oder die gemeinsame Suche nach Wort- oder Bildmetaphern, die Trost spenden und entlasten (Mennemann, 1998).

Die berühmte amerikanische Sterbeforscherin *Elisabeth Kübler-Ross* beschreibt solche Gleichnisse, Parabeln und Symbolsprachen (1990) sehr anschaulich anhand zahlreicher Fallbeispiele – auch unter Verwendung von Zeichnungen –, angefertigt in einer Lebenskrise. Bekannt wurde sie insbesondere einem breiten (Fach-) Publikum dadurch, dass sie die vielfältigen Phänomene des Sterbens bestimmten typischen Abschnitten zuordnet.

Aber – so schreibt *Mennemann* (1998, S. 256):

Zum Nutzen der Phasenmodelle

„Eine Orientierung an Phasenmodellen, dies sei noch einmal kurz wiederholt, ist in der Praxis wenig hilfreich, da die Phasen nicht deutlich nacheinander ablaufen. Allerdings sind ein Wissen um unterschiedliche Verarbeitungsphasen und daraus folgend unterschiedliche Interventionsstrategien wichtig."

Biografiearbeit, Erzählstunden, kreative Verfahren können das Gelingen der Kommunikation mit Sterbenden sehr bereichern und erleichtern und dies ist nur in sehr geringem Ausmaß abhängig von der richtigen Wortwahl. Im Vordergrund steht die Konsequenz: Das Zusammenspiel verbaler und nonverbaler Ausdrucksformen (vgl. Axiom 3, Modelle und Grundlagen der Kommunikation).

Und ein weiteres Axiom gab den Hinweis:

Ein alter Grundsatz: Schweigen ist oft ausdrucksstärker als Reden

„Auch wenn verbale Verständigung versagt, besteht weiterhin Kommunikation: Gelebtes Schweigen ist oft ausdrucksstärker als Worte. Erst die innere Abkehr vom sterbenden Menschen führt ihn in die Isolation, nicht jedoch Schweigen oder Stille. Erlebnisformen der Stille können sein: Nähe (Verringerung des körperlichen Abstandes) und innere Anwesenheit, auditive Kommunikation (Töne, Lieder, Musik), Zuhören („Die meisten sterbenden Patienten möchten keine Antworten, weil sie wissen oder spüren, dass es auf die Geheimnisse des Todes keine Antworten gibt"), Blickkontakte (Kommunikation ist über Blicke möglich zwischen vertrauten Menschen), Körperkontakt (Streicheln), einfühlende Solidarität (vorbehaltlose Begegnung, Einbringen der eigenen ganzen Person...) (Mennemann, 1998, S. 260).

Schweigen und Zuhören sind gleichrangige zentrale „Sprachkompetenzen", und es wird immer wieder in Theorie und Praxis der Sterbebegleitung völlig zu Recht auf den Körper, die Körpersprache, als wichtigen Kommunikationsträger hingewiesen.

Der Körper als Kommunikationsträger

Neben klassischen körperorientierten Methoden (wie Yoga, autogenes Training, progressive Muskelentspannung) treten in jüngster Zeit auch „Konzentrative Bewegungstherapie – KBT" (Hausmann & Neddermeyer, 1996) und „Focusing".

Dieses Focusing – so schreibt *Agnes Wild-Missong* in ihrem Vorwort zur deutschen Ausgabe 1981 des vom Begründer dieser Methode (des Chicagoer Psychologieprofessors *Eugene T. Gendlin*) herausgegebenen Standardwerks – ist „als eigentlicher Prozess psychischer Veränderung eine Neuentdeckung. Es ist ein körperlich spürbar ablaufender Prozess, bei dem sich aus Körperempfindungen Sinngehalte ergeben. Dieser Prozess bringt ein Evidenzerleben mit sich, das demjenigen, der es erfährt, absolute Sicherheit vermittelt, das eigentliche Bedeutsame einer Sache gefunden zu haben. Dieses spezielle Sprechen-Lassen aus dem Körper, um die eigentliche Bedeutung eines Problems in evidenter Weise zu erfahren und zu erkennen, ist Focusing." (S. 7)

Focusing

„Focusing wurde im Rahmen der klientenzentrierten Psychotherapie entwickelt. *Carl Rogers*, der Begründer der klientenzentrierten Psychotherapie, postuliert das empathische Verstehen, das wirkliche Zuhören-Können. Indem er sich in den Bezugsrahmen des Klienten versetzt, versucht *Rogers*, die Gefühlsbedeutung der Aussage eines Klienten zu verstehen und dem Klienten sein Verständnis mit-

Gefühle in Worte fassen

zuteilen. (...) Wenn *Rogers* die Gefühle, die eine Aussage begleiten, widerspiegelt, lässt *Gendlin* die Aussage zuerst körperlich empfinden, bis aus der Körperempfindung die gefühlte Bedeutung spricht." (S. 7/8)

Bereits diese prägnanten Formulierungen skizzieren den unschätzbaren Wert dieser professionellen Interventionsmöglichkeit: Hier wird das Körpererleben auch an Worte gebunden und eine ganzheitliche Kommunikation hergestellt, und damit tragen körperliche Entspannung und bewusstes Wahrnehmen eines Schmerzes zur psychischen Erleichterung bei; **aktuelle Publikationen** sind beispielhaft folgende:

Cornell (1997); *Feuerstein; Müller & Weiser-Cornell* (2000), und zum Thema „Schmerzbewältigung", „Umgang mit chronischen Schmerzen" liegt auch eine CD-ROM beim FZK (Focusing Zentrum Karlsruhe / Weingarten) vor.

Burgheim (1994) macht an sieben methodischen Gestaltungselementen – verbunden mit vielen Beispielen und Praxisbezügen – die Aufgaben eines „Lernhelfers" (so nennt er ihn) in der qualifizierten Begleitung von Sterbenden und Trauernden deutlich.

Burgheims Lehr-Lern-Prozess

Dazu bedient er sich folgender methodischer Elemente im Lehr-Lern-Prozess als Weg des Lehrens und Lernens (S. 167 – 251):

- Verstehen (Sprache und Verstehen)

- Hineinhören (Erzählung und Hineinhören)

- Schreiben (Schreiben und Vorlesen)

- Schauen (Bilder und Schauen)

- Gestalten (Gestalten und Begreifen)

- Berühren (Körper und Berühren)

- Bewegen (Leib und Bewegen)

Damit wird den Beteiligten im Krisen-Lehr-Lern-Prozess ein me-
thodisches „Rüstzeug" an die Hand gegeben um „überleben zu
lernen, und das ist wesentlich." (Burgheim, S. 247)

Ein Beispiel: Das „Apallische Syndrom"

Im so genannten „Wachkoma"(=„Apallisches Syndrom") befindet   *Ein Fallbeispiel*
sich der Patient in einem schlafähnlichen Zustand, hält aber die
Augen offen. Ursachen für diesen Zustand sind mannigfaltig: Etwa
ein Herzinfarkt, Schlaganfall, Unfall, Komplikationen in Verbindung
mit einer Reanimation oder infolge eines Narkosezwischenfalls.
Ca. 100.000 Menschen – so schätzt man – erleiden pro Jahr ein
solches schweres Schädel-Hirntrauma in Deutschland (laut Angaben des Vereins „Dornröschen" in Bad Honnef).

In einer großen Regionalzeitung (Rhein-Zeitung, Koblenz vom
22.09.2001) wird folgender Fall beschrieben:

Willi Zeck, ein 57-jähriger Maschinenbauer, fällt bei Arbeiten
„rund um sein Haus" plötzlich um. Er wird reanimiert, im Krankenhaus ein zweites Mal. Wie lange er unter Sauerstoffmangel
gelitten hat, weiß seine Frau nicht. Die Ärzte versetzen den Patienten in ein künstliches Koma. Nach zwei Wochen atmet Zeck
wieder selbst, aber das Bewusstsein erlangt er nicht wieder. Seine Frau ist dennoch optimistisch, schaut ihn immer wieder an
und denkt: „Er muss doch gleich aufwachen." Die Ärzte bleiben
skeptisch, „ich müsste abwarten", sagten sie. „Und sie wollten
mir nichts versprechen, keine zu großen Hoffnungen machen."

Gertrud Zeck lässt sich die Hoffnung nicht nehmen. Bis heute
nicht. „So einfach geht das nicht." Ihr Mann wird in die Akut-
Rehabilitation nach Trier verlegt. Sein schlafähnlicher Zustand
hält an. Mit geöffneten Augen starrt Willi Zeck zur Decke. Seine
Frau sitzt jeden Tag neben ihm, stundenlang hält sie seine Hand.
Und sie erzählt, erzählt. Von Tochter Sandra, vom neuen Haus.
Von den Rechnungen, die endlich bezahlt sind, und dass das

Geld sogar noch fürs Verputzen reichen wird. Gertrud Zeck muss sich erst daran gewöhnen, dass sie keine Antwort bekommt. Fragen stellt sie dennoch, und mit ihrem Mann vereinbart sie: „Wenn du ja sagen willst, dann mach die Augen ein Mal zu." Als das funktioniert, ist die 46-Jährige endgültig überzeugt, dass ihr Mann im Wachkoma seine Außenwelt wahrnimmt.

... und die Meinung der Experten

Ein Experte, der Oldenburger Mediziner *Andreas Zieger*, wird in dem Artikel der Zeitung wie folgt zitiert:

„Bei Wachkoma-Patienten handelt es sich um lebende und empfindsame Menschen, deren Leben konsequent gefördert oder begleitet, nicht aber durch Maßnahmen zur Sterbehilfe beendet werden sollte. Menschen im Wachkoma sind weder unheilbar Kranke noch Sterbende oder gar (Teil-) Hirntote, sondern sie sind neurologisch (Langzeit-) Schwerstkranke. Ihre Behandlung, Förderung und Begleitung ist an den gleichen Kriterien zu messen wie der Umgang mit anderen chronisch Schwerstkranken oder Schwerstbehinderten."

Die Sprache der Sterbenden

Die Beschäftigung – eben auch nonverbal – mit der „Sprache der Sterbenden" setzt voraus, dass sich die Begleitenden die Zeit und die Ruhe nehmen, um genau hinzusehen, hinzuhören und sich in den sterbenden Menschen hineinzufühlen (Klessmann, 1994).

Demnach können sprechunfähige Menschen durchaus noch sehr wahrnehmungsfähig sein und sind auf vielfache Weise noch zu erreichen.

Klessmann (1994. S. 171) führt dazu aus:

Wahrnehmungsfähigkeit

„Hör-, Seh-, Riech- und Geschmackssinn sind mehr oder weniger intakt und natürlich kommen auch die Wahrnehmung von Hautkontakt, Mimik, Gestik, Zeichensprache und die Sprache der Berührung hier voll zum Zug. Krankenschwestern, die darin Erfahrung und Übung haben, berichten erstaunliche Dinge über die Differenziertheit, die in der Verständigung mit solchen Patienten möglich ist."

Vor diesem Hintergrund ist es sinnvoll, wenn Menschen, die Sterbende begleiten, etwas über ihre eigene Mimik und Gestik sowie über ihre Stimme wissen. Ebenso wichtig ist es, dass sie wissen, was sie ausstrahlen und wie sie Zuwendung oder Ablehnung, Gleichgültigkeit oder Freude ausdrücken oder wie sie zu Schwerkranken oder Sterbenden sprechen: Wie klingt meine Stimme? Eher hart oder flüchtig oder warm? Wie rede ich mit einem Schwerkranken? Mache ich ihn zum Kind, oder rede ich mit ihm wie mit einem Erwachsenen?

Modulation der Stimme

Seit langem ist bekannt:

„Trost und Zuwendung heilen!"

Dies wird durch die Distanziertheit in der modernen medizinischen Versorgung, aber auch durch Routineabläufe in Krankenhäusern / Altenheimen allzu häufig verhindert.

Ein großes Krankenhaus in Mecklenburg-Vorpommern firmiert seit kurzer Zeit unter dem Logo „Vertrauen hilft heilen!". Dies tragen die Beschäftigten auch im Namensschild ihrer Dienstkleidung. Während dies dem einen allzu plakativ-aufgesetzt vorkommen mag, wird der andere daran vielleicht Gefallen finden und Zutrauen fassen.

Hilft Vertrauen heilen?

So berichtet die Zeitschrift „Psychologie Heute" (04/1992, S. 41) über eine „Stanford-Untersuchung mit Brustkrebs-Patientinnen, die zusätzlich zur medizinischen Therapie an Selbsthilfegruppen teilnahmen".

Demnach berichteten diese Frauen nicht nur von einem wesentlich verbesserten Befinden, sondern sie überlebten auch durchschnittlich 18 Monate länger als eine vergleichbare Kontrollgruppe, die ausschließlich in ärztlicher Behandlung war.

Beides muss zusammen- kommen

Natürlich können Wärme, Akzeptanz, Zuwendung die medizinische Therapie und Diagnostik nicht ersetzen. Kombiniert und ganzheitlich kann beides aber ganz offentsichlich deutliche Fortschritte im Heilungsprozess bewirken.

Und abschließend:
„Gesagt ist nicht gleich gehört, gehört ist nicht gleich verstanden, verstanden ist nicht gleich akzeptiert; diese Grunderfahrung professioneller Gesprächsführung weist darauf hin, dass Beraten mehr und anderes ist als Informationen weitersagen."
(Quelle unbekannt)

Wer sich mit dem Thema „Beratung" umfassend und allgemein beschäftigen will, sei auf die Zeitschrift „BERATUNG AKTUELL – Zeitschrift für Theorie und Praxis der Beratung" (Hrsg.: Sanders, R. Paderborn: Junfermann-Verlag) hingewiesen oder auf die wissenschaftliche Reihe „Beratung" (Hg.: Nestmann, F. & Thiersch, H., Band 1 – 7; Tübingen: dgvt-Verlag).

Wusstest Du schon?

Wusstest Du schon,
dass die Nähe eines Menschen
gesund machen,
krank machen,
tot oder lebendig machen kann?

Wusstest Du schon,
dass die Nähe eines Menschen
gut machen,
böse machen,
traurig und froh machen kann?

Wusstest Du schon,
dass das Wegbleiben eines Menschen
sterben lassen kann,

---

dass das Kommen eines Menschen
wieder leben lässt?

Wusstest Du schon,
dass die Stimme eines Menschen
einen anderen Menschen wieder aufhorchen lässt,
der für alles taub war?

Wusstest Du schon,
dass das Wort oder das Tun eines Menschen wieder
sehen machen kann,
einen, der für alles blind war,
der nichts mehr sah
in dieser Welt und in seinem Leben?

Wusstest Du schon, dass das Zeit-Haben
für einen Menschen mehr ist als Geld,
mehr als Medikamente,
unter Umständen mehr
als eine geniale Operation?

Wusstest Du schon,
dass das Anhören eines Menschen
Wunder wirkt, dass das Wohlwollen Zinsen trägt,
dass ein Vorschuss an Vertrauen
hundertfach auf uns zurückkommt?

Wusstest Du schon,
dass das Tun mehr ist als Reden?
Wusstest Du das alles schon?
Wusstest Du auch schon,
dass der Weg vom Wissen über das Reden zum Tun
unendlich weit ist?

aus: Wilhelm Willms „Roter Faden Glück", Kevelaer 1988

Modelle und Grundlagen der Kommunikation

Roland Hofmann

Die moderne Kommunikationspsychologie hat zwei Grundmodelle der zwischenmenschlichen Kommunikation entwickelt, die populärer kaum sein könnten. Kaum ein Fachbuch, eine Zeitschrift zu diesem Stichwort kommt ohne das Modell des amerikanischen Forschers und Psychotherapeuten *Paul Watzlawick* und dessen Erweiterung durch den Hamburger Psychologieprofessor *Friedemann Schulz v. Thun* aus. Beide Modelle werden nachfolgend skizziert.

Grundmodelle der Kommunikation

1. Das Grundmodell der zwischenmenschlichen Kommunikation

Die Begriffe der Grundannahme klingen zunächst recht technisch orientiert, sind aber (oder gerade deshalb?) denkbar einfach.

SENDER → NACHRICHT → EMPFÄNGER

S → N → E

S -> N -> E

S tranportiert N (Botschaft, Information, Fakten, Inhalt) an E. Dafür bedarf es eines bestimmten Codes: S encodiert (verschlüsselt die Nachricht, z. B. in deutscher Sprache und allgemein verständlich). E decodiert (entschlüsselt diese Nachricht, für ihn wiederum nachvollziehbar).

Wie kann es aber in der Praxis dazu kommen, dass man sich offenbar nicht versteht (so genannte „Kommunikationsblockaden")? Nachrichten, die gesendet wurden, kommen (fast) nicht an, dafür aber solche, die der Sender nicht auf den Weg gebracht hat?

Wie kommt es zu Kommunikationsblockaden?

29

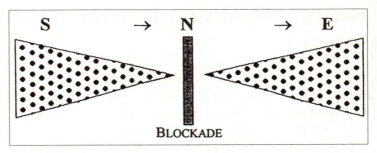

Abb. 1: Kommunikationsblockade

Erläuterung: S sendet Nachrichten, diese kommen aber überhaupt nicht an, stattdessen decodiert E Nachrichten, die S aber nie gesendet hat. Die Übereinstimmung „encodierte Nachricht" mit „Empfänger / decodierter Nachricht" tendiert gegen null. Es herrscht eine Kommunkationsblockade. Verstanden wird nichts, die Informationen (dargestellt in der Abbildung durch Punkte) haben keinerlei Überschneidung.

Nun wird es nie zu einer völligen Übereinstimmung von gesendeter und empfangener Nachricht kommen, aber auch (fast) nie zu einer völligen Kommunikationsblockade.

Das Ziel eines jeglichen Kommunikationstrainings wird es deshalb sein, die „Schnittflächen" zwischen gesendeter und empfangener Nachricht möglichst breitflächig zu gestalten, oder anders ausgedrückt: Wie „verpacke" ich meine Botschaften, Inhalte am besten?, und vor allem: Was zeichnet einen guten Zuhörer aus?

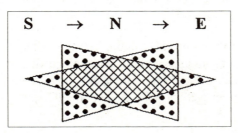

Abb. 2: Gelungene Kommunikation

Erläuterung: S übermittel wiederum seine Nachrichten, diese kommen vollständig (100 %, d. h. nur die schraffierte Fläche wird gesendet und nur die schraffierte Fläche kommt an) bei E an und nur diese, d. h., E interpretiert auch nichts hinein, sondern decodiert wertfrei, „ohne von sich aus etwas dazu zu tun" (z. B. Sinnentstellendes).

Weitere erste Hinweise gibt das Kommunikationsmodell von *Brommer* (1994).

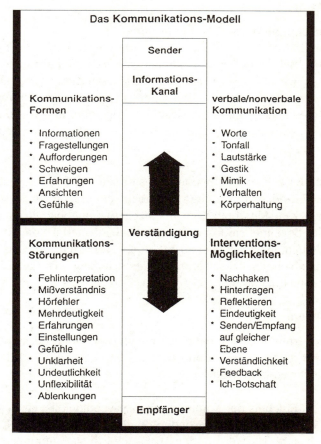

Zwischenmenschliche Kommunikation braucht „Verständigung"

Abb. 3: Kommunikationsmodell aus: Brommer (1994. S. 78)

Was sind Axiome?

Dieses Grundmodell der zwischenmenschlichen Kommunikation wird nun von *Watzlawick, Beavin & Jackson* (1969) in „pragmatische (d. h. verhaltensmäßige, beobachtbare) Axiome" (d. h. gültige Wahrheiten, die keiner Beweise bedürfen) überführt.

Sie sind nicht im streng wissenschaftlichen Sinne beweisbar, sondern stellen die erfahrene Beschaffenheit der Kommunikation dar.

1. Axiom

*Das grund-
legende Axiom*

Man kann **nicht** nicht kommunizieren.
Oder anders umschrieben: Man kann sich gar nicht **nicht** verhalten. Wir Menschen sind nun einmal soziale Wesen und wann immer wir auf unsere „Spezies" treffen, senden wir Signale – bewusst oder auch nicht. Wir teilen etwas mit, wenn wir auf jemanden zugehen und ein Gespräch beginnen, und wir tun es erst recht, wenn wir jemandem brüsk die kalte Schulter zeigen und ein Gespräch verweigern.

Oder: Eine Stationsschwester eines Krankenhauses hat soeben ihren Frühdienst begonnen und noch keinen Laut von sich gegeben. Zwei Mitarbeiter, die ihr einzeln und unabhängig voneinander begegnet sind und (vermeintlich) keinerlei Kontakt mit ihr hatten, tauschen sich aus: „Sei bloß vorsichtig, die Öse (im Ruhrgebiet gleichzusetzen mit „Stationsleitung") ist heute wieder ganz übel drauf..."

2. Axiom

Jede Kommunikation hat einen Inhalts- und einen Beziehungsaspekt derart, dass letzterer den ersteren bestimmt und daher eine Metakommunikation ist.

Dieses Ergebnis der Kommunikationspsychologie ist für helfende, soziale Berufe von besonderer Bedeutung. Denn wenn Kommunikation (fast) nie nur den Austausch von Sachinformationen darstellt, muss ich der Beziehungsseite besondere Aufmerksamkeit widmen. Wenn die Beziehung zu den Kollegen / Kolleginnen auf der Station stimmt, werde ich im Alltag vieles hinnehmen, kompensieren, nicht übelnehmen. Ist dies nicht der Fall, kann das kleinste Ereignis eine Krise auslösen. Hier verliert der Inhalt völlig an Bedeutung. So kann z. B. unter dem Vorwand einer sachlichen Verkleidung ein Pflegefehler dokumentiert werden, in Wirklichkeit soll jedoch die ungeliebte Kollegin getroffen werden.

Kommunikation besteht immer aus Inhalts- und Beziehungsanteilen. Was aber ist wichtiger?

Was für die kollegiale Ebene gilt, ist für den Umgang mit Patienten / Bewohnern/-innen ebenso evident:

Will ich, dass der Patient mir vertraut, meinen Anordnungen Folge leistet, muss ich mich um den Aufbau einer guten Beziehung bemühen, und diese „Investition lohnt sich", denn erst dann kann ich mich verstärkt auf den Inhalt (etwa die eigentliche Problembewältigung) konzentrieren.

3. Axiom

Die Natur einer Beziehung ist durch die Interpunktion der Kommunikationsabläufe seitens der Partner bedingt.

Dieser Teufelskreis der Kommunikation hat folgendes Muster, an einem Beispiel verdeutlicht:

Sie – während eines Stadtbummels – zu ihm: „Du läufst ja viel zu schnell, da kann ja kein Mensch folgen!" Er: „Wenn du auch an jedem Geschäft stehen bleibst, kommen wir ja nie vom Fleck!"

Die Verwechslung von Ursache und Wirkung

Jeder gibt dem anderen die Schuld; keiner hat Recht.

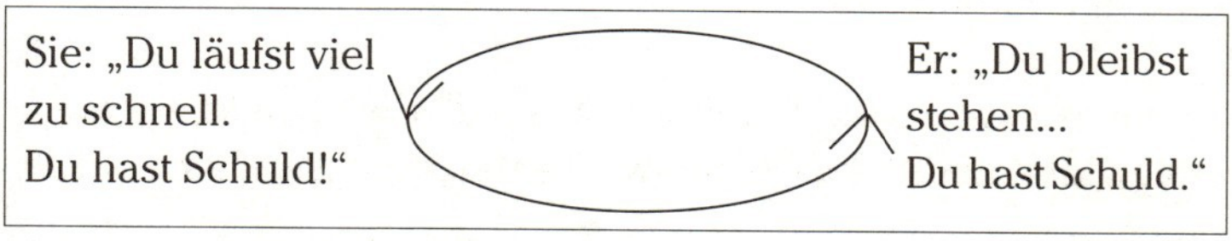

Sie: „Du läufst viel zu schnell. Du hast Schuld!"   Er: „Du bleibst stehen... Du hast Schuld."

Wer hat angefangen?

Abb. 4: Teufelskreis der Kommunikation

Wie lässt sich diese kreisförmige Kommunikation durchbrechen?

Oder ein anderes Beispiel:

Kausalität Eine Angehörige ist der Meinung, dass ihre Mutter im Altenheim nicht gut gepflegt wid. Die Altenpflegerin fühlt sich verletzt und argumentiert:
„Wenn Ihre Mutter und auch Sie besser mitarbeiten würden, wäre das Ganze bei unserer Zeitknappheit nicht ständig ein Problem!"
Wie lässt sich dieser Konflikt klären?

4. Axiom:

Digitaler und analoger Modus Menschliche Kommunikation bedient sich digitaler und analoger Modalitäten. Digitale Kommunikationen haben eine komplexe und vielseitige logische Syntax, aber eine auf dem Gebiet der Beziehungen unzulängliche Semantik. Analoge Kommunikationen dagegen besitzen dieses semantische Potenzial, ermangeln aber die für eindeutige Kommunikationen erforderliche logische Syntax.

Dieses Axiom klingt zugegebenermaßen etwas komplex, lässt sich aber leicht übersetzen:

Komunikation hat sprachliche (= verbale) und nicht-sprachliche (= nonverbale) Anteile, etwa Gestik, Mimik, Körpersprache.

Kongruenz Passt beides nicht zusammen, ist sie „inkongruent", vielleicht dominiert der **non**verbale Anteil.

Würden Sie einem Referenten im Rahmen einer Fortbildung glauben, der behauptet:

„Ich freue mich sehr, bei Ihnen zu sein!" Gleichzeitig schaut er angewidert in die Runde und wirft einen nervösen Blick auf seine Uhr.

5. Axiom

Zwischenmenschliche Kommunikationsabläufe sind entweder symmetrisch oder komplementär, je nachdem, ob die Beziehung zwischen den Partnern auf Gleichheit oder Unterschiedlichkeit beruht.

Es kommt demnach also darauf an, wer mit wem spricht:

Axiom 5 kann so umgesetzt werden:

Es gibt symmetrische, d. h. partnerschaftliche, gleichberechtigte Kommunikationsabläufe (etwa zwischen zwei gleichgestellten Sachbearbeitern in einer Behörde, zwei gleichaltrigen Freunden einer Schulklasse) und solche, die komplementär erfolgen (etwa von „oben nach unten": Nachricht von Vater / Mutter an Kind oder von Vorgesetzten an nachgeordneten Mitarbeiter).

Wie stehen die Kommunikationspartner zueinander?

Angenommen, jemand sagt:

„Zieh die Jacke an; ohne Jacke kommst du hier nicht raus!"

Dies erhält eine völlig andere Bedeutung in Abhängigkeit davon, wer diese Nachricht gesendet hat:
• Vater zur 14-jährigen Tochter
• Jugendlicher Fußballspieler zum Vereinskamerad
• Stationsleitung zu PDL
• Ein frisch verliebter Mann zu seiner Freundin (vielleicht mit dem Zusatz „Liebling")

Dass die Kenntnis dieser Axiome und natürlich ihre praktischen Umsetzungsmöglichkeiten (individuell und institutionell) sehr hilfreich sind, hat sich in der Praxis vielfach bewährt.

Transfer in die Praxis

2. Die Erweiterung des Grundmodells[1]

Friedemann Schulz von Thun – ein Hamburger Psychologie-professor – hat dieses Modell seit nunmehr 20 Jahren im deutsch-sprachigen Raum bekannt gemacht und entscheidend weiter-entwickelt. Seine Bücher „Miteinander reden" (Band 1 – 3) er-reichen seit vielen Jahren (gemessen an den sonstigen Verkaufs-zahlen psychologischer Fachbücher hierzulande) Rekordauf-lagen und das hat seine Gründe: Sie sind fachwissenschaftlich kompetent und leserfreundlich verständlich in einem preiswer-ten Taschenbuch erschienen!

Der Erfolg eines Modells

Im folgenden Abschnitt soll exemplarisch das Konzept von *Friede-mann Schulz von Thun* (1981, 1989) vorgestellt werden: „Mitein-ander reden". Die Auseinandersetzung damit kann für jeden för-derlich sein.

Kommunikation war in den vorigen Abschnitten mithilfe eines einfachen Sender-Empfänger-Modells beschrieben worden, in dem eine Nachricht übermittelt (gesendet und empfangen) wird. Ausgangspunkt und Grundlage des genannten Konzepts sind Annahmen über Merkmale der Nachricht im Sender-Empfänger-Modell. Danach haben Nachrichten vier Aspekte oder Seiten (Schulz von Thun, 1981, S. 25 – 30):

Die vier Aspekte einer Nachricht

1. Sachinhalt (worüber ich informiere)
2. Selbstoffenbarung oder Selbstkundgabe (was ich von mir selbst kundgebe)
3. Beziehung (was ich von dir halte und wie wir zueinander stehen)
4. Appell (wozu ich dich veranlassen möchte)

---

[1] Die folgenden Ausführungen stellen eine leicht veränderte, aber stark gekürzte Fassung mei-nes Beitrags im Rahmen des Fernstudiums Sozialkompetenz dar; Herausgeber: Zentralstelle für Fernstudien an Fachhochschulen – ZFH – Hofmann 2000. S. 12 – 21.

Dazu ein einführendes Beispiel: Ein Ehepaar im Auto; die Frau *Ein Beispiel*
fährt und der Mann sagt, auf die Verkehrsampel zeigend: „Du, da
vorn ist grün": Die vier Seiten dieser Nachricht können nun sein:

Abb. 5: Ehepaar beim Autofahren; aus: Schulz von Thun, 1984, S. 25

1. Sachinhalt: Farbe der Ampel „grün"
2. Selbstkundgabe: „Ich passe mit auf."
3. Beziehung: „Ich muss mit aufpassen, weil Du eine schlechte
   Fahrerin bist."
4. Appell: „Fahre doch schneller!"

Das einfache Sender-Empfänger-Modell wird also im Hinblick
auf die Nachricht differenziert.

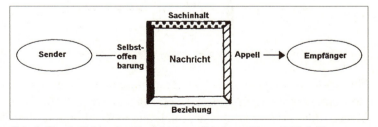

*Die Nachricht
im Sender-
Empfänger-
Modell*

Abb. 6: Die vier Seiten einer Nachricht; aus: Schulz von Thun, 1984, S. 30

37

Nun ist es aber sicherlich so, und die vorigen Abschnitte belegen dies ja, dass die empfangene Nachricht nicht unbedingt mit der gesendeten identisch ist. Wahrnehmungen, Einstellungen, implizite Theorien oder Vorurteile führen zur subjektiven Bearbeitung. Es muss also zwischen gesendeter und tatsächlich empfangener Nachricht unterschieden werden.

Kommunikations-
störungen

Kommunikationsstörungen und Missverständnisse sind umso gravierender, je unähnlicher gesendete und empfangene Nachricht zueinander stehen. Solche Schwierigkeiten lassen sich sehr minimieren, wenn der Empfänger eine Rückmeldung („Feedback") gibt: Also darüber, wie er die Nachricht aufgefasst hat. Das ideale Modell zwischenmenschlicher Kommunikation sieht daher nach *Schulz von Thun* (1981, S. 81) so aus:

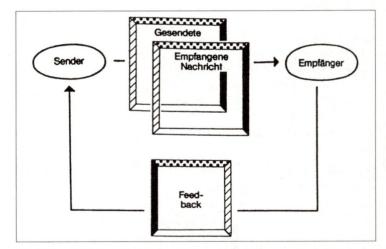

Feedback

Abb. 7: Vervollständigtes Modell der zwischenmenschlichen Kommunikation

Mit einer Nachricht werden, wenn auch mit unterschiedlichem Gewicht, stets alle vier Aspekte gleichzeitig übermittelt. Die Empfänger sollten daher fähig sein, auch alle vier Aspekte in ihrer Bedeutung zueinander gleichzeitig zu empfangen. Anschaulich dargestellt: Der ideale Empfänger hat vier Ohren (das „Sach-", das „Beziehungs-", das „Selbstoffenbarungs-" und das „Appell"-Ohr; Schulz von Thun, S. 44 – 45).

„Der vierohrige Empfänger"

Voreingenommenheit beim Empfänger, wenn er also „auf einem Ohr besonders gut" hört, führt zu Missverständnissen. Da mag der eine einen Appell hören, der gar nicht gemeint war, der andere hört vielleicht den Beziehungsaspekt heraus, der Dritte wiederum hört nur den Sachinhalt und überhört vielleicht sehr gern den damit verbundenen Appell.

In Band 2 seines „Miteinander reden" differenziert *Schulz von Thun* allerdings in zweifacher Hinsicht:

Demnach gibt es das „ideale" (immer förderliche, angemessene) Kommunikationsverhalten nicht, sondern muss aus den Besonderheiten der Gesamtsituation abgeleitet werden.

Nicht nur in situativer, sondern auch in personaler Hinsicht scheint eine weitere Differenzierung sinnvoll – denn nicht für alle Persönlichkeiten können die gleichen Empfehlungen gelten.

Daraus resultiert die systematische Darstellung von acht deutlich unterschiedenen Kommunikationsstilen. Der Band richtet sein Augenmerk auf die Unterschiede zwischen den Menschen und empfiehlt angemessene Schritte zur persönlichen Entwicklung.

Unterschiedliche Kommunikationsstile

Von besonderem Interesse für helfende Berufe ist hierbei der „helfende Stil". Die Grundpose (Schulz von Thun, 1989, S. 76) stellt sich demnach wie folgt dar.

Abb. 8: Der helfende Stil

Die „hilflosen Helfer"

Demnach wären Status, Rolle, Position zwischen starkem Helfer und schwachem Patienten klar verteilt. Dass dem nicht so ist, hat *Wolfgang Schmidtbauers* (1977) Studie über die „hilflosen Helfer" (Schlagwort: „Helfersyndrom") schon lange belegt. Damals wie heute waren und sind die Angehörigen der sozialen Berufe über die Ergebnisse überrascht und betroffen.

Eine sehr praxisbezogene – und an Alltagssituationen beispielhaft verdeutlichte – Loseblattsammlung (zuletzt im Dezember 1999 aktualisiert) legt *Antje Czerwinski* vor, mit der sie „schwierige Mitarbeitergespräche in der Alten- und Krankenpflege effektiv vorbereiten, erfolgreich durchführen" (so der Titel der Publikation) will.
Empfehlenswert ist auch der Beitrag von *Ulrike Oster* (2000).

Literatur

Argyle, M.; 1996: Körpersprache & Kommunikation; Paderborn: Junfermann Verlag.

Baumann, R., Reifenberg, P. & Weber, M. (Hrsg.) 2000; Kommunikation mit Schwerstkranken und Sterbenden; Mainz: Mainzer Hospizgesellschaft Christopherus e. V.

Bourne, L.E. & Eckstrand, B. R. 1997: Psychologie; Eschborn: Klotz

Brater, M. 2001: Die Sprache der Verwirrten. I. Teil: Zum Verständnis gerontopsychiatrisch veränderter alter Menschen; in: die Drei. S. 8 – 9 und S. 31 – 46

Brommer, U. 1994: Konfiktmanagement statt Unternehmenskrise. Zürich; Orell Füssli Verlag

Burgheim, W. 2003: Didaktik der Krisenpädagogik. Lehren und Helfen als Bildung / Kunst; Aachen, Shaker-Verlag

Cornell, A. W. 1997: Focusing – Der Stimme des Körpers folgend; Reinbek: Rowohlt

Czerwinski, A. 1999: Schwierige Mitarbeitergespräche in der Alten- und Krankenpflege effektiv vorbereiten, erfolgreich durchführen; Kissing: WEKA Fachverlag für Behörden und Institutionen.

Deutsch, F. , Le Baron, D. & Fryer, M. M. 1991: Was bedeutet ein Lächeln?; in: Report Psychologie 8, S. 21 – 28

Feurstein, H. J. , Müller, D. & Weiser - Cornell, A. 2000: Focusing im Prozess; Köln: GwG-Verlag

Gendlin, T. E. 1981. Focusing. Technik der Selbsthilfe bei der Lösung persönlicher Probleme; Salzburg: Otto Müller

Hausmann, B. & Neddermeyer, R. 1996: Bewegt sein. Integrative Bewegungs- und Leibtherapie in der Praxis; Paderborn: Innfermann

Hermann, J. 2000: „Die Koffer sind gepackt". Von der Symbolsprache sterbender Menschen; in: Baumann, R. Reifenberg, P. & Weber, M. (Hrsg.) 2000: Kommunikation mit Schwerstkranken und Sterbenden; Mainz: Mainzer Hospizgesellschaft Christopherus e. V., S. 35

Hofmann, R. 1995: Vom Wert des Zuhörens; in: Heilberufe. 47. S. 26 – 28

Kalckreuth v. E. 2001: Auf dem Weg mit Sterbenden. Alles hat seine Zeit; Mainz: Matthias-Grünewald-Verlag

Klessmann, M. 1994: Die Sprache der Sterbenden; in: Pflegezeitschrift. 47. S. 168 – 173

Koser-Fischer, T. 2000: Wenn Worte nicht mehr (er)reichen. Möglichkeiten und Grenzen nonverbaler Kommunikation; in: Baumann, Reifenberg & Weber (Hrsg.) Mainz: Mainzer Hospizgesellschaft Christopherus e. V. S. 47 – 57

Kübler-Ross, E. 1990: Verstehen, was Sterbende sagen wollen; Stuttgart: Kreuz-Verlag

Magar, E. M. & Frieling, H. 2000: Ein christliches Gütesiegel. Der Leitbildprozess in der St. Elisabeth Stiftung Dernbach; Waldbreitbach: Maria Hilf GmbH, S. 95 – 101

Mayer, H. 2001: Nonverbale Kommunikation. Was kann sie uns sagen?; in: Endlich leben. Editorial; Neunkirchen (A): Internationale Gesellschaft für Sterbebegleitung und LebensbeIStand

Mennenmann, H. 1998: Sterben lernen heißt leben lernen: Sterbebegleitung aus sozialpädagogischer Perspektive; Münster: LIT

Nothdurft, W. 2000: Zwischenmenschliche Kommunikation II: Kommunikative Kompetenz; Hrsg.: Zentralstelle für Fernstudien an Fachhochschulen – ZFH; Koblenz: ZFH

Oster, U. 2000: „Verstehen Sie, was ich meine?" Grundsätzliches über die zwischenmenschliche Kommunikation; in: Baumann, Reifenberg & Weber (Hrsg.) Mainz: Mainzer Hospizgesellschaft Christopherus e. v. S. 9 – 22

Rhein-Zeitung. Journal. 22.09.2001. S. 801

Schmidtbauer, W. 1977: Die hilflosen Helfer; Reinbek: Rowohlt

Schulz von Thun, 1989: Miteinander reden 2: Stile, Werte und Persönlichkeitsentwicklung. Differenzielle Psychologie der Kommunikation; Reinbek: Rowohlt

Schulz von Thun, 1998; Miteinander reden 3: Das „Innere Team" und situationsgerechte Kommunikation; Reinbek: Rowohlt

Schulz von Thun, F. 1984: Miteinander reden 1: Störungen und Klärungen. Allgemeine Psychologie der Kommunikation; Reinbek: Rowohlt

Watzlawick, P. , Beavin, J.-H. & Jackson, D. D. 1990: Menschliche Kommunikation; Bern: Huber.

Weber, M. 2000: Wahrheit und Hoffnung. Was kann, was darf der unheilbar Kranke vom ärztlichen Gespräch erwarten?; in: Baumann, Reifenberg & Weber, M. (Hrsg.) 2000: Kommunikation mit Schwerstkranken und Sterbenden; Mainz: Mainzer Hospizgesellschaft Christopherus e.V. S. 23 – 34

Zwierlein, E. 2000: Leitbild und Mitarbeiter-Umfrage – Kein Tag der Rache, sondern eine wunderbare Chance; in: Magar, E. M. & Frieling, H. 2000: Ein christliches Gütesiegel. Der Leitbildprozess in der St. Elisabeth Stifung Dernbach; Waldbreitbach: Maria Hilf GmbH, S. 138 – 143

Die Symbolsprache Sterbender

Carola Otterstedt

Was ist Wirklichkeit, was ist Phantasie? In der Definition von *Wirklichkeit* orientieren wir uns zunächst am sozialen Miteinander: *Was viele als wirklich ansehen, das muss wohl auch wirklich sein.* Es gibt somit einen Konsens von Wahrnehmungen, der durch langwierige Interaktionen sich immer wieder neu entwickelt. Es besteht keine feste Objektivität, denn aufgrund veränderter sozialer Situationen und sozialem Miteinander verändert sich auch die Wahrnehmung des Einzelnen und die *Wirklichkeit* der sozialen Gemeinschaft.[1] Neben der *Wirklichkeit*, welche mit der eigenen und sozialen Erlebniswelt verglichen wird, gibt es auch die *Illusion*, welche wir z. B. in Träumen, Halluzinationen erleben können.

*Definition
Wirklichkeit*

*Definition
Illusion*

Eine Halluzination ist eine Wahrnehmung mit Realitätscharakter unter Einbeziehung einzelner bzw. mehrerer Sinne. Aber wie können Halluzinationen als wahrhaftig erlebt werden, wenn doch die Umwelt sie nicht wahrnehmen, dadurch oft nicht annehmen, akzeptieren kann? Eben weil wir unsere individuell erlebte Wirklichkeit immer auch mit der unserer sozialen Umwelt vergleichen und im Fall einer Halluzination notwendigerweise eine Differenz im Erleben *unserer Wirklichkeit* erfahren, führen Halluzinationen auch immer zu einer physischen, psychischen, mentalen und sozialen (mitunter auch spirituellen) Irritation in uns. Diese Irritation hat eine unmittelbare Wirkung auf unser *Ich-*Bewusstsein und unser Selbstvertrauen: *Habe ich wirklich einen schwarzen Raben auf meinem Bettholm sitzen gesehen? Vielleicht war es ja nur ein dunkler Schatten?*

---

[1] Vgl. hierzu auch Balgo (1993:144).

Kriterien   Mithilfe einiger Kriterien versuchen wir uns der *Wirklichkeit* zu versichern (s. a. Balgo 1998: 143):

Strukturell (u. a. Helligkeit, Kontrast, Schärfe, Dreidimensionalität, Lokalisierbarkeit, Art und Tempo der Bewegung): *War es nicht etwas zu dunkel für einen echten Raben? Er hat sich ja eigentlich gar nicht bewegt;*

Inhaltlich (u. a. Bedeutungsinhalt, Kontextstimmigkeit, Aufforderungscharakter): *Was sollte denn auch ein Rabe auf meinem Bettholm?*

Praktisch (u. a.: „Kann man es begreifen, ist es wirklich, steht es in Bezug zu dem Wahrnehmenden?"): *Was sollte denn auch ein Rabe in meinem Zimmer?*

1. Begegnungen mit der Symbolsprache

Mit Hilfe der Symbolsprache versuchen wir das Extrakt des Erlebten in einem *Bild* wiederzugeben. Dieses Bild mag die Wirklichkeit oder auch eine Illusion widerspiegeln. Wichtig scheint, dass der Mensch einen Ausdruck findet, welcher über die rationale Sprachebene einen Ausdruck v. a. für seine erlebten Emotionen findet. „Der Mensch in der Krise versucht, sich auszusprechen, und da seine Krise in seiner Befindlichkeit zum Ausdruck kommt, wird er über seinen Zustand kaum sachlich objektiv argumentierend reden. Diese auf die Sachebene reduzierte Sprache reicht nicht aus für das, was ihn bewegt." (Piper 1993: 61).

Begegnen wir einem Menschen, der sich uns gegenüber in einer Symbolsprache mitteilen will, reagieren wir mitunter irritiert. Schnell wird dieser Mensch als *verwirrt* eingestuft. Diese Klassifizierung dient in erster Linie der Beantwortung unserer Irritation: Was wir nicht verstehen, wehren wir ab, und dies gelingt uns am besten, wenn wir den anderen als verwirrt darstellen. Aber eigentlich sind es ja wir, die in diesem Moment verwirrt über das Verhalten des anderen sind. „Nachträglich erklären Angehörige oft, der Sterbende habe sein Sterben *geahnt*. Aber meist hat niemand diese Ahnung aufgenommen. Auch in dieser Hinsicht sind sterbende Menschen oft isoliert. Die Sprache, die um sie her gesprochen wird, ist die Sprache der Befunde, der medizinischen Technik, der Behandlungsabläufe – die Sprache der Vermeidung. Das Ziel mechanischer Lebensverlängerung verdeckt oft das Gespür für die emotionalen Lebensbedürfnisse. Auf die Signale der Todesahnung reagiert die Umwelt meist beschwichtigend oder verwehrend." (Lückel 1994: 83). Es gilt die Sprache in ihrer Mehr- und Tiefendimensionalität zu lernen, damit wir Sterbende besser verstehen und die Betroffenen nicht sprachlos, ohne begleitenden Dialogpartner, einsam sterben müssen (vgl. Piper, 1993: 66).

Klassifizierung

Mehr- und Tiefendimensionalität

45

*Nicht die Eindeutigkeit des Wortes,
sondern seine Mehrdeutigkeit begründet eine
lebendige Sprache.*[2]

Dialog   In der Kranken- und Sterbebegleitung gilt es sowohl mit den Träumen als auch mit den Halluzinationen, die uns Betroffene berichten, sehr einfühlsam und äußerst behutsam im Dialog umzugehen.[3] Holen Sie den Betroffenen nicht notwendigerweise aus seiner Phantasiewelt und vermeiden Sie Illusionen zu korrigieren
oder auch zu bestätigen. Sie können dem Betroffenen besser helfen, indem Sie in Ruhe herausfinden, welche möglichen Gefühle,
verborgene Bedürfnisse u. a. seinen Wahrnehmungen als Basis
dienen könnten. Wenn Sie diese einfühlsam in einem gemeinsamen Dialog mit dem Betroffenen zum Ausdruck bringen können,
kann sich dieser angenommen fühlen und seine Wahrnehmungen werden sich auflösen, da ihnen die Basis fehlt.

---

[2]   In Anlehnung an Martin Buber.
[3]   Literatur zum Thema: Gruber (1998), Piper (1993).

2. Wahrnehmen und Erkennen vom Symbol-charakter einer Rede

In der Symbolsprache ändert sich der Sprachausdruck und ähnelt in seiner Bildhaftigkeit der Poesie oder auch biblischen Gleichnissen. Oft enthalten diese Bilder uns bereits bekannte Symbole. Diese Vertrautheit mit der aus unserer kulturellen Erfahrung stammenden Symbolik kann uns helfen unsere Gefühle zu akzeptieren.[4] „In den Traumsymbolen sind Erfahrungen von Generationen kondensiert. Nicht von ungefähr ist die Sprache der Träume mit der Sprache von Mythen und Märchen verwandt, in deren Symbolsprache die Lebenserfahrungen von Generationen eingefangen sind" (Lückel 1994: 86). Die Inhalte der Bilder sind beispielsweise Themen wie Furcht, Einsamkeit, Ohnmacht, Hoffnung, Zweifel, Glaube, Ahnung und Ungewissheit.

Traumsymbole

Träume sind verdichtete Emotionen und Erfahrungen, die in einer bildreichen Sprache sich uns mitteilen. Mithilfe von Träumen finden wir einen Weg, unsere Kreativität auszudrücken, und mit ihrer Hilfe versuchen wir z. B. Erlebtes und Konflikte zu gestalten, Wünsche und Nicht-Erlebbares zu leben. Träume geben uns die Möglichkeit, schöpferisch zu handeln, Lösungen in Konflikten und Problemen zu finden. Gerade in Situationen des Lebens, wo der Mensch an der Schwelle von einer Lebensphase in eine andere steht (bzw. vom Leben in den Tod), nimmt er in seinen Träumen oft einen anderen Akteur wahr, der für ihn die Problemlösung erlebt. Mit viel schöpferischer Kraft erlaubt uns dieses *traumhafte Rollenspiel* Lösungsentwürfe durchzuspielen, bevor wir die passenden für unser eigenes Leben annehmen können. Dies kann v. a. dann besonders hilfreich sein, wenn der Mensch, wie in der Sterbephase häufig, so genannte *unerledigte* Lebenssituationen noch einmal durchlebt.

Definition Träume

---

[4] Ad. Symbolik in der Abschiedsgestaltung, s. a. Otterstedt (1995: 31 ff.).

Wahrnehmungen

Die Wahrnehmungen in Träumen oder Halluzinationen können für den Betroffenen aus unterschiedlichen Perspektiven erlebt werden, wie z. B. auch der Vogelperspektive, im veränderten Tempo (z. B. Zeitraffer, Slow-Motion), oder der Betroffene spürt beispielsweise, wie er seine alten Kräfte wiedererlangt. So erzählte beispielsweise eine Patientin, die seit vielen Jahren an einer schweren chronischen Erkrankung litt und nur mehr eine eingeschränkte Motorik besaß, dass sie in ihren Träumen nicht nur wieder wie früher Ski fahren könne, sondern auch in ihren Träumen erstmals Sportarten ausüben könne, welche sie in der Realität nie ausprobiert hatte. Ein anderer Patient, der aufgrund seiner Erkrankung nicht mehr Auto fahren konnte, berichtete, dass er im Traum ab und zu wieder Auto fahren würde, es ihn aber sehr anstrengen würde, da das Auto wie in einem Stummfilm sehr schnell und unharmonisch fahren würde.

Individualität der Symbolsprache

Jeder Mensch hat aufgrund seiner persönlichen Lebenserfahrung immer auch individuelle Träume und eine individuelle Symbolsprache. Und doch erleben wir in der Begleitung von Schwerkranken und v. a. von Sterbenden oft, dass bestimmte Bilder den Betroffenen erscheinen. Dies ist u. a. aus dem gemeinsamen Kulturkreis und seiner Symbolik erklärbar. Im Folgenden finden Sie eine kleine Auswahl von Bildern, denen Sie so oder in einer Variante v. a. in der Begleitung von Sterbenden begegnen können. Wichtig ist jedoch, dass wir daran denken, dass jedes Bild einen individuellen Sinngehalt besitzt, wir also nie sagen können: *„Ach, das kenn' ich schon, ich weiß schon, worum es geht ... "*. Bleiben wir doch ruhig offen für das, was der Betroffene uns möglicherweise in einem vertraulichen Gespräch erzählen mag. Denn nur er wird die Symbolkraft des Bildes für sich entdecken können und uns vielleicht mitteilen.

Sorge um die wirtschaftliche Absicherung

Ein älterer Patient drückt gegenüber einer Krankenschwester seine große Sorge aus, dass das Geld nicht reichen könnte. Er zählt das Geld nach und ist beruhigt, dass es noch vier Tage reichen wird. Vier Tage später stirbt er.

Fallbeispiele – Sorge um die finanzielle Absicherung

Eine schwerkranke Patientin bittet entlassen zu werden, da sie Angst hat, dass der Klinikaufenthalt zu teuer wird. Ihre Nichte kann sie beruhigen, dass sie alles Finanzielle regeln wird.

Ein 72-jähriger Patient macht sich große Sorgen, dass die Familie nach seinem Tod finanziell nicht ausreichend versorgt sein könnte. Er ist sehr unruhig und möchte wieder zur Arbeit gehen. Er studiert intensiv die Stellenanzeigen. Nach vielen unruhigen Tagen und Nächten wacht er nach einem ruhigen Mittagsschlaf nicht mehr auf.

Ein älterer Patient möchte das Krankenhaus verlassen, weil er sich sorgt, dass die Rente nicht weiter bezahlt werden würde. Nach einer Nacht erzählt er beruhigt einer Krankenschwester, die Rente sei ihm ausbezahlt worden. Er stirbt am gleichen Abend.

Weitere mögliche Bilder: Furcht, dass

- der zurückbleibende Ehepartner sich nicht alleine versorgen kann,
- das Geld von Angehörigen o. a. vom Sparbuch, Konto entwendet wird,
- der Besitz veräußert wird oder
- das Bargeld aus dem Schrank gestohlen wird.

Die Schwierigkeit für den Begleiter besteht gerade auch bei diesen Bildern darin, zu unterscheiden: Hat die Rede einen Symbolcharakter oder besitzt sie einen handlungsnötigen Realitätsbezug? Es gilt, sich einfühlsam und vertraulich zu informieren und in keinem Fall einfach zu denken: *„Ach, das ist ja doch nur so ein Symbol ... "*. Wenn Sie keine realen Gründe für die Äußerung des Betroffenen erkennen können, werden Sie hinter dem geäußerten Bild eine andere Not entdecken.

Nach Hause zurückkehren

Fallbeispiele – Heimkehr

Eine 62-jährige Krebspatientin bittet die Krankenschwester beim Ordnen der Wäsche im Schrank zu helfen: Sie würde am Nachmittag die Klinik verlassen und nach Hause gehen. Die Krankenschwester ist irritiert und fragt die Stationsschwester, ob diese Patientin schon entlassen wird. Dies wird verneint. Die Schwester verspricht der Patientin später die Wäsche zu ordnen und setzt sich für ein ruhiges Gespräch zu ihr ans Bett. Die Patientin erzählt ihr, dass sie ihre Blumen und Pflanzen so vermisst. Gemeinsam mit der Krankenschwester hat sie ein schönes Gespräch über ihre Blumen und Pflanzen. Am Abend stirbt die Patientin.

Eine alte Bewohnerin spricht seit drei Tagen sehr bestimmt davon, dass sie aus dem Pflegeheim gehen und nach Hause zurückkehren wird. Sie würde sich dort um ihre Familie und Tiere kümmern müssen. Jeden Morgen fragt sie die Pfleger, ob jetzt der Tag gekommen ist, wo sie heimkehren kann. Einige Tage später *kehrt sie heim* und ist ruhig gestorben.

Das reale Zuhause kann sich im Bild wandeln zu einem so genannten übergeordneten Zuhause, wo man Geborgenheit und Erlösung findet, *ganz* und *heil* werden kann.

Sich auf eine Reise vorbereiten

Fallbeispiele – Reise

Eine ambulant betreute ältere Patientin plant sehr vergnügt eine große Kreuzfahrt. Sie erzählt ihrem Mann, dass sie bereits übermorgen die Reise antreten wird und noch viel besorgen muss. Er könne ja später nachkommen, wenn es ihm jetzt zu schnell ginge. Sie schreibt eifrig kleine Merkzettel, was sie alles mitnehmen möchte. Zwei Tage später stirbt sie ruhig.

Ein 46-jähriger Krebspatient, welcher sehr große Angst vor dem Sterben geäußert hatte, erzählte eines Morgens von einer wunderschönen Reise, die er gemacht hat. Er kann viele Einzelheiten von dem Ort erzählen, den er besucht hat, und meint, er würde gerne einmal wieder dorthin. In der folgenden Nacht stirbt er.

Weitere mögliche Bilder: ...

- Koffer packen

- Rucksack und Proviant packen

- Sich auf eine Wanderung begeben

Begegnung mit der Natur

Als am Morgen der Pfleger ihn fragte, wie er geschlafen hätte, erzählte der 81-jährige Patient, dass er gar nicht geschlafen hätte. Er hätte eine wunderschöne Wiese gesehen und hätte dort eigentlich Blumen pflücken wollen. Aber dann habe er sie doch stehen lassen. Er wolle noch einmal dorthin zurückkehren. Der Patient starb noch am gleichen Tag.

Fallbeispiele – Natur

Eine junge Patientin erzählte, dass sie die letzten Tage immer wieder einen ähnlichen Traum hatte. Sie versuchte aus einem Wald herauszukommen und eine weite Ebene zu erreichen. Aber immer wieder musste sie in den Wald zurück. In der vorangegangenen Nacht hatte sie in dem Wald eine Lichtung erreicht, wo sie sich hatte ausruhen können. Nach einigen Rückschlägen erholte sich die Patientin und konnte das Krankenhaus verlassen.

Ein 18-jähriger Patient träumte von einem schmalen Heckenweg, der durch die Dünen zum Meer führte. Als er das Meer erreichte, ließ er sich erschöpft in den Sand fallen. Dann habe es Sterne geregnet. Er habe jetzt keine Angst mehr vor dem Sterben, meinte er zu einem Pfleger, aber er wolle gerne noch einmal zum Meer. Seine Eltern bemühten sich eine Reise zum Meer zu arrangieren. Der junge Mann aber starb ruhig in der folgenden Nacht.

Als die Ärzte ihm sagten, dass sie nichts mehr für ihn tun könnten, hatte ein 46-jähriger Patient den Eindruck, dass Pfleger und Ärzte nur noch selten in sein Zimmer kamen. Während eines Tagesschlafes erlebte er, dass er sehr schnell in eine Felsspalte hinabfiel und dabei immer wieder sehr schmerzhaft an die rauen Felswände schlug. Er konnte den Fall nicht aufhalten und sah weit unter sich einen großen Strudel. Ihm wurde übel und er wachte auf. Der Patient malte seinen Traum in der kunsttherapeutischen Begleitung und sprach von dem Gefühl, von Pflegern und Ärzten abgelehnt und allein gelassen zu werden.

Ein älterer Herr erzählte seiner ihn besuchenden Nichte, er habe in der letzten Nacht versucht den Fluss zu überbrücken. Seine Nichte dachte zunächst, er sei draußen spazieren gegangen. Ihr Onkel erzählte, dass er gerufen worden sei. Erst habe er gar nicht seinen Namen verstanden, aber als der Wind sich etwas gelegt hatte, habe er ganz deutlich seinen Namen verstanden. Aber es sei keine Brücke da gewesen. Er wolle wieder an den Fluss gehen und schauen, ob nicht doch irgendwo eine Brücke sei. Die Nichte verstand und blieb die Nacht über bei ihrem Onkel. Dieser starb gegen Morgen.

Weitere mögliche Bilder: ...

- Um einen Hügel herumgehen, bis man freie Sicht hat

- Ins Gebirge, einen Felsen besteigen

- Einen Graben überqueren

- Wassermassen, Wellen

- Auf der anderen Seite einer natürlichen Barriere bereits Verstorbene sehen, zu ihnen wollen

Die Bilder der Natur können sowohl große Herausforderungen darstellen als auch Geborgenheit vermitteln.

Ein (Lebens-) Weg, der plötzlich abbricht

Eine ältere Patientin kam mit der Reinemachefrau, die das Klinik- *Fallbeispiele –* zimmer säuberte, ins Gespräch. Als die Reinemachefrau die Schu- *(Lebens-) Weg* he der Patientin wieder ordentlich unter das Bett stellen wollte, meinte die Patientin, die Schuhe würde sie nicht mehr brauchen, ob die Reinemachefrau Interesse an dem Paar Schuhe hätte. Diese versuchte die Patientin zu überreden, dass sie doch be- stimmt bald wieder aufstehen könne und dann ihre Schuhe bräuchte. Die Patientin erzählte, dass sie wisse, dass ihr Weg zu Ende sei: Sie habe in der Nacht dort nichts mehr gesehen, nur Licht. Da sei kein Weg mehr, wo man gehen könne. Sie brauche keine Schuhe mehr. Zwei Tage später starb die Patientin.

Einladung zum Gehen

Eine 57-jährige Patientin berichtet der Hospizhelferin, dass in *Fallbeispiele –* der Nacht ihre verstorbene Schwester zu ihr gekommen sei und *Einladung zum* erzählt hätte, dass sie sich freut, wenn sie bald komme. Der Pati- *Gehen* entin hatte diese Begegnung Angst gemacht und sie hatte die Hospizhelferin gefragt, ob sie jetzt sterben müsse. Im gemeinsa- men Dialog entdeckte die Patientin, dass ihre Schwester ihr im Sterben beistehen würde und sie sich so mit dem Gedanken des Sterbens langsam anfreunden könne.

Eine alte Dame erzählt ihrer Pflegerin, dass ihr Mann sie am Nachmittag wieder besuchen wolle. Der Ehemann war eine Woche zuvor gestorben. Die Pflegerin vermied den realen Tod des Ehemannes erneut zu erwähnen und fragte stattdessen: *Freu- en Sie sich schon auf den Besuch Ihres Mannes?* Die alte Dame bejahte und starb am Nachmittag ruhig.

Eine 38-jährige Patientin hat eine Operation überstanden. Als sie aus der Narkose aufwacht, sieht sie am Ende ihres Bettes den *Knochenmann* sitzen. Er sagt nichts. Aber die Patientin entdeckt sofort ihre Wut und weist ihn entschieden ab: *Geh, ich bin noch nicht dran! Hau ab!* Der Knochenmann verschwindet. Die Patientin schläft die nächsten Tage unruhig, aber der Knochenmann erscheint nicht wieder. Die Patientin ist wieder wohlauf, leidet aber daran, dass sie ihre Erfahrung nicht Familie und Freunden mitteilen kann. Sie hat Angst, dass man sie wahrscheinlich für verrückt hält.

Eine junge Mutter liegt im Krankenhaus im Sterben. Sie kämpft gegen die Krankheit, da sie weiter für ihre kleinen Kinder da sein möchte. Eines Nachts ruft sie in Panik ihren Vater an und sagt, man würde sie abholen kommen. Sie sei in großer Gefahr und er müsse kommen, sonst würde sie mitgenommen werden. Der Vater und die ganze Familie bleiben abwechselnd bei der jungen Mutter. Als ihr Vater an ihrem Bett ist, fragt sie, ob sie denn mitgehen müsse. Der Vater sagt, sie dürfe gehen, wenn es so weit sei. Ein paar Stunden später stirbt seine Tochter.

Nachlassende Lebenskraft und stummer Zuschauer (Pastellkreide)

Fallbeispiele – Nachlassende Lebenskraft

Eine Patientin erlebt einen schweren Schwächeanfall. Sie malt später, wie ihre Lebenskraft aus dem Körper geflossen ist. Von außen schaut ein Beobachter zu, bleibt aber untätig. Die sie betreuenden Ärzte und Pfleger waren gegenüber dem Schwächeanfall hilflos gewesen. Auch das Fehlen einer gemeinsamen Sprachebene spiegelt sich in dem Bild der Patientin wider.

Engel

Fallbeispiele – Engel

Eine 44-jährige Zahntechnikerin mit einer schweren chronischen Erkrankung erzählt, dass sie seit vielen Jahren sich beschützt und begleitet fühlt. Sie könne den Beschützer nicht sehen, aber manchmal habe sie das Gefühl beobachtet zu werden und schaue dann zum entsprechenden Hausdach hinauf. Sie fühle sich geborgen und könne sich vorstellen, dass sie von Geistwesen oder

Engeln begleitet würde. Wenn sie um Hilfe bittet, spüre sie einen geborgenen Halt an ihrem linken Schulterblatt.

Ein 63-jähriger Krebspatient liegt in der Klinik. Er vertraut sich einer Seelsorgerin an. Ein Engel käme wiederholt in sein Zimmer und würde ihn einladen mit ihm zu kommen. Er wolle aber nicht. Die Seelsorgerin unterstützt ihn mit dem Engel zu sprechen. Nach mehreren Tagen und Gesprächen mit dem Engel geht der Patient ruhig mit. Er ist gestorben.

Engel haben traditionell eine große Bedeutung für uns Menschen: Sie sind Boten einer Botschaft, weisen und begleiten uns auf unserem Weg. Engel und Geistwesen vermitteln Geborgenheit, Schutz, Trost und Vertrauen. Ihre Anwesenheit löst weniger Furcht als Ehrfurcht und Achtung aus. Sie begleiten im Leben wie beim Sterben.

Licht sehen

Viele Menschen haben inzwischen Kenntnis über die Nahtoderlebnisse anderer Menschen. Einige der Nahtoderlebnisse sind sogar kulturübergreifend. Darunter ist z. B. auch die Wahrnehmung, dass der Mensch beim Sterben durch einen Tunnel, eine Röhre oder einen anderen dunklen Raum schreitet und an dessen Ende von einem hellen Licht empfangen wird. Dieses Bild taucht mitunter auch in den Träumen mancher Patienten auf.

Fallbeispiele – Licht sehen

Kombination aus verschiedenen Bildern möglich

Eine 20-jährige Patientin mit einer chronischen Erkrankung träumte einen Traum, in dem sie allen Menschen begegnete, welche ihr im Leben wichtig waren. Plötzlich brach ein Feuer aus und sie war gemeinsam mit vielen Menschen durch das sich ausbreitende Feuer eingeschlossen. Die meisten Menschen versuchten sich vom Balkon aus zu retten. Einige von ihnen rutschten eine große steinerne Treppenbalustrade herunter. Sie wurden unten von einer kleinen Gruppe Menschen empfangen. Einer

Fallbeispiele – Kombination verschiedener Bilder

55

aus dieser Gruppe bestimmte nach einer Namensliste, wer von dem Balkon hinabrutschen durfte. Die Patientin selber war überrascht, dass sie rutschen sollte, denn sie war trotz des Feuers nicht auf die Idee gekommen vor diesem zu flüchten. Sie rutschte auf der Balustrade hinab, vorbei an Szenen und Orten ihres Lebens, wurde unten von lieben Menschen empfangen, die sie zu kennen schienen. Als die Patientin zum Balkon zurückblickte, war dieser sehr weit entfernt. Sie spürte Trauer und Mitgefühl für die, die auf dem Balkon zurückbleiben mussten. Als sie sich umblickte, war sie in einem endlos großen in blaugrünes Licht getauchten Park. Sie wurde zu weißen Brunnen geführt und entdeckte, dass sie wieder tanzen konnte. Sie spürte ihre Kräfte wiederkommen und genoss dieses sehr. Aber sie vermisste die Menschen um sich herum und der Traum löste sich auf.

Die Patientin entdeckte insbesondere durch diesen Traum, dass gerade in Zeiten, in denen ihr Körper stark entkräftet war, ihre Träume einen besonderen Symbolgehalt hatten. Mithilfe dieser Art Träume konnte die Patientin sich ein Stück aus der Last einer chronischen Erkrankung herausnehmen (z. B. Abschied von Schmerzen und körperlichen Einschränkungen, das Genießen der neuen körperlichen Kräfte) und gleichzeitig Entscheidungsprozesse wahrnehmen, die für ihr weiteres Leben wichtig waren (z. B. Sehnsucht nach Mitmenschen, Rückkehr ins Leben).

Fallbeispiele – Symbolsprache von Gleichnissen

In der Begleitung von Schwerkranken und Sterbenden kann man bewusst auch Bilderbücher (für Kinder und / oder Erwachsene) mit symbolreicher Sprache anbieten. Auch die symbolreiche Sprache von Gleichnissen (in der Bibel, aber z. B. auch in Form von humorigen Texten aus der jüdischen und islamischen Religion) kann als Anregung zur Entwicklung der eigenen Phantasien dienen. Wie immer gilt auch hier: Als Begleiter bieten wir an, der Betroffene darf wählen.

3. Annehmen und Mitgehen in einem sensiblen Dialog

Um Träume und symbolhafte Wahrnehmungen annehmen und verarbeiten zu können, ist ein Dialogpartner sehr hilfreich:

- Als einfühlsamer und vertrauensvoller Gesprächspartner, dem man seine Träume anvertrauen mag

Hilfestellungen für den Dialog

- Als Bestätigung, dass man nicht *verrückt* geworden ist

- Als emotionales und soziales Ventil über das eigene Erschrecken vor der Wahrnehmung und vielleicht Ahnung bezüglich der Botschaft

- Als Resonanz: *Ich bin noch real und existiere noch in der Wirklichkeit*

- Als Übersetzungshilfe: Um Geborgenheit zu geben und das Schutzbedürfnis in dieser sehr verletzungsanfälligen Situation (andere Menschen sprechen vielleicht abfällig über die Wahrnehmungen, bagatellisieren die Träume und kränken den Betroffenen dadurch)

Wenn der Begleiter die Andeutungen des Betroffenen aufnimmt und mit Zeit und Ruhe, vor allem mit wahrhaftigem Interesse ihm zuhören mag, dann kann sich dies zu einem befreienden Gespräch für den Betroffenen entwickeln.

Einige praktische Tipps[5]

Wenn der Betroffene Sorgen oder Ängste äußert, versuchen Sie ihm diese nicht auszureden. Da seine Sorgen emotional begründet sind, würde die Ansprache auf der Sachebene dem Betroffenen nicht weiterhelfen.

---

[5] Hilfreiche Übungen zur Einübung des Dialoges mit Betroffenen bietet auch das Buch Ebert / Godzik; 1993.

Vermeiden Sie die Träume, Symbole, Sorgen und Ängste des Betroffenen zu interpretieren. Dem Betroffenen helfen nur seine eigenen Assoziationen.

Sie können aber dem Betroffenen helfen, indem Sie ihm Geborgenheit vermitteln, ihn mit seinen Sorgen und Ängsten annehmen, ihn ermuntern seine Gedanken auszusprechen. Lassen Sie ihm dafür Zeit und unterstützen Sie ihn mitunter durch Wiederholung seiner eigenen Ausdrücke oder Spiegelung seiner Gedanken. Sagen Sie ihm, dass er Ihnen gegenüber alles aussprechen darf.

Ermuntern Ermuntern Sie den Betroffenen bei wiederholt auftretenden Träumen mögliche Veränderungen wahrzunehmen (z. B. der Schatten wird heller, sieht nicht mehr so furchterregend aus).

Vermitteln Vermitteln Sie dem Betroffenen die Phantasie, dass er Geistwesen direkt anschauen, mit ihnen sprechen, seine Gefühle zeigen und Forderungen stellen darf (*Ich kenne jetzt die Figur. Jetzt habe ich weniger Angst vor dir! Zieh' nächstes Mal nicht einen so dunklen Mantel an, das erschreckt mich!*). So kann der Betroffene erleben, dass er nicht nur *vor Furcht gelähmt* sein muss, sondern im direkten Dialog mit den Geistwesen Einfluss auf seine Träume nehmen kann. Träume, welche in einen Dialog einbezogen werden, verändern sich und kehren in dieser Form oder überhaupt nicht wieder.

Begleiten Begleiten Sie einen Schlafenden, der von schlimmen Träumen belastet wird, dann haben Sie die Möglichkeit, durch das Summen leiser und ruhiger Melodien (mit aufmunterndem Charakter) dem Betroffenen eine Alternative anzubieten. Die Melodie vermittelt ihm Geborgenheit und Halt, lässt ihn neue phantasievolle Wege im Traum finden (Eine plötzliche körperliche Berührung könnte hingegen den Betroffenen irritieren und aufwachen lassen). Sobald der Betroffene ruhiger wird, beenden Sie auch Ihre Melodie.

Als Kranken- und Sterbebegleiter erleben wir immer wieder den Moment, da uns der Betroffene in seiner eigenen Ohnmacht um Antworten bittet. Diese Fragen nach dem Sinn und dem Werden des alten oder versehrten Lebens werden vor allem in Momenten geäußert, wo der Betroffene schwere körperliche oder seelische Not leidet. Es gibt Fragen, auf die wir noch keine Antworten finden. Und gerade auf diese für den Betroffenen so bedeutsamen Fragen wird er eines Tages selber Antworten finden können.

Aber als Begleiter können wir dem Betroffenen helfen Geduld und Zuversicht zu bewahren, ihm eine heilsame Geborgenheit schenken. Vermeiden Sie eine mögliche Atemlosigkeit des leidenden Betroffenen zu übernehmen. Atmen Sie ruhig und suchen Sie z. B. in der Natur, im Gebet oder in der Meditation Ihre eigene innere Ruhe. Besinnen Sie sich auf Ihre Kraftquelle. Versuchen Sie in sich *stimmig* zu werden, denn Ihre Ruhe wird sich auch auf die Stimmung des Betroffenen übertragen. Dies wird Ihnen besonders gut mithilfe einer ruhigen dialogischen Körpersprache (z. B. Hinwendung des Körpers, ruhiger Lidschluss, Ihre Hand trägt die des Betroffenen, Streicheln, Handauflegen o. a.) gelingen.

Geduld und Zuversicht

Vielleicht verbinden Sie mit Ihrer Kraftquelle eine spirituelle Kraft, die Sie trägt. Und vielleicht erfahren Sie auch, dass nicht Sie allein den Betroffenen begleiten, vielmehr für den Betroffenen, wie für den Begleiter und alle anderen beteiligten Menschen, gesorgt ist. Wenn Sie in einem besonders nahen Moment mit dem Betroffenen dies *wahrhaftig* empfinden, dann können Sie – mit ruhiger Bestimmtheit und Gelassenheit zugleich – allein die folgenden vier Worte sagen:

Für Sie ist gesorgt.

59

Literatur

Balgo, R. (1998): Bewegung und Wahrnehmung als System in der Psychomotorik, Reihe Motorik Bd. 21, Schorndorf.

Ebert, A.; Godzik, P. (Hrsg.) (1993): Handbuch zur Begleitung Schwerkranker und Sterbender, Rissen.

Lückel, K. (1994): Begegnung mit Sterbenden, Gütersloh.

Otterstedt, C. (2001): Tiere als therapeutische Begleiter (u. a. Sterbebegleitung), Kosmos, Stuttgart.

Otterstedt, C. (2004): Kommunikation mit Schwerkranken und Koma-Patienten, verlag modernes lernen, Dortmund.

Piper, H. Chr. (1993): Die Sprache der Sterbenden, in: Ebert / Godzik (1993:59 – 72).

Gezielte Hilfestellung für Gespräche

Gerda Graf

Voraussetzung eines adäquaten Gesprächsverhaltens beim Überbringen von schlechten Nachrichten ist das Basiswissen von Kommunikation und Interaktion (siehe Kapitel von *Roland Hofmann*).

Das Beherrschen der Gesprächsregeln ist aber noch kein Garant für ein gutes Gespräch mit Sterbenskranken und ihnen Nahestehenden. Ehrenamtliche Hospizhelfer und hauptamtliche Pflegekräfte, Seelsorger, Sozialarbeiter, Ärzte oder Psychologen sind maßgeblich am multidisziplinären Team beteiligt. Ein gut funktionierendes Team in der Hopizarbeit zeichnet sich dadurch aus, dass der Gesprächspartner vom Sterbenskranken gewählt werden kann.

Multidisziplinäres Team

Er wählt sich aus dieser Umgebung seine Begleitung und das Team ist in der Lage, dieser Wahl Rechnung zu tragen. D. h.: Achtsamkeit und Rücksichtnahme auf die Bedürfnisse des Sterbenskranken üben.

I. d. R. ist der Mediziner derjenige, der dem Erkrankten die Wahrheit über die Schwere seiner Erkrankung näher bringt. Ärzte, die sich neben ihrer Weiterbildung mit Gesprächsführung auseinander setzen, um eine Haltung dem Sterbenskranken gegenüber einzuüben, fühlen sich sicherer und werden die Wahrheit so übermitteln können, dass der Sterbenskranke dennoch an die Möglichkeit einer Lebensqualität trotz unheilbarer Krankheit glaubt. Die übrigen Mediziner erleben sich ohnmächtig, verschweigen die düsteren Wahrheiten, delegieren das Gespräch an Kollegen oder üben sich in Floskeln. Doch auch unter den Medizinern wächst die Erkenntnis, dass auch der modernen Medizin Grenzen gesetzt sind.

Mit dem Angebot einer palliativen Medizin erhält der Sterbenskranke die Hoffnung auf relative Schmerzfreiheit und damit eine
zu ertragende Lebensqualität. Hinzu kommen die o. g. professio-

Frage nach der nellen oder auch ehrenamtlich ausgebildeten Hospizhelfer, die
örtlichen entsprechend den Definitionen der Bundesarbeitsgemeinschaft
Hospizgruppe Hospiz eine qualifizierte Bildungsmaßnahme im Umgang mit Sterben, Leid und Trauer erfahren haben. Eine gezielte Hilfestellung
für Angehörige oder beruflich Interessierte ist deshalb die Frage
nach der örtlichen Hospizgruppe, die ehrenamtlich zur Seite stehen kann. Als Ansprechpartner für die Vermittlung steht als Dach-
verband die Bundesarbeitsgemeinschaft Hospiz (BAG) und als
ebenfalls überregionaler Verein die Internationale Gesellschaft für
Sterbebegleitung und Lebensbeistand e. V. (IGSL) zur Verfügung.[1]

Wo? Wann? Gezielte Hilfestellung kann aber auch die Vorbereitung auf schwie-
Wie? Was? rige Gespräche darstellen, bei der die Beantwortung der fünf
Warum? W-Fragen: Wo?, Wann?, Wie?, Was?, Warum? sehr hilfreich ist.

Wo soll das Gespräch stattfinden? Liegt der Sterbenskranke in
einem Einzelzimmer? Wenn nicht, können Sie ihm einen anderen Raum zur Verfügung stellen, sodass Intimität und dennoch
Distanz gewahrt bleibt?

Das Thema sterbenskrank ist intimer als die Sexualität, da es die
Endlichkeit so greifbar macht, dass es kein Entrinnen gibt. Es
zeigt den Menschen hilflos und entblößt.

Wann: Es ist wichtig zu wissen, welchen Tagesrhythmus der Sterbenskranke hat, zu welchen Zeiten er der Ruhe bedarf, wie die
schmerztherapeutische Einstellung ist, sodass Sie schmerzfreie
Intervalle für Gespräche nutzen.

---

[1] Die Adressen der genannten Verbände lauten:
Bundesarbeitsgemeinschaft Hospiz e. V., Am Weiherhof 23, 52382 Niederzier
und
Internationale Gesellschaft für Sterbebegleitung und Lebensbeistand e.V., Postfach 14 08, 55384
Bingen

Wenn Schmerzen das Denken des Kranken beherrschen, ist kein Gespräch möglich. Erst der Sieg über die Schmerzen lässt Menschen auch wieder an andere, für ihn lebenswichtige Dinge denken.

Wie gestalten Sie das Gespräch, welche Atmosphäre müssen Sie herstellen, wie viel Nähe braucht der Sterbende, aber auch wie viel Distanz?

Der Balanceakt von Nähe und Distanz ist ein besonders wichtiger Parameter, wenn es um gelungene Gesprächsführung geht. Zu viel Nähe kann erdrücken und dem Gegenüber buchstäblich die Luft wegnehmen, ihn ausweglos ausliefern an den Hospizhelfer und den Sterbeprozess. Nur ein Gesprächsteilnehmer, der dem Sterbenskranken seinen Raum lässt, seine Selbstbestimmtheit auch in dieser Phase des Lebens lässt, hat den Auftrag der Begleitung verstanden. Zu viel Distanz heißt den Weg nicht mitgehen, lässt den Erkrankten spüren: „Der ist nicht bei mir." Hier zählt vor allem das Prinzip der Authentizität. Sterbenskranke sind sensibel, geradezu empfindlich – sie haben ja auch nichts mehr zu verlieren im Leben außer ihr Leben selbst und so erlauben sie sich eine kritische Haltung dem Gesprächsteilnehmer gegenüber, die für alle Beteiligten aber auch fruchtbar ist.

Der Balanceakt von Nähe und Distanz

Was sage ich in dieser Phase? Wie viel Wahrheit wurde vermittelt? Was hat der Erkrankte verstanden?

Unter Einhaltung der Schweigepflicht muss das multidisziplinäre Team einen engen Austausch führen, da der Sterbenskranke sich in einer ambivalenten Situation zwischen nicht wissen der Wahrheit über seine Krankheit einerseits und nicht wahrhaben wollen der Wahrheit andererseits befinden kann.

Die Vermittlung von Wahrheit kann auch in der Übung von aktivem Zuhören bestehen. Möglicherweise müssen Sie aber auch alle Ihre Sinne brauchen und gebrauchen, um Wahrheit so zu

Vermittlung von Wahrheit

vermitteln, dass auch Hoffnung in dieser Lebensphase zum Aushalten können führt.

Warum ist die Auseinandersetzung mit der „tödlichen" Wahrheit so wichtig? Ist nicht das Verschweigen menschlicher und weniger leidvoll für alle Beteiligten? Das ist die häufigste Frage an Hospizhelfer.

Vor der Aufnahme in ein stationäres Hospiz wird immer die Frage der Wahrheit thematisiert und so manches Mal auch dann erst richtig erörtert. Die Erfahrung aller hospizlich Handelnden zeigt recht eindeutig, wie wichtig die Auseinandersetzung mit eben dieser Wahrheit für den Sterbenskranken ist. Denn nur diese Konfrontation eröffnet ihm den Weg, für sich zu klären, was es noch zu klären gibt: Dinge zu ordnen, sich zu verabschieden und auch loszulassen. Diese Möglichkeit wird durch Sätze wie: „Das wird schon wieder" genommen. Kranke nehmen sich von der Wahrheit so viel, wie sie ertragen können. Es gibt genug Beispiele von Verdrängungsmechanismen, obwohl der Arzt sehr deutlich vom streuenden Tumor, der unaufhaltsam Besitz ergreift, gesprochen hat. In dieser Situation ist es nicht die Aufgabe des Hospizhelfers, die Wahrheit zu wiederholen, sondern er hat die Aufgabe des Zuhörens, des Begleitens bei der Wut, beim Verdrängen, bei Depressionen ebenso wie in euphorischen Phasen. Und irgendwann wird sie wieder zugelassen – die Wahrheit. Da gilt es zuzuhören, aufzunehmen und sie zu sagen.

Kranke nehmen sich von der Wahrheit so viel wie sie ertragen können

Sie eröffnen dem Sterbenskranken damit den Weg, sich selbst Fragen wie: Was will ich noch?, Wie will ich es? und Wer soll da sein? zu stellen, denn diese Fragen sind ebenso drängend wie Lebensbilanzierungen und Ordnung (wie Testament und Patientenverfügung). Somit erscheint das Warum? als eine zerbrechliche Frage, denn auf diese Frage ist keine eindeutige Antwort möglich.

1. Beispiele für Gesprächsführung

Die folgenden Beispiele können nur als Versuch der Beschreibung von Gesprächsverläufen mit Sterbenskranken angesehen werden. Sie beruhen auf Erfahrungswerten und können je nach persönlicher Situation sowohl des Kranken als auch des Begleiters unterschiedlich verlaufen. Deshalb kann der Leser hier keine allgemein gültige und gelungene Anleitung für Gesprächssituationen erwarten.

Die folgenden Beispiele werden mit der vorangestellten These untermauert, die die derzeitige Realität im Umgang mit Sterbenskranken widerspiegelt:

These
Die Individualität des Sterbenskranken und seine soziale Integration zwingen Begleiter, Kommunikation und Interaktion zu überprüfen, um im Umgang mit Sterbenskranken hinzuzulernen.

Unter Einbeziehung der fünf Ws könnte eine Gesprächssituation wie folgt aussehen:

Respektvolle Nähe

Grundvoraussetzung ist immer: Der Sterbenskranke und seine Situation stehen im Vordergrund, und es gilt das Überbringen der schlechten Nachricht einzubetten. Das meint, dass der Betreffende großes Einfühlungsvermögen zeigen muss. Durch das Verbalisieren emotionaler Erlebnisinhalte (VEE), gepaart mit aktivem Zuhören, kann eine Nähe aufgebaut werden, in der sich der Sterbenskranke wohl fühlt und seine Ängste respektiert weiß.

Unter Einbeziehung der Angehörigen und der Berücksichtigung von Raum und Zeit ist der Überbringer von schlechten Nachrichten in der Pflicht, die Wahrheit dem Sterbenskranken in der Form näher zu bringen, dass entsprechend der These seine Individualität, seine vorangegangene Lebenswelt (soziale Integration) und seine jetzige Situation berücksichtigt werden.

Zeit und Raum berücksichtigen

65

Dabei steht die Persönlichkeit des Sterbenskranken in engem Kontext zur Herkunft und seinem Umfeld. D. h.:

- Atmosphäre schaffen durch gezielte Suche einer Räumlichkeit, die Intimsphäre und ein Stück „Wohnzimmer" vermittelt.

- Unterstützung suchen durch Nahestehende, die den Sterbenskranken auffangen können.

Wie viel Wahrheit braucht die Wahrheit

- Wie viel Wahrheit braucht die Wahrheit? Durch vorsichtiges Herantasten hat der Sterbenskranke die Möglichkeit, von der Wahrheit so viel anzunehmen, wie er in dieser Lebensphase ertragen kann.

Ein Hospizhelfer besucht Frau H., die vor wenigen Tagen vom Arzt mit der Diagnose „Bauchspeicheldrüsenkrebs" konfrontiert worden ist. Frau H. beginnt ein Gespräch mit den Worten: „Lohnt es sich denn überhaupt noch, ein neues Kleid zu kaufen"? Die qualifizierte Hospizhelferin wird unter Berücksichtigung von aktivem Zuhören artikulieren: „Haben Sie das Gefühl, dass die Zeit nicht mehr reicht, das Kleid zu nutzen?"

Mit dem Spiegeln der Frage eröffnet sich dem Sterbenskranken die Möglichkeit seinem eigenen Gefühl nachzuspüren. I. d. R. erfolgt die Antwort: „Es wird ja nicht mehr lange dauern" oder „Ich glaube, es ist bald zu Ende". Das offene Gespräch ohne Interpretation durch den Hospizhelfer kann jetzt weitergeführt werden durch das direkte Fragen: „Heute fühlen Sie sich sehr schlecht?"

Diese Art des offen Miteinander-Redens gibt dem Kranken den notwendigen Raum, sich mit der Wahrheit weiter auseinander zu setzen und seinem gegenwärtigen Gefühl Ausdruck zu verleihen: „Ich bin froh, einmal darüber reden zu können", oder aber er kann sich entscheiden, die Wahrheit weiter zu verdrängen.

Dann lautet hier oft die Antwort: „Vielleicht kaufe ich mir doch das Kleid."

Für Angehörige und Hospizhelfer ist somit das Aushalten im Sinne von Dasein und Zuhören die wichtigste Begleitformel am Sterbebett. Das genannte Beispiel zeigt die typische Ambivalenz von Wahrheit und Verdrängung, die die Handlung eines Menschen in dieser existenziellen Situation bestimmen kann, ohne jedoch Allgemeingültigkeit zu besitzen.

These

Der Sterbenskranke wird entmündigt und muss sich in seiner letzten Lebensphase starren Strukturen und Hierarchien unterwerfen.

Ohne Beziehung des Sterbenskranken gibt es keine Selbstbestimmung

Das Postulat eines selbstbestimmten Sterbens setzt voraus, dass der Kranke den Sterbeort und die Begleitung bestimmen kann. Das ist aber nur dann möglich, wenn nicht über ihn entschieden wird, sondern der Entscheidungsprozess für die letzte Lebensphase unter direkter Beteiligung des Betroffenen erfolgt.

Ein typisches Beispiel hierfür ist die Anmaßung von Angehörigen, über das, was der Kranke an Wahrheit ertragen kann, zu entscheiden und damit Maßnahmen über ihn und nicht mit ihm zu treffen.

These

Nur in einem engen interdisziplinären Netzwerk ohne Berücksichtigung der Eitelkeiten ist die Betreuung eines Sterbenskranken im Sinne der Hospizidee möglich.

Viele Beispiele der Gesprächsführung enden in Verletzungen und Missverständnissen und reflektieren nicht das Wesentliche.

Herr M., 49 Jahre, alkoholabhängig, an Speiseröhrenkrebs erkrankt, lag in einer größeren Klinik. Die Familie war aufgrund der vorangegangenen Ereignisse zu keiner Kontaktaufnahme fähig.

Der Fokus auf den Sterbens- kranken

Im Gespräch eröffnete der Erkrankte seinen Wunsch nach Entlassung in seinen Heimatort. Durch eine gute Kooperation zwischen Klinik und Hospiz und die vorangegangenen beispielhaften Gespräche zwischen Patient und Seelsorger gelang die Entlassung. Der Hospizdienst baute mit Unterstützung des Hausarztes einen Kontakt zur Familie auf und entsprach damit dem ausdrücklichen Wunsch des Sterbenskranken. Ein langsames Herantasten und sensible Gesprächsführung gaben allen Beteiligten in dieser Lebensphase die Möglichkeit, im wahrsten Sinnen des Wortes noch etwas in „Ordnung zu bringen".

Dieses Beispiel zeigt, dass, mit Fokussierung auf den Sterbenskranken, gelungene Interaktion und Kommunikation beweisen, wozu hospizliches Denken und Handeln führen kann.

Vorbereitung auf den Dialog in der Kranken- und Sterbebegleitung

Carola Otterstedt

Erinnern Sie sich noch, als Sie auf dem Weg zu Ihrer ersten Kranken- oder Sterbebegleitung waren? Viele Gedanken gehen uns in solchen Momenten durch den Kopf: „Was soll ich gleich bloß sagen? Ob wir beide wohl miteinander eine Gesprächsbasis finden? Vielleicht geht es ihr / ihm ja auch schon so schlecht und es ist gar kein Gespräch mehr möglich." Diese Gedanken sind wichtig, denn sie sind bereits eine Vorbereitung auf die Begegnung, die kurz bevorsteht. Wenn wir bereits etwas mehr Erfahrung in der Kranken- und Sterbebegleitung besitzen, wird diese Phase der Vorbereitung nicht etwa wegfallen, aber sie wird sich in Form und Inhalt wohl verändern.

Wie können wir uns auf die Begegnung in der Kranken- und Sterbebegleitung gut vorbereiten?

Es ist gut und wichtig, wenn wir uns als Begleiter/-in einüben können, mit all unseren Sinnen uns selber, aber auch unsere Umwelt und unseren Dialogpartner wahrzunehmen. Normalerweise schenken wir unserem Sehsinn viel Vertrauen: „Erst was ich mit eigenen Augen gesehen habe, glaube ich."

Das Primat der visuellen Wahrnehmung ist in unserer Gesellschaft stark betont, weshalb wir vor allem auf visuelle Reize besonders stark reagieren. Aber auch mit unserem Hörsinn, dem Geschmacks- und Geruchssinn erfahren wir unsere Umwelt. Diese illustrierenden Sinnesreize werden uns i. d. R. nur dann bewusst, wenn wir eine Einschränkung der Sinne (z. B. Geruchssinn bei Erkältung) erfahren müssen.

Sinnesreize

Ein gerade auch für die Begleitung von Kranken und Sterbenden wichtiger Sinn ist der Tastsinn, welcher nicht nur über den direkten Kontakt der Hautsensoren möglich ist. Wir spüren so beispielsweise auch einen Windhauch über unserer Hautoberfläche.

Eine sinnvolle Kranken- und Sterbebegleitung bezieht immer auch ganz bewusst den Einsatz unserer Sinne mit ein und richtet einfühlsam das Augenmerk auf eine Unterstützung des Betroffenen in seinem sinnlichen Erleben. In der Vorbereitung auf den Dialog mit einem Kranken bzw. Sterbenden kann dies beispielsweise bedeuten, dass wir darauf achten, nicht gerade nach Knoblauch, Nikotin oder starkem Parfüm zu riechen. Der Betroffene kann in seiner Situation nicht von uns Abstand nehmen, ist oft auf seinen Rollstuhl oder sein Bett angewiesen. Also sind wir es, die ihm möglichst ein angenehmes Klima schaffen sollten.

Sich vom Alltag lösen

Die Vorbereitung auf einen Dialog ist immer aber auch eine innere Vorbereitung unseres Selbst. Gerade waren wir noch zu Hause, haben den Haushalt und für die Familie organisiert, und jetzt gilt es abzuschalten, den Alltag für eine bestimmte Zeit einmal abgeben zu dürfen, um sich ganz auf den Betroffenen einlassen zu können. Dies ist wichtig, damit wir uns von der Zeit lösen und ganz für den Betroffenen da sein können. Aber wie soll dies gelingen? Zunächst ist wichtig, dass wir unseren Alltag so gut strukturieren und organisieren können, dass beispielsweise für die Familie und Kinder gesorgt ist. Denn nur wenn das Elementare gesichert ist, fühlen wir uns auch innerlich frei, uns Neuem – hier dem Betroffenen – zuzuwenden. Aber dann gibt es da ja noch diese vielen kleinen und größeren Problemchen des Alltags. Diese sind natürlich nicht immer gleich zu lösen, schwirren uns im Kopf umher und lenken uns ständig ab, belasten uns.

Sie dürfen ruhig die Probleme einmal für einen Zeitraum abgeben. Dies gelingt vor allem dann sehr gut, wenn Sie diese vielleicht einem schönen Notizbuch anvertrauen mögen. So brauchen Sie keine Sorge zu haben, dass Sie nachher etwas vergessen zu erledigen. Vielleicht aber haben Sie auch für sich das Gespräch zu Gott entdecken können. Vertrauen Sie sich ihm ruhig an. Vielleicht mögen Sie ihm auch für eine gewisse Zeit Ihr Problem übertragen: „Pass Du bitte für einen Moment darauf auf, ich möchte mich jetzt einem Menschen zuwenden können!"

Es gibt viele kreative Wege, sich vom Alltag loszulösen. Viele Menschen suchen die Ruhe in der Natur, musizieren oder malen. Wichtig scheint, dass wir uns für den Moment der Kranken- und Sterbebegleitung frei fühlen. Denn dann wird es auch gelingen, noch bevor wir mit dem Betroffenen zusammenkommen, uns auf sein Lebenstempo einzustellen und nicht mit einer zunehmenden Alltagshektik ihn in seinem Lebensraum zu überraschen, möglicherweise zu belasten.

Der Beginn einer Begegnung ist ein erster Augen-Blick. I. d. R. beginnt der Dialog mit dem ersten Augen-Blick zweier Menschen. *Der erste Augen-Blick* Aber wenn der Blick versperrt ist, dann rufen wir auch schon mal, um den anderen auf uns vorzubereiten, unsere Ankunft anzumelden. So wird beispielsweise der Hospizhelfer, der einen Schlüssel von der Wohnung der Betroffenen besitzt, bereits nach dem Betreten der Wohnung fröhlich rufen: „Frau Huber, ich bin's, der Franz Schneider!" Dies zeigt, dass der Hospizhelfer trotz des Vertrauens, den Schlüssel zur Wohnung nutzen zu dürfen, immer noch gegenüber dem Privatbereich Respekt zeigen möchte: Ein verbales Anklopfen.

Krankheit und Sterben sind Teile des Lebens. Und so ist es ganz natürlich, dass auch Dialoge in diesen Lebensphasen – wenn nicht so sehr im Inhalt, dann doch in der Form – denen ähneln, welche wir in unserem Alltag führen. Und doch nehmen wir gerade in herausragenden Situationen des Lebens sehr sensibel wahr, wie sich der Dialogpartner verhält. Als Kranken- und Sterbebegleiter/ -in ist es daher interessant, einmal bewusst unsere Kommunikations- und Ausdrucksmöglichkeiten sowie ihre Wirkung auf andere zu reflektieren.

Wir beginnen eben einen Dialog nicht allein mit Worten, sondern vielmehr *plaudert unser ganzer Körper mit*. Unsere Körperhaltung zeigt bereits, ob wir Sympathien für unser Gegenüber empfinden und ob wir uns gerade selber in unserer Haut wohl fühlen. Unse-

Mimik und Gestik als Ausdruck des Dialogs

re Mimik und Gestik untermalen Worte, können sie aber auch einfühlsam ersetzen, vor allem dann, wenn wir uns mit dem Betroffenen nur noch körpersprachlich unterhalten können. Unser Körper ist ausdrucksstark und dies leben uns viele Menschen vor, die aus den unterschiedlichsten Gründen eine Einschränkung der Artikulation haben und so ihr persönliches körpersprachliches Vokabular entdecken. Lassen wir uns von ihnen anstecken, bieten wir gerade jenen, aber auch den Schwachen und Erschöpften die Möglichkeit des Dialogs. Beschränken wir unsere eigene Dialogfähigkeit nicht nur auf die verbale, sondern erweitern wir sie auf eine bewusst eingesetzte nonverbale Dialogfähigkeit, dann schenken wir den Betroffenen damit eine lebenswichtige Erfahrung des Verstanden- und Angenommenwerdens, welche direkt auch ihre Lebensqualität positiv beeinflusst.

Validation: Ein Kommunikationskonzept für verwirrte Menschen

Sabine Brée

1. Zum Begriff und Konzept

Der Begriff „Validation" ist von zwei Persönlichkeiten in der Arbeit mit demenzkranken Menschen besonders geprägt worden.

Die Amerikanerin *Naomi Feil* entwickelte zwischen 1963 und 1980 die Validations-Methode zur Unterstützung der Betreuenden beim Umgang mit dem desorientierten alten Menschen, der seinen Gefühlen freien Lauf lässt.

Validation, so beschrieb sie, akzeptiert den Menschen so, wie er ist. Validation erklärt die Ursache von Gefühlen. Validation unterstützt den sehr alten Menschen, seine Ziele – nicht unsere – zu erreichen.

Akzeptanz des Menschen

Validationsziele sind für sie:

- Wiederherstellen des Selbstwertgefühls
- Reduktion von Stress
- Lösen der unausgetragenen Konflikte aus der Vergangenheit
- Reduktion chemischer und physikalischer Zwangsmittel
- Verbesserung der verbalen und nonverbalen Kommunikation
- Verhinderung eines Rückzugs in das Vegetieren
- Verbesserung des Gehvermögens und des körperlichen Wohlbefindens.

Nicole Richard beschäftigt sich seit 1989 theoretisch und praktisch mit der „Validations-Arbeit". Sie überarbeitete das deutlich

73

amerikanisch geprägte Konzept von *Naomi Feil* auf die Bedingungen in deutschen Institutionen und startete 1993 ein Validationsprojekt in Hofgeismar, das validierende Prinzip konkret in die tägliche Arbeit mit Verwirrten integrierend.

Wertschätzung,
Annahme zeigen

Validieren kann übersetzt werden mit „wertschätzen, annehmen, akzeptieren". Validation ist einerseits eine grundsätzliche Haltung zum Phänomen Verwirrtheit und andererseits eine konkrete Umgehensweise mit Verwirrten und Demenzkranken, die sich an der ganz persönlichen Sicht- und Erlebenswelt des Verwirrten orientiert.

Validations-Arbeit geht von dem Grundsatz aus:
Was der Verwirrte äußert und empfindet, hat seine Ursache oder Begründung in seiner Gegenwart beziehungsweise Vergangenheit. Validieren heißt, die hinter dem Verhalten liegenden Gefühle des Verwirrten zu verstehen. Diese Gefühle sind der Antrieb seines Verhaltens. Dann gelingt es leichter, das verwirrte Verhalten, die Erlebens- und Sichtweise zu akzeptieren, sie wertzuschätzen und anzunehmen.

Was heißt das nun in unserem alltäglichen Umgang mit dem demenzkranken Menschen?

Wahrnehmungs-
welt gestalten

Grundlegend gilt es, eine Erlebens- und Wahrnehmungswelt zu gestalten, die Veränderungen dieser Erkrankung wahrnimmt und einschätzen kann. Wesentliche ist es, die Defizite des Demenzkranken auszugleichen, sie unerheblich werden zu lassen in einer Atmosphäre von Sicherheit, Geborgenheit und Zugehörigkeit. Es gilt sicherzustellen, dass Menschen mit Demenz Vertrauen haben können, Ängste und Unsicherheit abgebaut werden können. Es gilt mit und für diesen Menschen ein Millieu zu schaffen, dass der Erkrankte sich „zu Hause" fühlen kann.

2. Zum Sterben demenzerkrankter Menschen

Gehen wir davon aus, das Sterben nicht allein der körperlich zunehmende Verfall ist, sondern richten unser Augenmerk auch auf die psychosozialen Komponenten, wie die Abnahme der Gesprächsfähigkeit, die Teilname an familiären oder gesellschaftlichen Ereignissen, die Zunahme von persönlicher, zeitlicher, räumlicher und situativer Desorientierung, so ist der Weg des Demenzerkrankten zu seinem Tod eine viel längere Phase, als nur die akute Situation – der Tod ist die Vollendung eines langen Prozesses.

Der lange Prozess bis zum Tod

Täglich heißt es Abschied zu nehmen von Fähigkeiten, die nach und nach verloren gehen. Im Laufe der Krankheit nehmen primär kognitive Fähigkeiten mehr und mehr ab. Das Gedächtnis lässt nach – es treten Wortfindungsstörungen auf; das Denken und Erkennen vertrauter Personen nimmt deutlich ab; Rechnen und Folgern ist nicht mehr möglich. Der Kranke kann sich nicht mehr orientieren, er kann nicht mehr urteilen und die Kontrolle seiner Gefühle ist damit vermindert.

Gerade hier setzt die Anforderung an die begleitenden Menschen in einem besonderen Maße an.

Wir müssen uns einlassen auf die Gefühle des Betroffenen, auf die Antriebe seines Handelns. Wir müssen sie erkennen und ihn wohlwollend begleiten.

Die Gefühle des Betroffenen heißt es ernst zu nehmen, nicht eine Realität zu erzwingen, die der Demenzerkrankte schon lange verlassen hat. Es gilt, sich ganz auf die Realitätswelt des Sterbenden einzustellen.

In ganz besonderem Maße erkennen wir hier die Bedeutung einer guten Biografiearbeit. Wir können nur in der Vergangenheit des Demenzerkrankten genauere Information über seine Gefüh-

Bedeutung guter Biografiearbeit

le, Antriebe, Vorlieben und Gewohnheiten finden. Für die Begleitung des Sterbenden in der Institution heißt das für das Personal eine möglichst intensive Zusammenarbeit mit den betroffenen Angehörigen, beziehungsweise nahen, vertrauten Menschen zu pflegen.

Emotionale Welt des Demenzerkrankten Je mehr wir über die „emotionale Welt" des Demenzerkrankten wissen, umso besser kann es uns gelingen, ihm eine Atmosphäre von größtmöglicher Vertrautheit, Ruhe und Angstfreiheit zu schaffen.

Eine würdevolle und vertraute Beziehung zum älteren Menschen zu entwickeln, setzt eine ressourcenorientierte Sichtweise der begleitenden Menschen voraus.

Ressourcenorientiertes Arbeiten

Aktivierung von Ressourcen Ressourcen sind die Kräfte, Fähigkeiten und Möglichkeiten, die dem Kranken zur Gestaltung und Bewältigung seiner Situation zur Verfügung stehen. Die Aktivierung dieser Ressourcen und ihre Integration in den Betreuungs- und Pflegeprozess fördern die Selbstständigkeit der erkrankten Menschen; im Sterbeprozess geben sie dem Team eine verbesserte Möglichkeit, den Menschen in seiner Ganzheit gelten zu lassen.

Antriebe und Gefühle

Die folgend beschriebenen zwei Ressourcen, die Antriebe und die Gefühle eines Menschen, verdeutlichen die zentralen Aspekte der integrativen Validation nach *Nicole Richard*.

Antriebe sind die früherlernten oder angelegten Normgefüge einer Generation, sie finden ihre Herleitung in der Lebensgeschichte des alten Menschen. In ihrer persönlichen Ausprägung und Gestaltung sind sie Motiv und Triebfeder des Handelns.

Antriebe sind z. B. Ordnungssinn, Pflichtbewusstsein, Fürsorglichkeit.

Gefühle sind ein direkter Ausdruck der momentanen Befindlichkeit, sie werden echt und spontan vermittelt – oft als Reaktion auf Personen und Umwelterfahrungen.

Demenzkranke Menschen orientieren sich in ihren persönlichen Gefühlen, oft in Verknüpfung mit inneren Erlebniswelten. Gefühle wie Hilflosigkeit, Angst, Wut, Trauer, aber auch Zufriedenheit, Zuneigung, Freude werden unmittelbar deutlich.

Die Grundlage des Kontaktes zu demenzkranken Menschen besteht darin, Vertrauen zu schaffen. Ein kommunikativer Kontakt ist um so schwieriger, wenn diese Menschen nur noch nonverbal kommunizieren können. Die Benutzung der Körpersprache ist also von elementarer Bedeutung. Demenzkranke Menschen können Körpersprache länger ausdrücken und länger verstehen als die verbale Sprache. Körpersprache ist bildhafter, die Wahrnehmung der Körpersprache geschieht eher gefühlsmäßig.

Vertrauen schaffen

Wir bedienen uns der Methode der integrativen Validation nach *Nicole Richard*, auf vier Punkten zur Kontaktaufnahme / Kommunikation mit demenzkranken Menschen aufbaut:

Die Methode der integrativen Validation nach Richard

1. Das Gefühl, den Antrieb des Demenzkranken Menschen wahrnehmen, erspüren

2. Die Gefühle und Antriebe annehmen, akzeptieren, wertschätzen und in direkten und kurzen Sätzen ein persönliches Echo geben

3. Ein allgemeines Echo geben in der Form eines Liedes, Sprichwortes einer Volksweisheit

4. Das Lebensthema (besonderes Hobby, Beruf etc.) zur Findung von Schlüsselwörtern oder Erkennen von Antrieben nutzen und einbinden

Die grundsätzliche Haltung

Die Validation (IVA) ist eine grundsätzliche Haltung zum demenz-kranken Menschen. Antriebe und Gefühle von Menschen zu validieren heißt, die Regeln und Normen des Demenzkranken zu akzeptieren und wertzuschätzen, unabhängig davon, ob diese auch für uns gelten.

3. Drei exemplarische Beispiele aus der beruflichen Praxis

Frau K.

ist 79 Jahre alt. Vor vier Jahren kam sie zu uns in die Einrichtung, *Beispiel 1* als man bei einem Krankenhausaufenthalt nach einem Sturz auf der Straße eine Demenzerkrankung feststellen konnte. Frau K. befand sich in einem fortgeschrittenen Stadium der Alzheimererkrankung. Frau K.s einzige Angehörige, eine Schwester, war vor einem Jahr an einer Krebserkrankung gestorben. Seitdem war lediglich die Nachbarin und einige frühere Kolleginnen mit Frau K. im Kontakt, sodass die ersten Anzeichen der Erkrankung als „Schrullen" der Pensionärin hingenommen worden waren.

Als Frau K. zu uns kam, untersuchte sie gleich das Zimmer auf *Sauberkeit und* Sauberkeit und Ordnung. Ihre Kleider waren auffallend erlesen, *Ordnung* Frau K. hatte 30 Jahre als Modistin in einem bekannten Essener Betrieb gearbeitet. Sie legte nach wie vor sehr viel Wert auf farbliche Abstimmung ihrer Kleidung, und so unterstützten wir die eigene Auswahl ihrer täglichen Garderobe bis zum Ende dieser Möglichkeit.

Des Weiteren erfuhren wir in den ersten Wochen ihres Aufent- *Musik* haltes bei uns, dass Frau K. gerne im Kirchenchor gesungen hatte und eine regelmäßige Besucherin der Gottesdienste in ihrer Gemeinde war.

Die Freude an Farben lies sie auch immer wieder gerne Aqua- *Malerei* relle und farbenfrohe Bilder betrachten. Ihr Fachwissen zur Malerei war erkennbar, durch einen sehr schnell zunehmenden Verlust an sprachlichen Fähigkeiten aber schon bald nicht mehr offenbar.

Eine Kollegin, die sie in den ersten Monaten noch regelmäßig besuchen kam, berichtete uns, dass Frau K. auch gerne Galerien besucht hatte und bei ihren wenigen Reisen immer das Interesse an Kunst und Malerei im Vordergrund gestanden hatte. Frau K. war alleinstehen geblieben und hatte in den Jahren nach der Pensionierung mit ihrer Schwester zusammengelebt. Die Schwester sei dann – für alle sehr plötzlich – ein Jahr vor dem Einzug bei uns verstorben.

Schweigsam und zurückgezogen

Auffallend war, das Frau K. über die Erkrankung und den unerwarteten Tod dieser Schwester nie ein Wort verlor. Sie sprach auch in den folgenden Jahren nie davon.

Von ihrer Zimmernachbarin – einer bettlägerigen, sehr ruhigen, zumeist schlafenden alten Dame – nahm Frau K. wenig Notiz. Sie begrüßte sie höflich und wandte sich dann aber ihrem eigenen Bett, dem Nachtisch und dem Kleiderschrank zu und ordnete ihre Sachen.

Später im Tagesraum, mit den Mitbewohnern bekannt gemacht, zeigte sie sich ebenfalls sehr zurückgezogen. Sie nickte freundlich, sprach aber kaum.

Beim Essen war sie – wie sich im Laufe der Zeit zeigte – sehr bescheiden. Sie äußerte stets Zufriedenheit und benannte auch keine besonderen Vorlieben. Sie liebte aber das nachmittägliche Kaffeetrinken mit einem feinen Stück Sahnetorte am Sonntag und bei den Festen des Hauses.

Die Kommunikation zwischen Frau K. und dem Personal im Haus war von Beginn an geprägt von kurzen Sätzen und nur allernotwendigstem verbalem Ausdruck. Ein Blickkontakt war aber immer, freundlich, offen, wortlos.

Berührungen

Berührungen von Frau K. waren vorsichtig, aber deutlich erkennbar ihr nicht unangenehm. Auch später, als sie selbst zunehmend Berührungen erfuhr bei der körperlichen Pflege, zeigte sie keine Peinlichkeit und Scham.

Das Personal achtete aber stets darauf, Frau K. mit Zurückhaltung und einer gewissen Ruhe zu begegnen. Man bemerkte sehr schnell, dass sie vor Lärm, lauter Ansprache und vor festerem Zugriff zurückschreckte.

Das Personal bemühte sich, Frau K. immer mit einfachen Sätzen zu erklären, was in der Realität um sie herum ablief, jeden Vorgang der Pflege kurz zu benennen. Frau K. zeigte sich dadurch bald sehr vertrauensvoll, obwohl es von Beginn ihres Aufenthalts uns nicht genau klar war, was sie an Wortbedeutung noch begriff. Sie liebte es, wenn bei der morgendlichen Pflege ganz leise im Hintergrund eine klassische Musik und die Morgenandacht im Radio spielten. Später, als sie bettlägerig wurde, achteten wir auch stets auf die Übertragung des hauseigenen Gottesdienstes über den Hausfunk.

Vertrauen

Leider verschlechterte sich Frau K.s Zustand sehr bald nach ihrem Einzug. Zwar schien sie sich im Haus gut eingelebt zu haben, die festen Riten waren für sie deutlich Halt und Sicherheit, aber der geistige Abbau schritt massiv voran. Sehr bald ging auch ein rascher körperlicher Verfall vonstatten.

Sie erfreute sich aber nach wie vor an den Bildern auf dem Flur, den sie langsam die meiste Zeit des Tages auf und abging. Ohne ein Zeichen ihrer sonst zunehmenden Rastlosigkeit blieb sie dann dort stehen und betrachtete die Farbenvielfalt.

Auch ihr Sinn für Ordnung und Sauberkeit blieb ihr erhalten. So konnte man ihr diese Antriebe immer wieder im Gespräch spiegeln und sie damit verbal erreichen. Sie fühlte sich verstanden in ihrer Welt, die sonst durch zunehmendes Chaos und Hilflosigkeit, sich zu orientieren, gekennzeichnet war.

Wenn ich Frau K. besuchte, nahm ich stets ein Kunstbuch mit zu ihr. Oft konnte ich sie dann zur Betrachtung der Bilder gewinnen. Wir setzten uns gemeinsam in die kleine Sitzecke im Auf-

Ruhe enthaltsraum und Frau K. konnte ein wenig Ruhe finden in der gemeinsamen Betrachtung der Bilder.

Als Frau K. bettlägerig wurde, lebte sie bereits seit einiger Zeit in einem Einzelzimmer. Die Verlegung war uns empfehlenswert erschienen, weil Frau K. gerne und ständig um sich herum Dinge sortierte, zurechtrückte – alles musste seinen festen Platz haben. Auch nachts stand Frau K. oft auf, solange sie es noch allein bewältigen konnte. Sie ging dann im Zimmer hin und her, auf den Flur, war aber immer dabei leise und vorsichtig, keinem zu nahe zu kommen.

Blickkontakt Das Pflegepersonal schaute nach der Sicherheit ihrer Umgebung, ließ sie aber ansonsten gewähren. Wir versuchten stets, mit ihr in Blickkontakt zu treten und ihr durch Mimik (freundlich, lächelnd) und Gestik (ausgestreckte, geöffnete Hände) zu zeigen, das wir sie wahrnehmen, verstehen und um sie bedacht sind. Frau K. machte dann meist einen zufriedenen Eindruck. Sie schien die nächtliche Ruhe im Haus als sehr wohltuend zu empfinden. Tagsüber kroch sie dann manches Mal in ihr Bett und schlief einige Stunden.

An Veranstaltungen im Haus nahm sie selten teil. Bei den großen Festen ging sie nur in Begleitung vertrauter Gesichter der Tischnachbarn aus dem Aufenthaltsraum mit. In der Ansprache auf ihre Kleidung, die mithilfe der Pflegekräfte immer aufmerksam zusammengestellt wurde, das frischfrisierte Haar und ihr gepflegtes Erscheinungsbild gewann sie Sicherheit.

Wurde es sehr lebhaft und laut, spürte man als Beobachter aber schnell ihre zunehmende Unruhe. Wir begleiteten sie dann umgehend in den Wohnbereich zurück, wo die ruhigere Umgebung sofort deutlich Wirkung zeigte.

Zum Gottesdienst ging sie bis zum Schluss ihrer körperlichen Möglichkeiten stets gerne mit. Bei den Liedern folgte sie aufmerksam und bewegte lautlos die Lippen. Das „Vater Unser" konnte sie mitsprechen, auch wenn ihr sonst fast alle Worte mittlerweile fehlten.

So erlebten wir als pflegende und betreuende Begleiter der alten Dame in all diesen Jahren in zunehmendem Maße ihren geistigen und körperlichen Verfall, ein langsames Sterben aller Fähigkeiten und Ressourcen.

Geistiger und körperlicher Zerfall

Erhalten blieben ihre Gefühle und erkennbar häufig die Antriebe zu den wenigen Taten, zu denen sie noch im Stande war.

Als Frau K. nur noch im Bett verweilen konnte, hängten wir drei der ihr vertrauten und besonders lieben Aquarelle ins unmittelbare Blickfeld.

Wir achteten darauf, dass morgens das kleine Radio leise Musik spielte und zur Zeit der Morgenandacht sie die Möglichkeit hatte, diese zu hören.

Ich nahm mir, sooft es mir möglich war, die Zeit, mit einem Gesangbuch zu ihr zu gehen und leise für sie Kirchenlieder zu singen.

Manchmal legte ich ihr weiche Stoffstücke auf das Oberbett. Ihre Hände suchten dann das feine Material zu "streicheln". Auch brachte ich bunte Malereien mit, und wenn ihre Augen sich nicht vor Müdigkeit schlossen, guckten wir das eine oder andere Bild dann zusammen an.

Meine Umgangsform mit ihr war stets leise und behutsam. War es auf dem Flur sehr unruhig, schloss ich die Tür, die sonst auch oft offen blieb, damit Frau K. noch ein wenig am Alltagsleben auf dem Flur teilhaben konnte.

Umgangsform

Das Pflegepersonal achtete darauf, das Frau K. immer qualitativ erlesene Nachthemden tragen konnte; sie verfügte glücklicher-

weise über genügend finanzielle Mittel. Ihre Haare wurden sorgfältig gepflegt.

Wir zeigten Akzeptanz für ihren besonderen Ordnungssinn, und
waren bemüht, nie achtlos Gebrauchsdinge einfach irgendwo
im Zimmer liegen zu lassen. Jeder bemühte sich, in einer gewissen Ordnung alles zu hinterlassen.

Als es sich abzeichnete, das Frau K. uns bald verlassen würde,
waren wir, sooft die Zeit es zuließ, in Ruhe an ihrem Bett. Es gab
nichts zu sprechen. Schlug sie einmal die Augen auf, zeigte ihr
Blick kein Erkennen mehr. Aber ihr Atem war ruhig und gleich-
mäßig. Schmerzen schien sie keine zu haben.

Alle pflegerischen Maßnahmen wurden sorgfältig durchgeführt.
Wir achteten auf angenehme Temperaturen im Raum – Frau K.
hatte stets frische Luft geliebt, aber es durfte nicht zu kühl sein.
Vor und nach den Pflegetätigkeiten berührten die Ausführen-
den die Hände der sterbenden Frau behutsam. Diese taktilen
Berührungen Berührungen sind häufig die letzte verbleibende Möglichkeit in
Kontakt mit dem sterbenden Menschen zu treten. Frau K. schlief
nach zwei Tagen ganz ruhig für immer ein.

Frau D.

Beispiel 2 musste nach vielen Jahren sehr liebevoller Pflege und Betreuung durch den Ehemann in die Senioreneinrichtung ziehen. Der
Ehemann selbst war an Krebs erkrankt und sein baldiger Tod
war ihm vorausgesagt.

So regelte er alle persönlichen und finanziellen Angelegenhei-
ten für seine Frau. Frau D. kam wenige Tage vor dem Tod des
Mannes zu uns.

Sie befand sich in einem sehr weit fortgeschrittenen Stadium
der Alzheimererkrankung und sprach schon seit einigen Monaten kein Wort mehr. Ihr Blick war klar, interessiert, aber auch ein

wenig ängstlich. Durch den Bericht des Ehemannes hatten wir erfahren, das Frau D. schlecht hörte, ihr Sehvermögen schiene nicht eingeschränkt zu sein.

Sie hatte ihr Leben lang gerne fröhliche Unterhaltungsmusik gehört, war eine leidenschaftliche Tänzerin gewesen und hatte neben der engen Verbundenheit zu ihrem Ehemann wenig Kontakte gepflegt. Zwei Damen aus der Nachbarschaft kamen sie regelmäßig zu Hause besuchen, bevor die Sprachlosigkeit ihr Krankheitsbild so verschlechtert hatte. Außenstehende wussten nicht mehr, wie Kontakt zu Frau D. aufzunehmen. *Wenig Kontakte*

Ich begrüßte Frau D. mit hingereichter geöffneter Hand, die sie auch ergriff. Ich sprach in kurzen Sätzen in verstärkter Lautstärke, sodass sie wahrnehmen konnte, dass die Worte ihr galten. Die Stationsschwester führte sie in Begleitung des Ehemannes in ihr Zimmer. Die Schwester war bemüht, Frau D. persönlich anzusprechen, nicht über den Ehemann zu kommunizieren. Wenn sie eine Antwort benötigte, wandte sie sich deutlich dem anderen Gesprächspartner zu. Sie nahm sich viel Zeit in ihren kurzen Erklärungen, ließ immer wieder Pausen und versuchte zu erkennen, was und wie viel Frau D. verstehen und begreifen konnte. Frau D. ging sehr zögerlich auf alle Dinge zu und beobachtete die Schwester genau.

Bei dem ruhigen Agieren seitens der Pflegerin wich ihr ängstlicher Gesichtausdruck zunehmend. Abwechseln betrachtete sie ihren Mann und die Schwester, die spannungsfrei miteinander sprachen. Diese Stimmungen schien Frau D. auch später immer wieder ganz besonders fein zu erspüren. Sie reagierte sofort mit Unruhe und Verängstigung, wenn in ihrer Gegenwart ein ungeduldiger, lauter oder von Missstimmung zeugender Ton zwischen Mitbewohnern und / oder Personal herrschte. *Ruhiges Agieren*

Da wir nicht feststellen konnten, welche Worte und Sätze Frau D. noch erreichen konnten, bemühten wir uns in der Pflege und

Betreuung immer sehr darum, auch ohne die Erwartung einer Antwort Frau D. klar anzusprechen und ihr alles in kurzen, einfachen Sätzen zu erklären, was die alltäglichen Abläufe betraf.

Vorlieben und Empfindlichkeiten

Über ihren Mann hatten wir wichtigste Daten und Fakten ihrer Biografie schriftlich niedergelegt, sodass bei einem Wechsel der Bezugsperson diese sich vorher über Frau D.s Vorlieben und Empfindlichkeiten informieren konnte.

Wir hatten erfragt, welche Speisen und Getränke sie bevorzugt, beziehungsweise ablehnt. Sehr bald stellten wir beim Essen – sowie auch allgemein in der Körperpflege – fest, dass sie wenig Empfindungen für Wärme und Kälte hatte.

Als sie noch selbstständig essen und trinken konnte, stellte die Küchenhilfe immer zuerst für Frau D. die Speisen in der Teeküche zurecht, sodass sie angemessen abkühlen konnten.

Mit Worten konnten wir Frau D. diese Notwendigkeit nicht mehr erklären. Hätte sie sofort zum heißen Kaffee gegriffen und getrunken, wären erst beim Empfinden des Schmerzes der Bewohnerin Negativgefühle bewusst geworden, hätten Verbrennungen im Mund und Rachenraum zur Folge haben können. Die Gefühle waren wach – Schmerz löste starke Unruhe, deutliche Unsicherheit und Ängste aus.

Hilflosigkeit und Unruhe

Reagierte Frau D. auf eine Situation mit Hilflosigkeit oder auffallender Unruhe, suchten wir die Gefühle und Antriebe für diese Reaktion zu erkennen. Mit kurzen Sätzen, Mimik und Gestik spiegelten wir die Empfindungen, zeigten wir unsere Wahrnehmung und Verständnis durch streicheln ihrer Hände, da sie auf diese Art von Berührung immer sehr positiv ansprach.

Sie schaute das Gegenüber dann an, ihr Blick war offen und der ängstliche Ausdruck in ihren Augen wich langsam.

In einer ruhigen Umgebung, vor allem, als sie später bettlägerig wurde, konnte man Frau D. besonders gut mit alten Volksliedermelodien erreichen. Auch Fernsehübertragungen wie Heimatfilme, Musikantenstadel und ähnliches konnte Frau D. deutlich erfreuen.

Wir hängten ihr ein buntes Mobile ins Blickfeld, bei Lichtspielen hatte sie eher mit Rückzug reagiert.

Auch Photos aus ihrem Leben schienen sie stark zu verunsichern. Ein Bild ihres Mannes stellten wir ihr auf den Nachttisch, es schien allerdings selten ein Erkennen auszulösen.

Menschliche Nähe spürte sie aber und es war erkennbar, dass sie ihr sehr gut tat, wenn es ein ruhiges Agieren um sie herum war. Laute, hektische Reaktionen in ihrer Nähe versuchte das Pflegepersonal daher besonders sorgsam zu vermeiden.

Menschliche Nähe

Wir stellten regelmäßig frische, farbenfrohe Blumensträuße auf ihren Nachttisch. Das war für sie selbst ein hübscher Blickpunkt und tat auch jedem Besucher im Zimmer gut.

Frau D. wurde regelmäßig von ihrem Hausarzt besucht. Sie hatte körperlich keine Krankheiten, aß und trank bis zum letzten Tag ihres Lebens und litt nicht deutlich erkennbar unter Schmerzen. Geistig verloren sich alle Reaktionen nach und nach, es wurde immer schwieriger, sie zu erreichen in der Ansprache. Zunehmend ließen auch ihre Reaktionen auf körperliche Berührungen nach. Wertschätzende Wahrnehmung zu zeigen war nur durch besondere Einfühlsamkeit und gewisse Pflegeerfahrungen noch möglich.

Wertschätzende Wahrnehmung

Frau D. verließ uns recht unerwartet dann über Nacht. Sie wurde erlöst von einem schleichenden Sterben aller geistigen Möglichkeiten und Fähigkeiten, die uns Menschen gegeben sind. Ihre Beisetzung fand anonym statt.

Frau R.

Frau R. kam in Begleitung ihrer beiden Töchter zu uns ins Haus. Sie war sehr freundlich und sprach auffallend viel, wovon allerdings Weniges Sinn ergab.

Ihre beiden Töchter stellte sie uns als Schwestern vor, im nächsten Moment waren es die Freundinnen, ein kleiner Urlaub stünde an, nun ja, das Haus schiene ihr sauber, angenehme Atmosphäre, aber so viele alte Leute. Nun ja, sie bliebe ja nicht lang, könnte man alles ja mal probieren ....

Die aufnehmende Schwester, die Patin der neuen Bewohnerin, zeigte aufmerksames Zuhören. Die Töchter verabschiedeten sich bald, damit die Mutter die ihr geltende Zugewandtheit spüren und erfahren konnte. Notwendige Absprachen klärten sie mit der Wohnbereichsleitung und später in der Einrichtungsverwaltung.

Die alte Dame erfuhr nun persönliche Zuwendung, Verständnis und Akzeptanz ihrer Person. Die begleitende Schwester beobachtete die neue Bewohnerin aufmerksam im Gespräch und konnte somit erste Einblicke in die Gefühlswelt der alten Dame gewinnen.

Persönliche Zuwendung, Verständnis und Akzeptanz

Durch das einfühlsame Zuhören gewann Frau R. bald Vertrauen zu der Schwester. Sie untersuchte die neue Umgebung, wobei sie besonders auf farbenfrohe Gegenstände zuging. Sie freute sich an der Helligkeit des Zimmers, hatte Gefallen an dem großen Badezimmer und äußerte mehrmals die Zufriedenheit, wie sauber alles sei.

Was ihr deutlich missfiel, war eine laute Musik, die aus dem Nachbarzimmer hörbar war. Auch auf das spielende Radio im Aufenthaltsraum reagierte sie mit missbilligendem Blick.

Auf ihre besonderen Vorlieben beim Essen und Trinken angesprochen, stellte sich heraus, das Frau R. Pfannkuchen besonders mochte, außerdem, alles, was süß wäre. So holte die Schwester gleich einen kleinen Joghurt mit süßen Früchten herbei, den sie Frau R. zur Stärkung anbot, und empfing durch diese Geste sogleich ein herzliches Strahlen im Gesicht der alten Dame.

Die kleine Empfangsblume erfreute Frau R. ebenfalls. Begeistert berichtete sie von ihren schönen Garten zu Hause, den sie immer liebevoll gepflegt habe.

Das zweite Bett im Zimmer ließ sie suchend umherblicken und sie reagierte mit Verärgerung.

Im weiteren Ablauf der Begleitung von Frau R. lernten wir, dass Verärgerung und Beschimpfungen immer ein Zeichen von "nicht verstehen" bei Frau R. waren. Wir nahmen dies sehr ernst, zeigten Verständnis für Ärger und manches Mal Zorn. Aber auch Gram und Kummer äußerte sie später zunehmend in dieser Form. Sie fuhr dann wütend die Schwestern und durchaus auch die Mitbewohner/-innen an, zog sich aber auch häufig zurück in eine Wortlosigkeit und Empfinden körperlicher Beschwerden und Schmerzen.

Auffallend war noch, das Frau R. körperlicher Nähe zu anderen Menschen stark zurückwich. Sie suchte stets eine gewisse Distanz zu anderen Personen zu halten. Von der „Patin" ließ sie sich allerdings nach gewonnenem Zutrauen gerne am Arm führen. Ebenso stellte sich dieses Verhalten später dar, als sie noch zu einigen anderen Mitarbeiter/-innen Vertrauen finden konnte.

Distanz

Dieses fanden die Menschen, die ihr zuhörten, die ihr Aufmerksamkeit schenkten, die mit ihr Freude an Farben und bunten Bildern teilten und besonders diejenigen, die ihre Pflege der Blumen später begleiteten, die im Tagesraum auf den Fensterbänken standen. Sie freute sich über die süßen Zwischenmahlzeiten, die ihr die freundliche Küchenkraft brachte und war dankbar, wenn sie sich in das ruhige Zimmer jederzeit zurückziehen durfte. Sie mochte keinen Fernseher und keine Radiounterhaltung, was ihrer Bettnachbarin, die nur nachts zu Bett im Zimmer war, glücklicherweise nicht fehlte.

Eigene Realität Frau R.s geistiger Zustand verschlechterte sich langsam, aber unaufhaltsam. Die regelmäßigen Besuche der Töchter erfreuten sie sehr, aber alle spürten, das Frau R. immer mehr in ihrer eigenen Realität lebte.

Kenntnisse einer genaueren Biografie von Frau R. halfen dem Personal die alte Dame dort aufzusuchen, wo sie sich befand. Meist waren es Lebenssituationen 40 – 50 Jahre zurück. Die Schwestern spürten die nachmittägliche Unruhe, wenn der Ehemann von der Arbeit kam und das Essen auf dem Tisch zu stehen hatte. Sie nahmen Angst und auch Wut wahr, wenn die Töchter nicht kamen. Es galt dann, die Gefühle von Frau R. einfach zuzulassen, sie nicht wegzureden. Die Schwestern setzten sich dann einfach zu ihr und hörten ihr zu, bestätigten die Sorge der Mutter, und konnten so Verständnis, Wertschätzung der Person in ihrer Hausfrauen- und Mutterrolle, Akzeptanz signalisieren.

So fühlte sich Frau R. insgesamt in ihrem neuen Zuhause bald sehr vertraut. Sie gewöhnte sich an die neue Umgebung und auch an die anderen Menschen um sie herum. Ihre Antriebe, häufigst am Tag die Blumen zu gießen, führten manches Mal zu lautstarken Auseinandersetzungen mit Mitbewohnern, da konnte nur die geübte Pflegekraft allen Emotionen die Spitze nehmen und verstehend vermitteln.

Die Töchter stellten eine kleine Pflanzenschale in ihr Zimmer, da konnte sie dann zupfen und pflücken, liebevoll gießen. Mit Blumen muss man sprechen... sagte Frau R. immer und die alten Spruchweisheiten zum „Grünen Daumen" u. Ä. m. vermittel-*Verständnis* ten ihr immer sofort Verständnis. Bunte Blumen auf dem Nachttisch fehlten bis zu ihrem Tod nie in ihrer Umgebung, ebenso, wie fröhliche Farben und Bilder ihr Bett umgaben.

Als bei Frau K. ein Knoten in der Brust festgestellt wurde, der eine dringende Operation bedarf, wurde sie als bettlägerige Bewohnerin in unsere Einrichtung zurückverlegt. Die Narkose und eine unvermeidbare chemotherapeutische Nachbehandlung hatten einen rapiden Abbau ihrer geistigen Möglichkeiten zur Folge gehabt.

Stets sprach sie von ihren (lange verstorbenen) Schwestern, wenn ihre Töchter kamen, die Krankengymnastin mit kurzen Haaren und sehr sportlicher Kleidung war stets der „nette junge Mann", der Stationspfleger wurde immer mit Herr Doktor angesprochen.

Besonders wichtig war es nun, an die vor dem Krankenhausaufenthalt bestehenden guten Vertrauensverhältnisse anzuknüpfen. Die Bezugspersonenpflege, die Betreuung durch die Schwester, die sie als „Patin" von Beginn an begleitet hatte; die Mitarbeiterin aus dem sozialen Dienst, die mit ihr liebevoll die Blumen gepflegt hatte und durch den Flur mit den schönen ausgestellten Aquarellen immer wieder im einfühlsamen Gespräch gegangen war; die Küchenhilfe, die ihr die leckeren Zwischenmahlzeiten so liebevoll servierte .... das alles waren ihr bald wieder sehr vertraute Gesichter.

Vertrauensverhältnisse

Wenn sie diese auch nicht mehr einordnen konnte, vermittelten sie Frau K. Vertrauen, Fürsorge, Geborgenheit und Verständnis.

Die körperliche schwere Erkrankung zehrte zunehmend an den geistigen Kräften von Frau K. Ihr Lebensmut schien erloschen. Zwischenmenschliche Beziehung, liebevolle Zuwendung, Zeit, einfach bei ihr zu sein, sie in ihren Ängsten und nun oft auftretenden Schmerzen nicht allein zu lassen, das stand nun im Vordergrund einer angemessenen Begleitung.

Zwischenmenschliche Beziehung

Pflegerische Maßnahmen werden nun als Chance der Begegnung wahrgenommen. Gezielte Berührungen aus dem Bereich der basalen Stimulation helfen, Unruhe und Spannungen zu lindern.

Pflegerische Maßnahmen

91

Palliativ-
behandlung

Das Erleben von Schmerzen wird durch eine sorgsam mit dem behandelnden Arzt abgesprochene Palliativbehandlung möglichst auf ein Minimum begrenzt werden. Hier werden nach einem Stufenplan ausgeführte Verabreichung entsprechender Medikamente einfühlsam eingebracht.

Die im Sterbeprozess auftretenden Symptome wie Mundtrockenheit, Durst, Atemnot, Husten, Übelkeit ,Verstopfung, Schwitzen u.a.m. müssen eine besonders sorgfältig beobachtende, einfühlende, begleitende Pflege erfahren. Regelmäßige Mundpflege wird mit Tee und kühlem Fruchtsaft mit speziellen Mundstäbchen sowie durch Fettstifte für die Lippen von den anwesenden Begleitpersonen durchgeführt werden (Eine Linderung des Durstgefühles kann neben der oralen Verabreichung mittels Trinken auch rektal durchgeführt werden, um dem Sterbenden das Leid zu verringern).

Emotionale
Pflege

Aber besonders bei dementen Sterbenden wie Frau K. ist die emotionale Pflege besonders im Vordergrund. Das Pflegepersonal, die Mitarbeiterinnen des sozialen Dienstes und die Töchter sprechen einen Zeitplan miteinander ab, nachdem Frau K. möglichst viel menschliche Nähe erfahren kann.

Auf Wunsch der Angehörigen organisieren wir unterstützende Begleitung einer Helferin aus dem ambulanten Hospizdienst, mit dem das Haus Kontakt pflegt.

Gefühle

Alle Begleitpersonen sind vorbereitet, auf die wechselnden Gefühle seitens der Sterbenden einzugehen. Gefühle von Verzweiflung, Angst, Hilflosigkeit, Abwehr, Rückzug oder auch Wut treten auf. Eine validierende Grundhaltung, individuelle Zuwendung, Wertschätzung und Akzeptanz zu vermitteln stehen nun im Vordergrund.

Ruhige
Atmosphäre

Wir sind bemüht, das stets eine ruhige Atmosphäre im Zimmer herrscht. Die gewohnte und vertraute Umgebung im Zimmer wird

verstärkt beachtet. Bunte Blumen stehen im Blickfeld der Sterbenden. Menschliche Nähe ist soviel eben möglich gewährleistet.

Die Worte, die Frau K. manches Mal vor sich hin spricht, versuchen die Anwesenden zu entschlüsseln. Was könnten dahinter-
stehende Gefühle und Antriebe sein? Sind es Hilflosigkeit, Angst
oder Schmerzen und körperliche Bedürfnisse wie Durst? Ist es
der Versuch, sich zu bewegen, Worte der Verständigung zu formulieren?

An diesem Punkt der Sterbebegleitung steht nur noch der Ster- *Bedürfnisse*
bende mit seinen Bedürfnissen im Mittelpunkt unseres Denkens
und Einfühlens. Sie sind Grundlage unseres Handelns, nicht besondere Hygienevorstellungen, alltägliche Raumpflege oder Ähnliches.

Es gilt vorrangig, der sterbenden Frau K. emotionale Nähe zu
vermitteln, ihr – auch nonverbal – Zuwendung zu vermitteln, ihr
Sicherheit und Halt zu geben, Beängstigendes und Fremdes fern- *Sicherheit*
zuhalten. *und Halt*

Die Zimmernachbarin, die auch vorher nur in der Nacht das Zimmer teilte, ist umgezogen. Die Töchter und die übrigen Familienmitglieder können zu jeder Zeit anwesend sein.

Frau K. spürt die menschliche Anwesenheit; es vermittelt ihr *Nähe, Wärme*
Nähe, Wärme und Vertrauen, körperliche Nähe wird sehr vor- *und Vertrauen*
sichtig vermittelt. Die geöffnet, hingehaltene Hand nimmt Frau
K., ergreift sie fest, löst aber auch wieder diesen Handgriff und
wendet sich, soweit es ihr möglich ist, körperlich ab. Es ist uns
aus der früheren Begleitung ja bekannt, dass sie eine diesbezüg-
liche Nähe nur in geringem Maße zulässt.

Da Frau K. sich zeitlebens von kirchlichen Ritualen distanziert
hat, sehen die Begleiter keinen Anlass, einen Pfarrer zu verständigen.

Zuwendung So können wir nur noch „da sein" in den letzten Tagen und Stunden von Frau K. Wir können uns ihr zuwenden mit allen Gedanken und Sinnen.

Alle anfallenden pflegerischen Notwendigkeiten werden seitens des Pflegepersonals leise und sorgsam durchgeführt. Ein Schild an der Tür vermittelt jedem Vorübergehenden die Bitte um Ruhe. Die später anfallenden Formalitäten unterliegen klaren Regelungen, man braucht hier keine Überlegungen und Gedanken zu verschwenden.

Und dann geschieht es in dieser soweit möglich spannungsfreien Atmosphäre, kann auch die Familie loslassen, und Frau K. schläft ein, lässt auch selber los.

Literatur

Feil, Naomi: Ausbruch in die Menschenwürde. Validation – eine einfache Technik um Menschen mit Altersverwirrtheit / Demenz vom Typus Alzheimer zu helfen; Wien 1993.

Richard, Nicole: Demenz, Kommunikation und Körpersprache mit demenzkranken Menschen – die integrative Validation. Arbeitspapier zur Fortbildung / Ausbildung zur Teamerin; 2003.

Jost, K. / Grond, E.: Brennpunkt Demenz. Sterbebegleitung bei dementen Menschen; 2002.

Strukturierte Biografiearbeit mit Sterbenden und Trauernden
– Die Form des Lebens schließen –

Werner Burgheim

> *Lebendiges erlebt den Schein der Form*
> *in wiederkehrender Bewegung,*
> *im Zyklus vollzieht sich Gebären,*
> *im Zyklus vollzieht sich Ernähren,*
> *im Zyklus erlebt sich die Seligkeit,*
> *des In-der-Welt-Seins,*
> *doch nichts wiederholt sich.*
> *Der Zwang zur Wiederkehr ist in all deinem Tun –*
> *und leicht geraten die Kreise steril.*

Lyrik eines Landstreichers
„Die Harmonie der Welt"

Stufen
> *Wie jede Blüte welkt und jede Jugend*
> *Dem Alter weicht, blüht jede Lebensstufe,*
> *Blüht jede Weisheit auch und jede Tugend*
> *Zu ihrer Zeit und darf nicht ewig dauern.*
> *Es muss das Herz bei jedem Lebensrufe*
> *Bereit zum Abschied sein und Neubeginne,*
> *Um sich in Tapferkeit und ohne Trauern*
> *In andre, neue Bindungen zu geben.*
> *Und jedem Anfang wohnt ein Zauber inne,*
> *Der uns beschützt und der uns hilft zu leben.*
> *Wir sollen heiter Raum um Raum durchschreiten,*
> *An keinem wie an einer Heimat hängen.*
> *Der Weltgeist will nicht fesseln uns und engen,*
> *Er will uns Stuf' um Stufe heben, weiten.*
> *Kaum sind wir heimisch einem Lebenskreise*

Und traulich eingewohnt, so droht Erschlaffen,
Nur wer bereit zu Aufbruch ist und Reise,
Mag lähmender Gewöhnung sich entraffen,
Es wird vielleicht auch noch die Todesstunde
Uns neuen Räumen jung entgegensenden,
Des Lebens Ruf an uns wird niemals enden ...
Wohlan denn, Herz, nimm Abschied und gesunde!

Hermann Hesse

„Verflechtungen" von Hetty Krist, Frankfurt

1. Einzigartiges Leben und vielseitige Interessen

„Erzähle mir dein Leben", diese Aufforderung zeigt Interesse am *Die Erzählung*
anderen Menschen, an seiner Lebens-Art, die zum Kunstwerk
geworden ist, und sie ist zugleich für den Zuhörenden eine immer wieder spannende Geschichte.

Jedes Leben ist ein Unikat mit Höhen und Tiefen, mit erlittenen
Schicksalen, bewältigten Krisen und erlebten Triumphen, mit
Enttäuschungen und Schuld.

Die Buchmesse ächzt unter Biografien. Jeder singt und vermark- *Biografien*
tet sein eitles Lied: Nicht nur Daniel Küblböck „lebt seine Töne",
„Ich bin Alexander": Alles, was Rang und Namen hat und wer
sich noch dazugehörig glaubt, schreibt sein Leben auf und –
Biografien werden gekauft. Offensichtlich interessieren sich die
Menschen für Lebensgeschichten, um sich „hinter den Kulissen"
(Dieter Bohlen) umzusehen oder um sich eher ernsthaft mit Per-
sonen der Zeitgeschichte auseinander zu setzen.

Und in der Tat sind solche Aufzeichnungen von Zeitzeugen wich- *Zeitzeugen*
tige Materialien für Historiker. Das Bild über den 2. Weltkrieg, die
Politik des Dritten Reiches wäre nur unvollständig ohne die Doku-
mentation von Briefen von der Front, von Briefen aus den Todes-
zellen, ohne die Aufzeichnungen aus späterer historischer Distanz.
Das Bild von Geschichte wird dadurch differenzierter, Zeitabläu-
fe werden vervollkommnet und verlebendigt.

Biografien zeigen auf, aus welchem Anlass, in welchem historischen Kontext Menschen Konzepte erdacht und mutig Veränder-
rungen eingeleitet haben. Solche verlebendigten Biografien,
z. B. von Pädagogen, können zum Vorbild und zum besseren
Verständnis für die Geschichte der Pädagogik und für die Erar-
beitung von pädagogischen Konzepten und Handlungsweisen
für heute werden.

Erzählte und erlebte Lebensgeschichten ermöglichten dem Pädagogen und Sozialpädagogen, die Ursachen heutiger Problemsituationen hermeneutisch, also in der Kunst des Verstehens besser zu erschließen und Handlungsmöglichkeiten für Klienten zu erschließen (Nölke).

Theologen und Kirchenleute sind interessiert an religiösen Lebensverläufen und am Wandel der Glaubensformen, die sich in ehrlichen und offenen Beschreibungen religiösen Lebens zeigen.

Eigen-Arten In Krankenhäusern und Altenheimen sind neben den Daten und Fakten in den Bewohner- und Krankenakten vielleicht auch Eigenarten, Gewohnheiten und Lebensereignisse interessant, um Pflegekonzepte und Beziehungspflege entwickeln zu können.

Neben diesen „Fremdinteressen" spürt auch der Erzählende selbst den Wert und Nutzen der spontanen Erzählung. Beim Erzählen muss und will er / sie sich auseinander setzen, auswählen und zuspitzen, konkretisieren oder gar verschweigen. In diesem Prozess wird eigenes Leben erinnert, wieder verlebendigt, auch aufgeschrieben und tritt in der niedergeschriebenen Form wieder entgegen. Erzählte Lebensgeschichte ist von daher immer subjektiv gefärbt, geschönt, gekürzt, mit einem gehörigen *Subjektiv* Schuss an Erinnerungsoptimismus. Sie ist für den Erzählenden *erinnert* zunächst aber so wahr, wie er und sie die Lebensgeschichte erzählt. Die Wirklichkeit war und ist jedoch differenzierter: Für den einen schrecklich, gänzlich ein Scheitern; für den anderen eitler Sonnenschein. Die Mühsale sind längst vergessen und weggesteckt.

Das „eingeschriebene Leben" wird eben unterschiedlich gelesen, gedeutet und erzählt.

An dieser Stelle setzt die Biografiearbeit an, wenn es darum geht, nicht nur bei den erzählten Geschichten stehen zu bleiben, sondern sich genau zu erinnern, sorgfältig zu rekonstruieren und

Lebenssituationen neu durchzuarbeiten. Damit unterzieht sich der Autobiograf der Aufgabe, einen roten Faden im Leben zu suchen, verdrängte Zeiten, die im Inneren lebenden Konflikte und Schuldgefühle vorsichtig und nur so weit als selbstgewollt noch einmal hervorzuholen, um mit einem distanzierten Blick erneut zu reflektieren.

Oft braucht eine solche Biografiearbeit Hilfe und Anstöße von außen. Deshalb stellen in der strukturierten Biografiearbeit Lernhelfer, Archivare und Impulsgeber hilfreiche Fragen, nützen Materialien als Anknüpfungspunkte, an denen sich der Faden neu aufdröseln lässt, bis hin in die relevante Zeitepoche. So wird Erinnerung erneut belebt und erlebbar. Die Form wird an dieser Stelle geschlossen und in das heutige Bild des Lebens besser integriert.

Impulse und Fragen

Insbesondere in kritischen biografischen Übergängen, wie der „Midlife Crises" oder an den Übergängen z. B. zum dritten Lebensabschnitt, sind Zwischenbilanzen und solche strukturierte biografische Arbeit für die Zukunftsgestaltung wichtig.

Für den Sterbenden geht es nicht mehr darum, aus der Biografiearbeit große Zukunftsperspektiven zu erarbeiten. Für ihn geht es mehr darum, die Vergangenheit abzurunden, wenige unerledigte Aufgaben in den Blick zu bekommen und diese zu organisieren, sich mit seiner Mitwelt zu versöhnen, Schuld auszugleichen und ein sehr individuelles persönliches Bild für die Zeit nach dem Erdendasein zu kreieren.

Ziele bei Sterbenden

Für die Trauerarbeit stellen sich die Aufgaben:
Wie das Gedächtnis, das Andenken bewahren? Sollen wir den Toten bald „loslassen" oder ihn vielmehr in das eigene Leben integrieren, wie der Baum eine Verletzung als Narbe fast liebevoll in die Jahresringe integriert?

Für Trauernde

Dazu will dieser Beitrag einige Möglichkeiten aufzeigen.

Das menschliche Stufenalter, Neuruppiner Bilderbogen, Neuruppin 1888

2. Von der Notwendigkeit, Bedeutung und Wirksamkeit der Biografiearbeit

Berühre deine Vergangenheit,
nicht nur in Gedanken, sondern auch in Gefühlen.
Traust du dich zurückzugehen und das noch einmal zu fühlen,
was dein Leben bestimmt hat –
die Entscheidungen – die Ängste,
die Freuden, die Enttäuschungen?
Aus ihnen bist du Mensch geworden,
der du jetzt bist.
Es ist dein Weg. Berühre ihn.

Ulrich Schaffer

Das Alter beginnt, wenn wir mehr zurück als vorwärts schauen. Die großen Pläne sind dahin und nur noch wenige Aufgaben warten auf uns. So haben wir Zeit und auch das Verlangen, die Stätten unserer Kindheit und Jugend aufzusuchen, die Orte und für uns bedeutsame Plätze nochmals zu erleben und nachzuspüren, ob noch etwas von den Gefühlen der damaligen Zeit sich dort entfaltet.

Erinnerung an Orte,

Wir suchen den Kontakt zu den Menschen von damals, zu unseren Jugendfreunden, Klassenkameraden, Schülern und Mitstreitern. Wir entdecken, wie sie sich äußerlich verändert und doch wesentliche Eigenarten immer noch bewahrt haben. Den 60sten Geburtstag feiern wir ein letztes Mal mit unseren Berufskollegen und Freunden fast wie ein Abschiedsfest aus dem aktiven Leben. Zwar steht der dritte Lebensabschnitt noch unter dem Motto: „Mit 66 ist noch lange nicht Schluss!", und doch schon mischen sich zu den offensichtlichen Ersatzteilen und frühzeitiger Müdigkeit auch Ängste: Vor der Leere des Ruhestandes, vor Abhängigkeiten und Pflegebedürftigkeit, vor körperlichem und geistigem Verfall.

an Menschen ...

und an Ängste des Alters

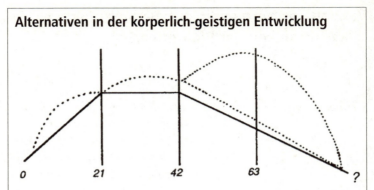

Alternativen in der körperlich-geistigen Entwicklung

Die Bindung des Geistigen an das Körperliche und Materielle führt zu Erstarrung (durchgezogene Linie); im Loslassen des Körpers sind die frei werdenden Kräfte einzusetzen für die geistige Weiterentwicklung (gepunktete Linie nach oben) (Abbildung entnommen aus Lievegoed, 1986, 48)

Mehr und mehr ziehen wir Bilanz, gehen die Phasen des Lebens durch und erleben dabei ganz unterschiedliche Gefühle.

Lebens-panorama

Im Lebenspanorama des Todes erfahren wir, so berichten übereinstimmend alle Wiederbelebten und Nahtod-Erfahrenen, dass wir dann in Sekundenschnelle rückwärts das ganze Leben überschauen. Wir sehen Ereignisse, die wir vorher nie wussten, und können nun die genaueren Zusammenhänge erst jetzt allenfalls erfragen. So erzählte mir ein bekannter Rundfunk- und Fernseharzt, wie er nach einem schweren Autounfall seinen Körper liegen sah, wie der Notarzt sich um ihn kümmerte. Er sah in seinem Lebenspanorama sich im Kinderwagen liegend in einen See fahren. Seine Mutter erzählte ihm auf Nachfrage, wie er in letzter Minute durch das Schreien des Bruders vor dem sicheren Ertrinken gerettet werden konnte. Von diesem Ereignis wusste er bislang nichts, alles lebte nur in seinen unerklärlichen Ängsten vor dem Wasser.

Vom Erzählten zum Dialog

Im Erzählen der Lebensgeschichte entsteht Kommunikation, sofern Erzähler einen interessierten Zuhörer finden. Oft führen solche Geschichten heraus aus der Einsamkeit, insbesondere des Krankenzimmers. Manche Geschichten werden oft erzählt, die Zuhörer werden in ihrer Geduld arg strapaziert. Dem Betroffenen geht es dabei gut. Er kann sich aussprechen und „abreden". Durch weiterführende Fragen kann die längst bekannte Geschichte eine Fortführung und eine Erweiterung erfahren.

Im Erzählen der eigenen Lebensgeschichte, im Formulieren wird das vergangene Leben geformt. Sie bekommt eine Form, einer Skulptur gleich, nicht ganz fertig, eher ein Torso, der sich mit der Zeit wie beim Archäologen durch die vielen gefundenen Stückchen immer mehr ergänzt.

Beim Erzählen von Lebensgeschichten entsteht ein Bild, ein Panorama mit Bergen und Tälern, Blitz und Donner, Sonnenaufgang und Sonnenuntergang: Berge als Höhepunkte, tiefe Schluchten für einen tiefen Fall, die reinigenden Gewitter und immer wieder ein Neuanfang an einem neuen Tag, an dem eine neue Epoche wieder beginnt, ein Tag, der sich neigt, Abschied von einer erfüllten Zeit.

Wir ziehen Bilanz und entdecken Höhepunkte, Triumphe und Gewinne, wir erleben unser Scheitern, die Enttäuschungen und die Verluste, die Krisen und die immer wiederkehrenden gleichen Aufgaben als Übungen, bis wir sie letztendlich annähernd bewältigt haben. Wir begegnen noch einmal den Menschen, unseren unterschiedlichen Beziehungen zu ihnen. Einige waren nur kurzzeitig und hielten ein Leben lang, einige bestanden Jahrzehnte und sind doch scheinbar fast vergessen. Wir erinnern uns an den Streit und an Schuld, mit der Möglichkeit des Ausgleichs an gleicher oder anderer Stelle oder wenigstens des Eingeständnisses, um endlich frei zu sein.

Oft hilft, wie in der Beichte, auch schon das Bekennen einer vertrauten Person gegenüber. Oft wird diese dann zur Brücke der Aussöhnung. Im Erinnern, im Wiederholen und nochmaligen

Das Bekennen

Durcharbeiten werden dann die Narben, der durchlebte Schmerz und die unbearbeitete Trauer aus der Distanz und auf andere Weise noch einmal bearbeitbar. Wie viele Kriegskinder – und es gibt kaum eine Familie in Deutschland, die nicht durch den Krieg Verluste erlitten hatte – täten gut daran, die noch nicht aufgearbeiteten Tragödien nochmals anzuschauen und einer erstmaligen Bearbeitung zuzuführen.

Gerade die Kriegserfahrungen zeigen, wie ihre Erinnerungsorte, die Landschaften in Afrika oder Norwegen, und die Kameradschaft, der Mut und der Stolz auf Auszeichnungen und Tapferkeitsmedaillen erzählt wird. Der Tod der Kameraden, die Verwundung und das Töten des Feindes werden oft verdrängt. Eine kritische Biografiearbeit kann auch diese Seite wieder hervorholen, Schuld erlebbar machen und für die Nachkommen einen Auftrag hervorbringen, z. B. nochmals dort hinzufahren, um am Grab des damals erschossenen jungen Soldaten einen Kranz niederzulegen.

Extreme Sichtweisen vom eigenen Leben

In der Biografiearbeit können extreme Sichtweisen des eigenen Lebens ausgeglichen werden. Für manchen war das Leben nur negativ, sie ekeln sich. Durch Gegenfragen können auch positive Ereignisse zu einer ausgeglicheneren Bilanz führen, wobei das Akzeptieren des Nichterreichten, des Scheiterns eine ebenso wichtige Aufgabe bleibt. Das erlittene Schicksal lieben zu lernen, ist vielleicht zu schwer, aber es ist nicht mehr änderbar, sondern allenfalls zu begreifen, es zu verwandeln in einen Teil des gelebten Lebens, auch unter dem Aspekt der ermöglichten Lernerfahrungen. Dies ist ein bedeutsamer Reflexionsprozess.

Aber auch die gegenteilige Gefahr, das eigene Leben nur im rosaroten Licht zu sehen, kann durch kritische Fragen noch rechtzeitig vor den aufkommenden Zweifeln vor dem Tod zurechtgerückt werden. Aufgaben erwachen noch für die restliche Zeit.

In der Biografiearbeit kann dem Leben eine „Headline", eine zentrale Aussage, ein Lebensmotto gegeben werden. Vielleicht erwächst für die Nachkommen eine Botschaft, ein Auftrag, um das eigene Werk fortzusetzen bzw. zu vollenden. Auf diese Weise wird dem Sterbenden ermöglicht, sein Leben zu verstehen, denn das Leben wird vorwärts gelebt und rückwärts verstanden. Es wird ermöglicht, noch unerledigte Aufgaben zu erfüllen, die Form zu schließen, um das Lebenswerk in die Hände der Nachkommen und, wer es glaubt, auch in Gottes Hände zu legen.

Aufträge für die Nachkommen

3. Die Interaktionspartner

Ich habe keine Lehre.
Ich zeige nur etwas.
Ich zeige Wirklichkeit,
ich zeige etwas an der Wirklichkeit,
was nicht oder zu wenig gesehen worden ist.
Ich nehme ihn, der mir zuhört,
an der Hand und führe ihn zum Fenster.
Ich stoße das Fenster auf und zeige hinaus.
Ich habe keine Lehre,
aber ich führe ein Gespräch.

Martin Buber

In diesem Gespräch wird dem Autobiograf ein Fenster geöffnet. Er wird sehen, hinausschauen, wahrnehmen, was es dort zu sehen gibt. Er / Sie ist der maßgebliche Akteur.

Viele der in dem letzten Kapitel aufgezeichneten Möglichkeiten kann jeder auch für sich selbst im stillen Kämmerlein versuchen. In der Literatur gibt es einige Hilfestellungen und Anregungen. Doch es fehlt dann an dem Gesprächspartner, der weiterführende Impulse setzt, der auch kritisch hinterfragt, auch die rosarote Brille abnehmen hilft, um die blinden Flecken im Auge etwas aufzulösen.

Möglichkeiten und Grenzen

Angehörige haben als begleitende Biografiearbeiter Vor- und Nachteile. Ihr Insiderwissen um die Abläufe in der Vergangenheit kann zu einem differenzierten Bild beitragen. Als Sohn sagte ich oft zu meiner Mutter, als sie fragte, woher ich denn das alles wisse: „Ich bin der einzige Mensch, der dich in- und auswendig kennt." In der Biografiearbeit begegnete ich mir selbst in den Briefen der Jugend an die Eltern, die alle sorgfältig aufbewahrt waren. In den Basteleien zu Weihnachten erinnerte ich mich an die Vorweihnachtszeit, in der ich in meinem Zimmer geheimnisvoll werkelte. Den Muttertagsgruß von vor 50 Jahren warf ich ihr ins Grab. Ein großer Nachteil der Angehörigen ist, dass sie in die Geschichte, in die Konflikte und Situationen von dort und damals involviert sind. Oft sind Angehörige so verstrickt, dass der Autobiograf nicht den Mut findet, gerade mit denen, die selbst „Dreck am Stecken haben", die die Geschichten nur allzu gut kennen, nochmals dies alles anzurühren. Gelingt es dennoch, kann manche Verletzung geheilt und mancher Wunsch noch erfüllt werden.

Außenstehende haben diese Bürde nicht. Sie können aus der Distanz, gleichsam mit dem fremden Blick und neutral die Situationen besprechen, die Geschichten hören und glaubhaft interessierte Fragen stellen. Sind sie gar geschult und haben sie selbst solche Biografiearbeit für sich gemacht, wird es ihnen gelingen, die eine oder andere Szene aufzuarbeiten. *Mit dem fremdem Blick*

Dies könnte die Hospizarbeit, die Pflege und die Trauerarbeit wesentlich bereichern. Vielleicht gelingt es nach einiger Zeit sogar, einige Themen mit den Angehörigen und mit dem Autobiografen gemeinsam mit dem Außenstehenden zu bearbeiten, denn gerade dann eröffnet sich für das ganze System Familie eine fruchtbare Zeit, sogar über den Tod hinaus.

Für Trauernde gilt es, das Andenken zu sichern, Materialien aufzubereiten und aufzubewahren, z. B. in einer Andenken-Urne, wie sie von der bildenden Künstlerin *Johanna Burgheim* in der Edition „ars via mentalis" gestaltet wurde.

Es gilt die Besonderheiten, die Eigenarten dieses Menschen herauszuarbeiten, es gilt den Tod und den Verlust in die eigene Biografie zu integrieren. In Trauerseminaren können Themen der Biografiearbeit eingebracht und der Trauerprozess zu einem Bildungsprozess gemacht werden.

Die biografischen Begleiter selbst sind nicht nur Zuhörende. Sie vergleichen ihr Leben mit dem Gehörten und gehen den selbst gestellten Fragen ebenfalls nach. Sie erhalten dadurch wertvolle Impulse für ihre eigene Biografie. *Eigenreflexion*

4. Begegnung mit einem Archivar

Unlängst begegnete ich einem Archivar. Er hatte die Aufgabe, die 100-jährige Geschichte eines Klosters aufzubereiten und der Öffentlichkeit zum 100. Jubiläum zugänglich zu machen.

In den Jahrzehnten hatte sich vieles verändert: Von der ursprünglichen Idee der Stifter zum sozialen Engagement in der Kinder- und Jugendhilfe, auch die Vertreibung aus dem Kloster mit den Kindern im Dritten Reich, das künstlerische Schaffen der Schwestern, aber auch die Tracht, die Formen des Gebetes und besonders der Wandel in den letzten Jahren, ein Klosterneubau für die alternden Schwestern, um nun ein kontemplatives Leben führen zu können.

Spurensuche Der Archivar trug zusammen: Schriftstücke, noch vorhandene Kunstwerke, Aufzeichnungen der Stifter und Dokumente, die die Erlaubnis einer klösterlichen Kongregation bekundeten. Die Fülle der Materialien war zu ordnen, zeitlich einzureihen und aufzubewahren, dass sie schnell wieder auffindbar sind. Dies alles war aber nur die Oberfläche, das Vordergründige. Die Schwesterngemeinschaft war über das Vorhaben informiert worden. Sie wollte diese Arbeit und die Türen des Archivars waren immer offen.

Vertrauen So konnte Vertrauen entstehen und die Skepsis wich, man weiß ja nie, was mit den Interna geschieht. Bald kamen die Schwestern zum Archivar und brachten ihm diskret Tagebücher, persönliche Aufzeichnungen über Gebetsanliegen und Ähnliches mit und führten mit ihm Gespräche, wie damals gedacht, gelebt und auch gebetet wurde.

Diese Beiträge eigneten sich nicht für die Öffentlichkeit am Jubiläum. Es waren aber wichtige Spuren, welche die Geschichte des Klosterlebens damals beschrieben. Sie waren wichtig für heute, um eine Anschlussfähigkeit zu erarbeiten. Die Festschrift, die Ausstellungen, alles war gelungen und interessiert angenommen worden. Der Archivar wurde ob seiner Arbeit gelobt und bekocht.

Meine Anregung im Gespräch war nun, diese Sammelleidenschaft des Archivars, die zusammengetragenen Schätze, zu verlebendigen. Fragen an die Schwestern könnten sein:

- Was habe ich gedacht, gewollt, als ich damals ins Kloster ging?

- Was ist heute noch lebendig, was hat sich radikal (von der Wurzel her) verändert?

Ergebnisse verlebendigen

- Welchen Menschen, welchen Oberinnen, Mitschwestern und Kindern bin ich begegnet und was machte diese Begegnung mit mir und meiner Lebensvision?

- Kein Leben ist vollkommen, auch nicht das einer Klosterschwester. Was bleibt an Unvollkommenheit, an Schuld? Kann ich darüber reden, gerade dort oder jetzt an einer anderen Stelle wiedergutmachen?

- Was können wir aus dem Klosterleben von früher lernen? Wertvolle Traditionen wieder verlebendigen und neue Impulse setzen?

- Berichte und Erzählungen sind auch jetzt noch ergänzend möglich, z. B. die dichte Beschreibung eines Tages im Kloster: In der Zeit vor der Einkleidung, in der Zeit damals vor 40 Jahren, heute.

- Welche Menschen inner- und außerhalb des Klosters haben wesentliche Impulse gesetzt und was haben sie für die Gemeinschaft bewirkt?

- Wie sieht das Leben in 10, 30 Jahren aus, dann, wenn fast die ganze Schwesternschaft alt und pflegebedürftig sein wird (weil der Nachwuchs ausbleibt)?

Solche, auch kritische Fragen wurden bisher nicht gestellt. Der Archivar mit dem aufbereitenden Material, der biografische Helfer könnte der Schwesternschaft mit seinen wertvollen Fragen und Übungen eine wichtige Hilfe sein, um sich mit Stolz der Vergangenheit zu erinnern, zur Unvollkommenheit zu stehen, um heute aus der Vergangenheit zu leben und um für die Zukunft daraus zu zehren. Eine realistische Lebensperspektive könnte entwickelt und die Skulptur künstlerisch und gültig geschlossen werden.

5. Spurensuche im Stadtteil

In einem Düsseldorfer Altenheim wird das Geschichtsprojekt „Einbahnstraße" mit den Bewohnern durchgeführt. Sie entstammen fast alle dem gleichen Stadtteil, der geprägt war vom Bergbau. Die Ausstellung wurde mit den Bildern von damals zu einem „begehbaren Engramm, zur Erinnerungsspur im Gehirn".

All das, was das Leben im Ortsteil vor etlichen Jahrzehnten ausmachte, war plötzlich auf der 230 m² großen Ausstellungsfläche im Heim wieder sichtbar. Für die Bewohner und Besucher bedeutete dies Begegnung mit Vergessenen, Vertriebenen, Verstorbenen und nicht zuletzt 200 Begegnungen mit der eigenen Vergangenheit.

Begegnung mit der Geschichte

„Martha, 96 Jahre alt, wohnte im Ortsteil, wurde Tante Martha gerufen und war bekannt wie ein bunter Hund... Die Milch war ihr Leben, ihre Arbeit bei der Hamborner Milchversorgung. So wurde die Sozialgeschichte zusammengetragen, auch, wie der Tisch in der Stube aussah und wie der Kanarienvogel gesungen hat. Die Bewohner sind sichtbar aufgeblüht."

„Die Engländerin *Pam Schweitzer*, Leiterin der Londoner ‚Age Exchange' (zu deutsch etwa ‚Altersbörse'), sieht ‚Erinnerungsarbeit' als Hilfe für alle alten Menschen, im Angesicht ihrer vielfältigen Verluste und ihrer gesellschaftlichen Rangstellung, Identität zurückzugewinnen.

„Gemeinsames Erinnern ist immer eine wertvolle soziale Erfahrung, eine Möglichkeit, sich gegenseitig kennen zu lernen und sich eigener Wertigkeit gewahr zu werden" (Zit. nach Jenrich, 139 f.).

6. Methodische Anregungen

Die Rolle des biografischen Begleiters

Der biografische Begleiter ist kein Archivar, der selbstständig und nach eigenen Vorstellungen Daten, Fakten, Materialien zusammenträgt und ordnet. Er oder sie ist auch kein Detektiv oder Kriminalbeamter, der geheime Hintergründe erforscht und Schuld sucht. Biografisches Arbeiten ist ein gemeinsamer und längerfristiger Prozess, in dem Kommunikation und Vertrauen entstehen. In einer selbstlosen Haltung wird dem Betroffenen die Geschwindigkeit und die Tiefe des Prozesses überlassen.

Ohne Genehmigung sollte nicht in die Schatzkammer der Erfahrungen eingedrungen werden. Wird der Zugang verweigert, kann die gemeinsame Biografiearbeit auch scheitern.

Allgemeines zur Methode

„Methodos" bedeutet im Griechischen „Weg". Einige grundsätzliche Vorgehensweisen der Biografiearbeit seien hier angeführt: In der Methodenlehre für die Organisation von Lehr-/Lernprozessen gilt der allgemeine Grundsatz:

„Vom Einfachen zum Schwierigeren."

Der bekannte methodische Ansatz der Sozialarbeit:

Den Menschen dort abzuholen, wo er sich befindet (körperlich und geistig), heißt dann als konkretes Prinzip:

- vom Naheliegenden zum Fernen vorgehen,
- vom Vordergründigen zum Hintergründigen,
- vom Harmlosen zum Intimen,
- vom Hier und Jetzt zum Dort und Damals.

Zu den Zeitgestalten

Warum fällt es den Menschen so schwer,
glücklich zu sein?
Weil sie die Vergangenheit besser sehen, als sie war,
die Gegenwart schlechter, als sie ist, und
die Zukunft rosiger, als sie sein wird.
Marcel Pagnol

Die Lebensgeschichte, das *Dort und Damals,* ist nachzuarbeiten:

Dort und Damals

Zeiten erlebter Krise und Orientierungssuche enthalten selbst gestellte Fragen und unerledigte Geschäfte, Dinge, mit denen wir noch nicht im Reinen sind. Ereignisse und Begegnungen der Vergangenheit fragen immer noch nach Erklärung, in ihnen leben Impulse für ein klärendes Gespräch, nach Versöhnung, nach Verzeihung und Wiedergutmachung. Ereignisse und Erfahrungen drängen die Fragen nach den tieferen Ursachen auf, nach dem tieferen Sinn. Lebensereignisse als Einzelelemente drängen zur Ganzheit, zur Zusammenhangsbildung. Ganzheitsbildung ist auch insofern erforderlich, als in Krisen allzu leicht das Negative, der schwierige Teil des Lebens in den Blick kommt. Biografiearbeit ermöglicht, sich auch an freudige Ereignisse zu erinnern, das Nacherleben von Geglücktem, Gutem, Großartigem, Bewältigtem. Im Nachdenken und Erinnern als Aufwacherlebnis werden positive Lebenserfahrungen wieder entdeckt, um sich an ihnen nochmals zu erfreuen und um daraus Hoffnung zu schöpfen. Es sind Spuren zu finden und ihnen nachzugehen, festgemacht an Ereignissen und Menschen, die – je nach Weltbild – als glücklicher Zufall, als Gnade, als die Wirkung des Engels oder Gottes Fügung bezeichnet werden und in den Psalmen 78 und 103 des Alten Testamentes ausgedrückt sind. Veröffentlichte Biografien von Menschen, die ihr schweres Leid getragen, bewältigt, metamorphosiert und weitererzählt haben, enthalten hilfreiche und tröstende Berichte verschriftlichter Selbstreflexion des schweren und doch geglückten Lebens, eines Zusammenhangs von Lebenslust und Lebensfrust.

Vorbilder

Hier und Heute Biografiearbeit ist die Bearbeitung des *Hier und Heute*. Entwicklungskrisen, Zeiten des Übergangs, erfordern Lernhilfen, um das derzeitige Gedankenchaos zu ordnen, um zu einer „aufgeräumten Erfahrung" (*Hartmut von Hentig*) zu gelangen. Supervision (Überblick) und Information über Lebenszyklen und ihre Wachstumschancen helfen, die Krise chancenreich und fruchtbar zu machen.

Nacharbeiten, Nacherleben und Bearbeiten münden in der Möglichkeit des Bewahrens und Gedenkens. Zeit frisst Erlebnisse und Erkenntnisse. In der Biografiearbeit geht es nicht um ein krampfhaftes Festhalten, um eine Verdinglichung und Besitz von Zeitverläufen. Biografiearbeit ermöglicht, sich die rekonstruierte und lebendig angeeignete Vergangenheit in einem geistigen Prozess als Erinnerung in dankbarem und lehrreichem Gedenken zu bewahren. Erinnerungen sind Aufwacherlebnisse, in denen die erarbeitete Rücksicht zur Vorsicht wird.

Dort und Dann Damit wird Biografiearbeit für das *Dort und Dann* eine Vorbereitung. Es wird damit möglich, sich rechtzeitig auf kritische Zeiten einzustellen, die zeitlichen Signale in einer Bilanz wahrzunehmen, Chancen und Gefahren zu erkennen, um endlich zu leben.

So kann es gehen ...

Zur Praxis Aufgestellte Fotos, herumliegende Alben, Narben am Körper, Kleidungsstücke und Schmuck sind Anlässe und Impulsgeber für Gespräche und vielfältige Fragen. Es ist zu akzeptieren, dass bei manchen Geschichten die Sprache wegbleibt und Tränen fließen. Oft kann dies der Zuhörer alles gar nicht verstehen. Mit Geduld, Vertrauensvorschuss und weiteren Gesprächen, um an Äußerungen anzuknüpfen, wird sich nach und nach Vertrauen bilden, die Zunge sich lösen und ein gewisses Verständnis einstellen.

Blickkontakte helfen, nonverbale Gesten zu beachten. Der Gesprächsrhythmus und das Tempo bestimmt der Erzählende. Viel Geduld bei Wiederholungen ist jetzt erforderlich, insbesondere bei den vielen Erzählschleifen und Ausschmückungen, bis es mit der Hauptgeschichte weitergeht. Ein Drängeln oder Vorauseilen wäre wenig hilfreich, denn der Erzähler befindet sich in Suchbewegungen, um die Verstrickungen des Lebens aufzulösen. Äußerlich nicht sichtbar, versucht er, neben dem Erzählen Ordnung zu schaffen und Struktur in die Vergangenheit zu bringen.

Der biografische Begleiter sollte sich stets bewusst sein, dass das von ihm Gehörte eigenen Deutungen und Deutungsmustern unterliegt und die Gefahr der Kommunikationsmissverständnisse groß ist. Seine Fragen resultieren auch aus eigenem Interesse, aus eigenem Urteil und Vorurteilen. Dies gilt es zu reflektieren und Übertragungen aus eigenen Erlebnissen in die Geschichte des anderen zu vermeiden.

7. Themen der Biografiearbeit

Zuletzt soll nun eine Themenliste Anregungen geben, um Impulse für die Arbeit zu finden: Die Liste stellt eine Auswahl dar, um einen geeigneten Anfang zu finden. Keinesfalls sollten die Themen systematisch „abgearbeitet" oder gar im Eiltempo durchlaufen werden.

Die Themen Die Themen haben einen Sitz im Leben. Sie enthalten Urbilder, Grenzsituationen wie Geburt, Tod, Angst. Sie können mit *Paulo Freire* als „generative Themen" bezeichnet werden, die sich, dem Steinwurf im Wasser gleich, entfalten lassen. Themen können anregend vorgeschlagen werden oder aus aktuellem Anlass entstehen.

- Meine Namen (Herkunft, von wem?)
- Meine Erziehung, meine Herkunftsfamilie, Stammbaum
- Menschen in meinem Leben / Menschen, die mir begegnet sind:
  - Der erste wichtige Mensch außerhalb meiner Familie
  - Der wichtigste Mensch in meinem bisherigen Leben
  - Menschen, die ich hasste und die doch mein Leben entscheidend beeinflusst haben
  - Meine Ratgeber und Menschen, von denen ich lernte
  - Meine Vorbilder
  - Welche Menschen traten nur sehr kurz in mein Leben, waren aber umso bedeutungsvoller?
  - Wann im Leben kamen und gingen sie?
- Meine früheste Erinnerung
- Erinnerungen an meine Kindheit
- Meine Märchen, Orte und Plätze
- Erinnerungen an meine Jugend
- Meine Freundschaften

- Meine Idole; Vorbilder
- Schule; Klassentreffen; Klassenkameraden
- Erster Kuss; erste Liebe; was ist von Beziehungen geblieben?
- Meine Musik, meine Lieder
- Der erste Tanz
- Meine Liebhaber, Lebenspartner
- Meine damaligen Lebensplanungen und Hoffnungen
- Meine Träume: Traumpartner; Traumjob
- Meine Hochzeit
- Meine Berufsentscheidung: Zeitpunkt, meine Situation, als ich mich für diesen Beruf, dieses Studium entschied
- Meine Arbeitsplätze
- Was hat mein Leben geprägt: meine Wurzelmetaphern (Leben ist für mich...)
- Meine inneren Stimmen und Programmierungen (das kann ich nicht, das trau ich mir nicht zu)
- Mythos, den ich lebte
- Weichenstellungen und Verzweigungspunkte in meinem Leben, Wendepunkte; Wegkreuzungen
- Ablösung von den Eltern; Auszug
- Meine Aufgaben, Berufe, Arbeitsplätze und Arbeiten
- Orte meines Lebens; Wohnorte; Lebensräume; Lebenstournee
- Feste und Familienfeste (Weihnachten, Silvester, Ostern, Geburtstage)
- Lieblingsspeisen
- Wo war ich unvernünftig; Lausbubenstreiche
- Wo bin ich über meine Grenzen gegangen, über meinen Schatten gesprungen

- Urlaube; Reisen
- Rituale und Sprüche in der Familie
- Kunst und Kultur im eigenen Leben; meine künstlerische Ader
- Natur; Ort der Ruhe; mein Traumplatz, Traumweg
- Kraftquellen
- Woran glaub(t)e ich; Kinder-/Erwachsenengebet
- Wann / wo bin ich heute noch Kind; wo darf ich Kind sein; das Kind in mir
- Frisuren und was damit verbunden war
- Meine Kleider und Klamotten in den Lebensabschnitten
- Wichtige Briefe (selbst geschriebene / erhaltene)
- Besondere Fotos
- Basteleien zu verschiedenen Anlässen
- Das Poesiealbum mit Gedanken anderer für mein Leben
- Spiele, die man gern spielt bzw. gespielt hat
- Stufen der beruflichen Entwicklung
- Haustiere (in der Kindheit / im eigenen Haus)
- Märchen und Geschichten
- Meine Sportgeschichte
- Über was kann ich lachen
- Meine Hilfsmittel, Kampfmittel und Strategien
- Hobbys
- Umgang mit Zeit und Geld, Verhältnis / Einstellung zum Geld; Umgang mit Geld; wie relativ ist Geld
- Mit Essen und Trinken
- Meine Gesundheit, mein Körper
- Meine Stärken und Schwächen

- Meine Glücksstunden, schöne Erlebnisse
- Die Höhepunkte / Triumphe meines Lebens
- Geschichte meines Körpers
- Meine Krankheiten
- Meine Narben (körperliche / seelische)
- Meine Krisensituationen, peinliche Erlebnisse; Pech gehabt
- Meine Abschiedsstunden, meine eigene Grabrede
- Todesbegegnungen; Todesgefahren
- Meine Erfahrungen mit Verlusten, Sterben und Tod
- Defizit im Leben (was fehlt mir noch), welche Einseitigkeiten haben sich herausgebildet, welche Schuld verspüre ich (wem gegenüber), meine Erfahrungen aus vergangenen Krisen
- Meine offenen Fragen, meine immer wiederkehrenden Fragen und Aufgaben
- Mein roter Faden im Leben
- Meine verdorrten Äste am Baum des Leben
- Meine Lebensfrüchte
- Erbstücke; Erinnerungsstücke

Themen für die Trauerarbeit
(Wiederholungen sind beabsichtigt):

- Wie könnte das Lebensmotto des Verstorbenen lauten?
- Seine Eigenarten, Ticks
- Seine Sprüche, Redensarten
- Seine Lebensweisheiten
- Stationen in seinem Leben
- Wichtige Andenken (Briefe / Fotos ...)

- Sein Lebenswerk

- Noch fortzusetzende Anliegen und Ideen

Schlussgedanken

Die Bemühungen der Biografiearbeit resultieren aus dem Bedürfnis, unser Leben überschaubar zu halten und trotz oder gerade im Leiden unser Leben noch als normal zu definieren, zum gesunden, d. h. gelingenderen Alltag fortzuschreiten. Dies gelingt dann, wenn die Teile und Erlebnisse in einen inneren Zusammenhang gebracht werden können. „In allem Geistigen finden wir Zusammenhang, so ist Zusammenhang eine Kategorie, die aus dem Leben entspringt." (Dilthey). Bei *Dilthey* ist die Zusammenhangsbildung eine Leistung des Bewusstseins, welches Beziehungen zwischen den Teilen zum Ganzen beständig und immer wieder herzustellen versucht. Dort, wo die Zusammenhangsbildung misslingt, kommt es zu existenziellen Sinnkrisen.

In einer Biografiearbeit gilt es, die einzelnen Lebensereignisse und Erlebnisse zu reflektieren, zu sortieren und zu ordnen, sie zu benennen (z. B. als glücklich oder belastend) und zu einem Bilde zusammenzufügen. Muster werden sichtbar, Muster immer ähnlichen Scheiterns, Muster und Mythen, die unser Leben unbewusst bestimmen. Ins Bewusstsein zu rufen sind Kindheitserinnerungen, Rituale, Feste, Begegnungen von Menschen, die uns prägten. Fäden sind zu verfolgen und zu entdecken, Verknüpfungen zu verorten und Verstrickungen zu entwirren, Zeichen und Schriftzeichen in lesbare Lebensskripte zusammenzufügen. Biografie ist eine Zeitgestalt. Biografiearbeit erfordert Zeit zur Distanzierung, einen Schritt zurück, um von einem anderen, neuen Standpunkt aus die bisher gewordene Form der Lebensskulptur zu betrachten.

Sterbenden ermöglicht Biografiearbeit das Bild von ihrem Leben herauszuarbeiten, die Lebensform zu schließen, sie ermöglicht einen Erntedank, auch wenn einige wurmstichige Früchtchen dabei sind, und sie ermöglicht, im Frieden mit sich selbst, mit der Mitwelt und mit Gott die Wirkungsstätten zu verlassen.

Den Trauernden gelingt es mit Biografiearbeit den Verlust in die eigene Biografie zu integrieren und ein ehrendes Andenken auf einer realistischen Basis zu bewahren.

Den Lebenden

> *Ich lebe mein Leben in wachsenden Ringen,*
> *die sich über die Dinge zieh´n,*
> *ich werde den letzten vielleicht nicht vollbringen,*
> *aber versuchen möchte ich ihn.*

> *Rainer Maria Rilke*

Literatur

Burgheim, W.: Am Boden – des Brunnens. Lebenskrisen, Schicksalsschläge meistern und das Sterben; Aachen 2005.

Hesse, H.: Die Gedichte; Frankfurt am Main 1977.

Jenrich, H.: Begegnung mit der eigenen Vergangenheit. Ein Duisburger Altenheim erforscht mit den Bewohnnern die Geschichte eines Stadtteils; in: Altenpflege 2/96, S. 137 – 141.

Lievegoed, B. C. J.: Soziale Gestaltung am Beispiel heilpädagogischer Einrichtungen; Frankfurt 1986.

Nölke, E.: Biographieanalyse als hermeneutisches Rekonstruktionsverfahren und ihre Bedeutung für die Kinder- und Jugendhilfe; in: Peters, F. (Hrsg.) Diagnose-Gutachten – hermeneutisches Fallverstehen; Frankfurt 1999, S. 166 – 196.

Osborn, V. u. a.: Erinnern: Eine Anleitung zur Biografiearbeit mit alten Menschen; Freiburg 1997.

Ruhe, H. G.: Methoden der Biografiearbeit. Lebensspuren entdecken und verstehen; Weinheim, Basel 2003.

Specht-Tomann, M.: Erzähl mir dein Leben. Zuhören und Reden in Beratung und Begleitung; Düsseldorf und Zürich 2003.

Kunsttherapie mit Sterbenden und Trauernden

Lisa Niederreiter

Die Kunsttherapie ist eine noch relativ „junge" Disziplin im Kanon der Verfahren zur Behandlung und Begleitung psychischer, psychosozialer und physischer Problemlagen. Sie hat sich aus unterschiedlichsten Fachrichtungen herausentwickelt (Heilpädagogik, Kunsterziehung, bildende Kunst, Entwicklungspsychologie, Psychoanalyse, Gestalttherapie...); insofern ist sie von verschiedenen Theoriegebäuden geprägt und hat sehr heterogene Methoden hervorgebracht, welche allerdings teilweise auch integrierende Elemente aufweisen (vgl. Rubin 1990 und Bader, Baukus, Mayer-Brennenstuhl 1999).

Deshalb werde ich nun den Versuch unternehmen, einige zentrale Aspekte kunsttherapeutischer Ansätze und Verfahren herauszuarbeiten und ihre Relevanz gerade für die Begleitung von Sterbe- und Trauerprozessen zu verdeutlichen.

Diese wissenschaftlich verkürzt dargestellten Faktoren kunsttherapeutischer Methodik werden in Fall- und Bildbeispielen aus meiner kunsttherapeutischen Praxis anschaulich gemacht, erklärt und illustriert. Entstanden sind die gezeigten Bilder in meiner langjährigen Arbeit mit Menschen, welche von einer HIV-Infektion und AIDS-Erkrankung betroffen sind und waren, sowie mit deren Partnern/-innen und Angehörigen.

Kunsttherapeutische Methodik

Im abschließenden Teil dieses Beitrags werde ich methodische Hinweise und Ideen für die Arbeit mit Bildern entwickeln, die auch dem nicht therapeutisch ausgebildeten Sterbebegleiter erlauben, dieses Medium im Betreuungsprozess von Sterbenden und Trauernden einzusetzen und zu nutzen.

1. Besonderheiten des künstlerischen Ausdrucks

1.1 Die „Ganzheitlichkeit" des Bildnerischen

Es gibt einige zentrale Qualitäten des bildnerischen Ausdrucks, die ihn als Medium der Mitteilung und Kommunikation für den Gestaltenden wie für den Betreuer besonders auszeichnen.

Unsägliche Gefühle

Zum einen operiert der bildnerische Ausdruck nonverbal, das heißt, er braucht erst einmal keine Sprache, was besonders für all jene bedeutsam wird, die in ihrem Krankheits- und Sterbeprozess nicht mehr sprechen können und / oder nicht mehr wollen, bzw. deren Gefühle des Leids, der Verzweiflung, der Angst phasenweise so groß sind, dass sie im wahrsten Sinne des Wortes unsäglich werden. Hier stellt das Bild eine bedeutende Ausdrucks- und Kommunikationsmöglichkeit dar, denn, und dies ist viel wichtiger als das „Nicht-mehr-sprechen-Können", die Bildsprache ist näher mit dem Seelischen verknüpft. Sie erfasst viel komplexer die Qualitäten unseres Erlebens (das wird klar, wenn man bedenkt, dass wir alle nicht in Worten, sondern in Bildern träumen, tagträumen, erinnern und phantasieren).

D. h. konkret, es fällt dem schwer kranken Menschen oft leichter, ein Bild, ein Symbol für seine Gefühle zu finden, als sie beschreiben zu müssen – Worte scheinen für existenzielle menschliche Empfindungen mitunter zu flach, zu alltäglich, drängen zu sehr nach Erklärung, wo vielleicht gar nichts mehr zu erklären ist.

1.2 Die Symbolbildung

Und hieran ist eine weitere wichtige Eigenart des bildhaften Ausdrucks geknüpft, nämlich die Funktion des Symbols als Speicher oder Chiffre für seelisches Erleben. Dies wird in der Fachliteratur häufig in Bezugnahme auf die psychodynamische Tradition um

C. G. Jung referiert, der vor allem die kollektive, menschheits-
geschichtlich und kulturell übergreifende Bedeutung von Symbo-
len erforscht hat, die als Archetypen bezeichnet wurden (vgl. Jung,
C. G. 1954). In der Betreuung von Sterbenden und Trauernden
spielt der Prozess der Symbolfindung und Symbolisierung inso-   *Symbolfindung*
fern eine große Rolle, als von den Betroffenen immer wieder auf   *und*
diese kulturell überlieferten Bedeutungsträger zurückgegriffen   *Symbolisierung*
wird, um dem eigenen Leid ein „Gesicht" zu geben.

Dem „Normalverbraucher" würde hier als Beispiel vielleicht
sofort das Kreuz als abendländisch religiös geprägtes Symbol
für Tod und Erlösung einfallen, in der Tat wird es von Patienten
häufig aufgegriffen.

Und das Wirkungsvolle dabei ist zum einen, diese kollektiv
„gewusste" Chiffre für das Sterben für sich zu nutzen, d. h. mit
dem eigenen Leid daran „andocken" zu können. Zum anderen
wird jeder kranke, sterbende oder trauernde Mensch dieses Symbol anders gestalten, er wird andere Farben, Hintergründe, Be-
schriftungen, ergänzende Bildelemente und Botschaften in ein
solches Kreuzbild hineinbringen, d. h., er wird es individualisie-
ren, auf sein eigenes Schicksal hin zuschneiden. Es ist genau
dieses Potenzial der Integration von kollektivem Schicksal (das   *Integration*
Vergehen) und dem spezifisch individuell Erlebten dazu, wel-
ches den Symbolfindungsprozess für den Einzelnen so hilfreich
machen kann (vgl. Niederreiter 1995, S. 28).

Es sind ganz unterschiedliche Symbole, die in diesem Kontext
auftauchen können, so etwa Bäume im Herbst, Spiralen, Tun-
nels, versteinerte Tiere, Augen im Himmel, Flugzeuge, Wolken,
Engel, Sanduhren, Sensen, Wölfe, felsige Berglandschaften, Indianer u. v. a. mehr. Über die Symbolbedeutung lassen sich keine allgemein gültigen Leitlinien erstellen, diese Symbole können und dürfen auch nicht eindimensional interpretiert werden
– das Zentrale ist hier zu begreifen, wie bedeutsam dieser Prozess
für den Einzelnen in der Bewältigung sein kann.

1.3 Die Gestaltung als aktive Handlung

Dieser Akt der Symbolisierung verbindet sich mit einem weiteren wichtigen Aspekt im bildnerischen Ausdruck, dem der aktiven Handlung. Schwer erkrankte und sterbende Menschen sind häufig in der Situation permanenter „Behandlung", d. h., sie sind dem entfremdeten Geschehen in den Kliniken passiv ausgesetzt, sie sind abhängig von Hilfe, Pflege, der Zuwendung von Angehörigen oder Professionellen. Auch durch den zunehmenden Erkrankungsprozess erleiden viele Betroffene das Gefühl des Kontrollverlustes.

Aktive Handlung

Hier setzt die kreative Gestaltung an in ihrer Chance, diesem „Ausgeliefertsein" etwas entgegensetzen zu können, mit der Belastung aktiv zu werden (vgl. auch Effer R., in Urban M., Jäger H. (Hrsg.) 1999, S. 1).

Oder wie *Schottenloher* dies formuliert:
„Ich erkenne mich neu, indem ich mich gestalte. Der bedrohenden Auflösung durch Krankheit und Tod, dem horror vacui, setze ich Form und Farbe entgegen. Dem traurigen und grenzenlos einsamen, gottverlassenen Ort innerer Verzweiflung setze ich ein Gegenüber, ein Bild," ... „eine Brücke zu mir und zum anderen, ..." (Schottenloher G., in Urban M., 1990 S. 9).

1.4 Das Bild als „Drittes"

In diesem Zusammenhang ist von Bedeutung, dass im Gestaltungsprozess ein Produkt entsteht, etwas Sichtbares, Greifbares, das „Zeugnis" ablegt von dem Erleben, das für viele Betroffene zeitweise nicht mehr begreifbar, bewältigbar scheint.

Spiegel

Das künstlerische Objekt kann für den Trauernden unterschiedliche Funktionen erfüllen, es ist wie ein Spiegel, in dem sich der Betroffene neu entdecken kann, mit dem er sich identifizieren, wo er sich festhalten kann. Auch bleibt eine Bildgeschichte, der *Bild-* Sterbende erschafft sich seine letzte Lebensphase in Bildern – *geschichte* er kann sie noch einmal anschauen, resümieren und er weiß, dass etwas von ihm bleiben wird.

So ist dieses künstlerische Produkt nicht nur für den Schöpfer selbst wichtig, sondern auch für sein Umfeld. Gelingt es dem Sterbenden, sein Leid in ein ausdrucksstarkes Bild zu verwandeln, so kann er sich zum einen darin stellvertretend als „heil" erleben (vgl. Rauchfleisch U., in Kraft H. 1984, S. 137). Zum anderen wird er eventuell darüber das Interesse seines professionellen und persönlichen Umfelds erhalten, was zu einer Fortsetzung und Intensivierung dieser aktiven Bewältigungsarbeit führen kann (vgl. Niederreiter L. 1995, S. 25).

2. Funktionen des bildnerischen Ausdrucks

Diese theoretische Einführung abschließend sollen nun noch einige konkrete Funktionen genannt werden, welche die Bildarbeit für den Gestaltenden zur Verfügung stellen kann.

Kreative Auseinander- setzung

Und damit meine ich nicht nur das aktive Bildermalen, das Sterbenden manchmal nicht mehr möglich ist, sondern jegliche kreative Auseinandersetzung (z. B. auch das Finden von Wortmetaphern, die Symbolbildung durch das Aussuchen von Bildern, die Collage usw.).

Die Beschäftigung mit bildnerischen Medien kann zur Beruhigung und Entspannung beitragen. Der Gestaltende vermag sich im idealen Fall in seinen kreativen Prozess zu versenken und gewinnt so ein wenig Abstand von den oft quälenden Stimmungen der schweren Erkrankung.

Kathartische Wirkung

Auf der anderen Seite hat die Bildarbeit auch „kathartische" Wirkung, d. h., der Patient kann sein Leid, seine Wut, sein Entsetzen im Bild abladen, kann es veräußern, ein Stück loswerden und so mit seinen eventuell blockierten Gefühlen wieder neu in Bewegung kommen.

Dies sind jedoch nach einer Untersuchung von *Steiner-Gharib* und *Fittschen* auf einer Infektionsstation für HIV und AIDS die wenigsten Bilder. Der überwiegende Teil von einem Drittel ist der Funktion des „symbolischen Ausdrucks" zuzuordnen, d. h., das Bedeutsame für den Patienten ist das Finden und Ausgestalten eines Symbols für seine Befindlichkeit (vgl. Steiner-Gharib W., Fittschen B., in Urban M., Jäger H. 1999, S. 1 – 5).

Erkenntnis- gewinn

Ein dritter wertvoller Aspekt liegt in einem möglichen Erkenntnisgewinn des Patienten. In diesem Fall erreicht er in der und über die kreative Arbeit eine neue emotionale und / oder gedankliche

Klarheit über seine Verfassung, seinen Verarbeitungsprozess und er wird sich neuer sinngebender Momente bewusst.

Sinngebende Momente

3. Bild- und Fallbeispiele

Bild- und Fallbeispiele

Die beschriebenen, für die Bewältigung hilfreichen Funktionen bildnerischer Ausdrucksarbeit sollen nun an ausgewählten Bild- und Fallbeispielen verdeutlicht werden. Die kleine Auswahl kann in keinster Weise die Bandbreite möglichen kunsttherapeutischen Geschehens wiedergeben, vielmehr habe ich mich auf für Sterbe- und Trauerprozesse „typische" Bilder und Situationen beschränkt, die gleichzeitig die oben vorgestellten Grundlagen illustrieren.

Zudem haben alle vier gezeigten Klienten die Erlaubnis zur Veröffentlichung der Ergebnisse gegeben.

3.1 Herr K.

Herrn K. habe ich in einer für die klinische Sterbebegleitung wohl typischen Situation kennen gelernt, er lag – noch zu den Anfangszeiten von AIDS – schwer am „Vollbild" erkrankt auf der Station einer dermatologischen Klinik, in der das kunsttherapeutische Angebot für HIV- und AIDS-Patienten erst kürzlich installiert worden war. Ich wurde geholt von einer Ärztin auf Station, da die Mitarbeiter sichtlich nicht mit der als apathisch bis destruktiv beschriebenen Gefühlslage des Patienten zurechtkamen.

Apathisch bis destruktiv

Herr K. war ca. Mitte 40, ursprünglich aus Polen kommend; er war schon sehr abgemagert und schwach und konnte (wollte) nicht viel sprechen.

Nach einem vorsichtigen Gespräch über seine Gefühlslage und über das, was ihn innerlich so beschäftigen würde, machte ich Herrn K. das Angebot, dass neben dem Reden auch das Malen ein hilfreicher Ausdruck sein könne. Überraschend schnell ging er darauf ein, obwohl er seit der Schulzeit nicht mehr gemalt hatte.

Wir bauten den Nachttisch zu einem kleinen Malplatz um, und er wollte sogar die Acrylfarben statt der eigentlich leichter zu handhabenden Ölkreiden ausprobieren.

Auf der Suche nach einem Bildthema schlug ich Herrn K. vor, etwas zu malen, was ihn trösten könne. Sehr schnell war er bei *Trösten* seinen Kindheitserinnerungen angelangt und formulierte, die Zeiten, die er auf dem Bauernhof seiner Großeltern verbracht hätte, seien die glücklichsten seines Lebens gewesen.

Als Malgrund bot ich ihm farbiges Tonpapier an (das kann eine wichtige Hilfestellung sein, da gerade für ungeübte Maler die *Angst vor der* Angst vor der leeren weißen Fläche umgangen wird und das *leeren weißen* Papier nicht vollständig bemalt werden muss). Er suchte sich *Fläche* Papier von einem satten warmen Grün aus.

Abbildung 1: OMA u. OPA HAUS, ca. 50 x 70 cm

Aufgrund der Abbildung in Schwarz-Weiß werde ich das Bild in seiner Farbigkeit kurz beschreiben: Das Haus in der Bildmitte ist leuchtend gelb gehalten, es hat die gleiche Farbe wie die Sonne am rechten oberen Rand und trägt ein hellrotes Dach. Die um-

gebende Landschaft (Berge, Wiesen und Bäume) sind in safti-
gem Grün gemalt, der Weg und der Zaun in Braun.

Insgesamt war ein freundliches, atmosphärisch idyllisches Bild
entstanden, mit dem Herr K. sichtlich zufrieden war und das er
mit weißer Farbe betitelte (OMA u. OPA HAUS) und signierte
(schwarz überdeckt).

Wir sprachen noch ein wenig über seine Kindheitserinnerungen und er wollte in der darauf folgenden Woche weitermalen.

Abbildung 2: ohne Titel, 50 x 70 cm

In dieser Sitzung entstand ein Blumenstrauß (das Thema hatte
Herr K. sich bereits überlegt) auf dem gleichen grünen Tonpapier
in den Farben Hellbraun, Grün, Gelb, die Vase ist weiß-blau ge-
streift, der Untergrund sowie die vertikale Abgrenzung im rechten Bilddrittel wurden leuchtend orange gemalt.

Aufgrund großer Schwäche und der Konzentration auf die Malerei wurde in dieser Sitzung nicht viel gesprochen. Es war spürbar,
dass dieser Blumenstrauß für Herrn K. etwas Besonderes und

Feierliches symbolisierte, es ging um die Natur und den Frühling. Dieses Bild wurde nicht signiert und ein weiterer Termin vereinbart. Ich erinnere mich noch an meine Irritation über dieses Bild, diesen vertikalen, abgrenzenden Strich rechts außen, der für das Bild selbst so gar keine Funktion hatte.

Besonderes und Feierliches

Wenige Tage später bekam ich die Nachricht von Herrn K.s Tod, und die Bilder betrachtend versuchte ich den Sinn dieser beiden einzigen kunsttherapeutischen Begegnungen mit ihm zu bewerten.

Wichtig war im Sinne der biografischen Rückschau sicher im ersten Bild das Abbilden und damit Dokumentieren der glücklichsten Lebenszeit, das Trostfinden in dieser lebensgeschichtlichen Ressource in den letzten Tagen.

Lebensgeschichtliche Ressource

Die Notwendigkeit, dies zu tun, drückt sich in dem schnellen Zugriff zur Malerei aus. Auffällig in diesem, aber auch im Blumenstraußbild ist die Leere des rechten Bilddrittels, dem Ort, der bildsymbolisch in die Zukunft weist (vgl. Schmeer G. 1992, S. 62). Blumensträuße symbolisieren häufig Trauergefühle ganz unterschiedlicher Konnotationen; feierlich arrangierte, sterbende Blüten scheinen hier zu Bedeutungsträgern eigener Gefühle zu werden, obwohl ich an dieser Stelle vor dem Versuch, die Bilder gänzlich auszudeuten, warnen will. Es gibt keine eindeutigen Interpretationen, die Symbolik der Bilder bleibt immer vieldeutig, teils verhüllt. Und die seelisch wichtige Arbeit für den Klienten besteht im Erschaffen der Bilder, wohl auch in diesem letzten Blumenstrauß, den sich Herr K. selbst gemalt hat, und dies umso mehr, als er ihn mit einer Grenze versehen hat, einer Grenze zur Zukunft hin, einem vertikalen Schlussstrich gleich.

Trauergefühle

3.2 Herr M.

Das nun folgende Bild ist ein für längere Verarbeitungsprozesse von Krankheit und möglichem Sterben sehr typisches Beispiel. Ich habe in meiner Praxis für diese Gruppe von Bildern den *„Probesterben"* Arbeitsbegriff des „Probesterbens" gewählt. Die Bilder entstehen vornehmlich in Phasen eher stabilen, sich nicht verschlechternden Krankheitsgeschehens, in denen auch eine relativ ausgeglichene seelische Verfassung vorliegt.

Abbildung 3: o.T., 20 x 30 cm

Abbildung 3 ist eine dunkelblaue, schnell erstellte, einfache Filzstiftzeichnung und zeigt eine bewölkte Friedhofsszene mit Grabsteinen, drei Bäumen, einem Mönch links außen und in der Bildmitte einen Gemäuerrest mit gotisch wirkendem Torbogen.

Herr M. (Ende 30) versetzte sich in diesem Bild auf den Friedhof in Italien, auf dem auch seine Eltern beerdigt waren. Das Besondere in dieser Arbeit ist die „Verortung" der Toten in den Bäumen, welche auf ihren Stämmen Gesichter tragen. So „wohnt" in dem linken Baum G. (Herrn M.s Mutter) und in dem rechten ist mit einem Pfeil der Ort „ICH" markiert.

Diese probehalber vorgestellte und gezeichnete Annäherung an den Tod hat eine wichtige, Angst reduzierende Funktion in der Auseinandersetzung mit einer tödlichen Erkrankung. In diesem Bild wurde dies durch die archaisch anmutende Symbolik der Seelen in den Bäumen ergänzt, die der Klient hier für sich nutzbar machen konnte.

Angst reduzierende Funktion

Andere Beispiele für diese erste Annäherung an das Thema des Sterbens sind Abbildungen von Grabplatten, von heiligen, sakral wirkenden Räumen, von Grabfeldern aus Kreuzen und Mausoleen, aber auch Flüge in den Himmel u. v. a. mehr.

Das Wichtige ist hier die Verbindung kulturell geprägter Symbolik zum Thema Tod mit persönlichen angstvoll erlebten Erfahrungswelten.

Manche Klienten gehen dieses Thema auch sehr offensiv an, indem sie sich ihren idealen Tod im wahrsten Sinn des Wortes ausmalen und abbilden. So zeichnete ein anderer Klient seine schönste Phantasie dazu, nämlich das Sitzen am Rand eines großen Gewässers, in dem sich die Sonne widerspiegelt und die Wasseroberfläche in Tausende kleiner, flirrender Tropfen auflöst. In diesen irisierenden Lichttropfen wollte der Klient einfach unmerklich verschwinden, sich von selber auflösen.

Den idealen Tod ausmalen und abbilden

3.3 Herr R.

Die nun folgenden drei Bilder des Herrn R. habe ich deshalb ausgewählt, da sich in seiner Fallgeschichte sowohl Trauerprozesse um den Verlust seines Lebenspartners als auch die Vorbereitung auf den eigenen Tod verdichten (Beide Partner waren an AIDS erkrankt).

Komplexe
Bewältigungs-
prozesse

Zudem hatte ich die Chance, diese komplexen Bewältigungsprozesse des Betroffenen über eine mehrjährige Zeitspanne, in der ca. 120 Bilder entstanden waren, mithilfe der Kunst zu begleiten (vgl. Niederreiter 1994).

Abbildung 4: „Kein Anschluss unter dieser Nummer", 70 x 100 cm

Diese Abbildung mit dem Titel „Kein Anschluss unter dieser Nummer" entstand in einer relativ frühen Phase der Betreuung, in der Herr R. sich mit dem Ausbruch von AIDS und damit einhergehend mit der Aufgabe seiner beruflichen Tätigkeit (er war Arzt in freier Praxis) befassen musste.

Das Bild stellt eine Art Doppelselbstportrait dar, der linke Kopf *Doppelselbst-* das vergangene, gesunde, attraktive und sexuell aktive Selbst *portrait* repräsentierend. Es ist mit leichten roten Pinselstrichen vor nachtblauem Hintergrund angedeutet und schaut den Betrachter an. Das rechte Portrait dagegen wurde in schwerem, oft übermaltem Rot mit einer dicken schwarzen Umrandung gestaltet, das Auge übergroß nach unten blickend, die Haartracht ein schwarzweißer Strahlenkranz. Dieses Bild zeigt Herrn R.s Abschied von *Abschied von* seinem beinahe blühenden Selbst und den beginnenden Kampf *seinem Selbst* mit der tödlichen Krankheit. Die begleitenden Emotionen werden im Gesichtsausdruck der rechten Figur nachvollziehbar.

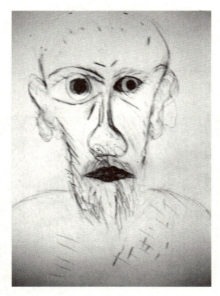

Abbildung 5: ohne Titel, 100 x 70 cm

Das nächste Bild entstand ca. ein Jahr später und wurde im Gegensatz zu allen bisher geschaffenen Bildern nicht mit Acrylfarben, sondern mit Bleistift und wenigen farbigen Kreidespuren (das rechte Auge ist gelb-rot, der Mund blasslila) gestaltet. Das Bild stellt

Sterbender
Lebenspartner   das Portrait des sterbenden Lebenspartners in dessen letzter Lebenswoche dar. Herr R. zeichnete es aus der Erinnerung direkt nach einem Besuch bei ihm in der Klinik. Dabei klagte er heftigst über den bevorstehenden Verlust, beschrieb immer wieder das schlechte Aussehen seines Freundes und dessen schwachen Zustand (blutunterlaufene Augen, abgemagert, am Sauerstoffgerät) und bildete ihn auch so ab.

Bemerkenswert an diesem Bild ist neben dem ungewöhnlichen Griff zum Bleistift (das ist vielschichtig interpretierbar – die Reduktion der Malmittel könnte auf eine Konzentration auf das Wesentliche hindeuten) auch die Größe des Kopfes (das Bild misst 100x70 cm) und die nach oben beinahe offen gezeichnete Schädeldecke.

Bleibendes
Abbild   Hier musste Herr R. etwas festhalten, niederlegen, ein bleibendes Abbild schaffen, bevor ihm der Tod den Partner wegnahm.

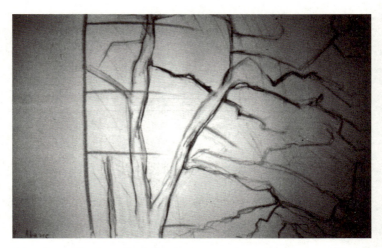

Abbildung 6: ohne Titel, 70 x 100 cm

Diese Bleistifttechnik setzte er auch in den darauf folgenden Bildern von Bäumen fort, von denen eine ganze Serie entstand. Ab-

138

bildung 6 stellt eine Akazie dar, es ist das erste Bild dieser Baum- *Baum-*
reihe. Die Baumzeichnungen sind Ausdruck seiner starken Trauer- *zeichnungen*
reaktion in den Wochen unmittelbar nach dem Tod des Freundes.

Herr R. kam jeweils in dieser typischen, einem Schockzustand
ähnelnden Gestimmtheit ins Atelier, unfähig eigene Bildthemen
zu entwickeln bzw. die Flüssigfarben auch nur anzufassen. In
diesen Wochen wurde das Abzeichnen der unterschiedlichen *Abzeichnen der*
Bäume vor den Fenstern des Ateliers im Krankenhaus zum zen- *unterschied-*
tralen Gestaltungsthema. Es war, als wolle und könne Herr R. *lichen Bäume*
durch das Abbilden der Bäume, seiner ihn umgebenden Wirklichkeit, ein wenig Sicherheit und Halt finden, seinen Realitätsbezug stärken angesichts der psychischen Erschütterung durch
den erlittenen Verlust.

Auch spielt hier die Symbolik des Baumes sicher keine unbe-
deutende Rolle (vgl. Schmeer G. 1992, S. 63). Diesen Baumzeichnungen der akuten Trauer folgten nach etlichen Wochen
Bilder von welkenden Blumen; Herr R. griff auch wieder zur
Acrylfarbe.

3.4 Herr P.

Die nun abschließenden drei Bildbeispiele von Herrn P. können
ganz besonders als Illustration der Symbolbildung gesehen werden. Herr P. war ein homosexuell lebender Mann Ende 20, dessen
AIDS-Erkrankung äußerst schwer verlief und der zudem noch die
Distanzierung seiner Angehörigen bewältigen musste. Er kam über
einen Zeitraum von beinahe fünf Jahren bis zu seinem Tod sooft er
konnte ins Atelier im Krankenhaus.

Die ersten beiden Bilder (Abb. 7 und 8) lassen sich gemeinsam
besprechen, da sie bzgl. der Krankheitsbewältigung, aber auch
stilistisch gesehen in dieselbe Phase gehören. Vorausgeschickt
kann hier werden, dass auch Herr P., wie viele andere Klienten,

seit der Schulzeit nicht mehr gemalt hatte und auch „nicht zeichnen konnte". So begann er die kunsttherapeutische Arbeit auch mit gegenstandsfreien Bildern, abstrakten Farb- und Formgestaltungen ähnlich.

Intensität seines Leidens wiedergeben

Als jedoch mit dem rapiden Fortschreiten der Erkrankung physisches und psychisches Leid und Vereinsamung zunahmen, er immer mehr von der Krankheit gezeichnet war, wurde es für ihn notwendig, die Intensität seines Leidens möglichst wirklichkeitsnah wiederzugeben. Hierfür reichte ihm das abstrakte Gestalten nicht mehr aus, er wollte seinen Zustand direkter ausdrücken, so wie er ihn am eigenen Leib erlebte. Und so lernte Herr P. in wenigen Monaten realistisch zu zeichnen, um in Selbst- und Körperportraits abbilden zu können, was die Krankheit aus ihm gemacht hatte.

Selbst- und Körperportraits

Abbildung 7: „Alter, einsamer Wolf", 70 x 50 cm

Abbildung 8: „Ich als Indianer", 70 x 50 cm

In diesem Kontext entstanden das Bild „alter, einsamer Wolf" (Abb. 7) und das Selbstportrait „Ich als Indianer" (Abb. 8) – beides Kohlezeichnungen mit wenigen Farbkreideakzenten. Der Ausdruck in beiden Arbeiten ist so stark, dass ich ihn mit Worten kaum adäquat beschreiben kann und dies auch nicht möchte, denn in diesen Bildern begegnet einem in besonderem Maße die „Kunst", die immer mehr ist als Interpretation oder Therapie (vgl. *„Kunst"* Majer H. in Urban M., Jäger H. 1999 , S. 4 ff.). Trotzdem kann hier auf die Symbolisierung hingewiesen werden, Herr P. konnte sich in seiner eigenen Qual mit den überindividuell zu wertenden Symbolgestalten des Wolfes und des Indianers (verfolgte, beinahe ausgelöschte Urbevölkerung Amerikas) vergleichen, denen er sich in dieser Lebensphase sehr verwandt fühlte.

Abbildung 9: ohne Titel. 130 x 50 cm

Bei Abbildung 9 handelt es sich um Herrn P.s letztes Bild, das wenige Wochen vor seinem Tod entstanden ist.

Urtümlich wirkende menschliche Gestalt

Es zeigt eine rudimentär vereinfachte, beinahe urtümlich wirkende menschliche Gestalt ohne Arme und Unterschenkel in einem fast schwebenden Zustand, „gehalten " nur von zwei schwarzen Kohlestrichen, die zum unteren Bildrand führen. Zum Gesichtsausdruck dieser Figur gab es in der Malgruppe zwei zentrale Assoziationen; die einen sahen darin das Abbild eines Buddha, die anderen das eines unschuldigen Kindes.

Erwähnenswert an diesem Bild sind auch die Materialwahl und der Entstehungsprozess. Zum ersten Mal wählte Herr P. für dieses Bild ein Stück altes Betttuch aus Leinen, die „Farben" stellte er aus flüssigem Ton, zerriebener Kohle und Acrylbinder selbst her und brachte sie dann ausschließlich mit den Fingern auf die Leinwand auf. Der Bearbeitungsprozess hatte etwas sehr Archaisches, ungeheuer Langsames und Meditatives. Herr P. arbeitete etwa fünf Wochen an dem Bild – immer wieder wurde das Tuch in schwach rot gefärbtes Wasser getaucht und getrocknet, die durch das Wässern angelösten Linien des Körpers wieder verstärkt.

Vielfältig sind die symbolischen Chiffren, die hier wiederum gespeist von einem kollektiven Symbol-Urwissen in diese künstlerische Arbeit eingeflossen sein könnten (etwa das Grabtuch Christi). Doch bei diesem Bild, in dessen wochenlanger Entstehung der Kampf um die rudimentäre Figur aus Lehm, die bereits im Schweben begriffen ist, so offensichtlich wurde, scheue ich mich davor. Dieses Bild – denke ich – kann jedem Betrachter weit mehr als Worte eröffnen, wie Sterben-Müssen aussehen kann.

Rudimentäre
Figur aus Lehm

4. Hinweise für die Praxis

Ausdruck, zum Spiegel und zur Brücke nach außen

Träger für Unsägliches

Wie in den theoretischen Abschnitten und den Fallbeispielen bereits formuliert, liegt die besondere Bedeutung von Bildern für Sterbende und Trauernde im jeweils spezifisch Symbolhaften des Bildes, das zum Ausdruck, zum Spiegel und zur Brücke nach außen für die eigene seelische Auseinandersetzung werden kann. Das Bild ist sichtbar, greifbar und dauerhaft, es verfliegt nicht so schnell wie Worte und kann so zum Träger für Unsägliches werden, indem es eine Form anbietet. Insofern ist die Arbeit mit Bildmaterial in der Begleitung von Trauernden und Sterbenden sehr sinnvoll und hilfreich – und dies nicht nur im klassisch kunsttherapeutischen Setting.

4.1 Allgemeines

Bildnerische Medien in der Hospizarbeit

Deshalb möchte ich abschließend noch einige Hinweise, Tipps und Empfehlungen zum Einsatz von bildnerischen Medien in der Hospizarbeit auch für den nicht kunsttherapeutisch ausgebildeten Professionellen oder Laien geben.

Das betrifft nicht nur die aktive Malerei, sondern auch die häufig leichter durchführbare Arbeit mit Bildmaterial (Kunstpostkarten, Naturabbildungen, Fotobücher), also die rezeptive Form kunsttherapeutischer Methoden.

Bedeutungsträger

In beiden Fällen ist das Bedeutsame für den Klienten die Bildentstehung bzw. die Bildfindung; d. h. die Möglichkeit, für die innere seelische Befindlichkeit ein Abbild, ein Symbol, ein Zeichen, also einen Bedeutungsträger zu finden, der dem eigenen, häufig als bodenlos und vernichtend empfundenen Erleben ein Stück Wirklichkeit gibt, es (be-)greifbar macht.

4.2 Umgang mit dem Bildgespräch, die Deutung

Die zentrale, für die Bewältigung wirksame Arbeit liegt für den Klienten primär in der „Geburt" des Bildes und nur ergänzend in dessen verbaler Ausdeutung und Interpretation im anschließenden Gespräch (vgl. Egger B. 1991, 13). Das heißt nicht, dass das Gespräch über ein Bild unwichtig ist, es erweist sich für das Verstehen, für den Kontakt des Schwerkranken mit seinem Begleiter als durchaus hilfreich. Differenzieren möchte ich dies jedoch dahingehend, dass Bilder und Symbole mehrdimensionale Bedeutungsebenen haben, und es um die Wahrheit des Klienten geht, *Wahrheit des* die er für sich darin ausdrückt und findet. Der Wahrnehmung des *Klienten* Klienten sollte sich der Betreuer im vorsichtigen, stützenden Gespräch widmen. Oder anders formuliert, Interpretationen z. B. auf der Basis populärwissenschaftlicher Farbsymbolik (schwarz bedeutet immer Trauer o. Ä.) oder andere Symboldeutungen (Feuer ist Wut) sind nicht angebracht.

Bilder dürfen hier nicht zum Deutungsmaterial werden, sondern sie können ein wunderbarer Erzählanlass unterschiedlichster Art *Erzählanlass* sein und so die Kommunikation zwischen dem Sterbenden und seinem Betreuer bereichern.

4.3 Methodische Hinweise

Zur Anregung obiger Bewältigungsprozesse eignet sich für Sterbebegleiter, die sich nicht zutrauen, aktive Malerei zu initiieren (viele Erwachsene haben auch berechtigte Widerstände gegen das Zeichnen und Malen, das sie oft seit der Schulzeit nicht mehr praktiziert haben), die Bereitstellung von Bildmaterial. Dies kön- *Bereitstellung* nen Kunstpostkarten, Fotobücher, Kalenderblätter sein, die zu *von Bildmaterial* Themen wie Trauer, Verlust, Krankheit, Schmerz, Sterben, Angst aber auch zu Hoffnung, Trost, Schutz, Religion usw. passen könnten. Das Bildmaterial kann dann dem Trauernden zu unterschiedlichen Gesprächsanlässen angeboten werden, z. B. um sich eine

Postkarte aussuchen

Postkarte auszusuchen, die am besten zu seiner Verzweiflung passt, oder eine, die ihm Trost schenken könne u. v. a. mehr.

Zudem eignet sich der Einsatz von Bildmaterial gut zur biografischen Rückschau; hier kann der Klient mit eigenen Fotos arbeiten. Wichtige Lebensstationen, auch so genannte „unerledigte Geschäfte", können mithilfe persönlicher Fotos besprochen und eventuell abgeschlossen werden. Gibt es beim Klienten den Wunsch, intensiver an der eigenen Lebensgeschichte zu arbeiten, so lassen sich mit Fotos, Textzitaten und anderem Bildmaterial in der Technik der Collage biografische Hefte oder Alben erstellen. Das hilft den Betroffenen, ihr Leben abzurunden und ihre Lebensgeschichte in Form einer Bildgeschichte oder eines Buches zu „hinterlassen".

Persönliche Fotos

Das Medium des (Tage-) Buches aus Text und Bild lässt sich auch hinsichtlich anderer Themen im Bewältigungsprozess einsetzen (z. B. ein Trauerbuch, ein Trostbuch ...).

Generell können noch vielfältige weitere Möglichkeiten der Einbeziehung künstlerischer Medien in die Hospizarbeit entwickelt werden, empfehlenswert ist hier in jedem Fall das Ausprobieren der Medien für sich selbst bzw. im Kollegen-/-innenkreis der Sterbebegleiter. Denn nur die eigene Sicherheit im Umgang mit einem neuen Medium ermöglicht dessen fruchtbaren Einsatz mit Klienten/-innen insbesondere in dem sehr sensiblen Feld der Trauerarbeit.

Ausprobieren

Literatur

Bader R., Baukus P., Mayer-Brennenstuhl A. (Hrsg.):
Kunst und Therapie; Nürtingen 1999

Effer R.: Zum Schöpferischen; in: Urban M., Jäger H. (Hrsg.): Leben heißt Zeichen geben; Landsberg 1999

Egger B.: Der gemalte Schrei; Bern 1991

Jacobi J. : Vom Bilderreich der Seele; Olten 1985

Jung C. G.: Von den Wurzeln des Bewusstseins; Zürich 1954

Majer H.: Zwei Welten: Kunst und Therapie; in: Urban M., Jäger H. (Hrsg.): Leben heißt Zeichen geben; Landsberg 1999

Niederreiter L.: Bilder zwischen Leben, Krankheit und Tod; Köln 1995

Rauchfleisch U.: Versuch eines psychoanalytischen Zugangs zur „concept art"; in: Kraft H. (Hrsg.): Psychoanalyse, Kunst und Kreativität heute; Köln 1984

Rubin J.A.: Richtungen und Ansätze der Kunsttherapie, Karlsruhe 1990

Schmeer G.: Das Ich im Bild; München 1992

Schottenloher G.: ÜberLebenszeichen, In: Urban M.: ÜberLebenszeichen; München 1990

Steiner-Gharib W., Fittschen B.: Kunsttherapie auf einer Infektions-Station; in: Urban M., Jäger H. (Hrsg.): Leben heißt Zeichen geben; Landsberg 1999

Urban M., Jäger H.: Leben heißt Zeichen geben, Landsberg 1999

Musiktherapie

Ulrike Heinzen

> *Wo die Sprache aufhört,*
> *fängt die Musik an.*
>
> *E. T. A. Hoffmann*

1. Einleitung

Musiktherapie ist eine Therapieform, die noch weitgehend unbekannt und nicht sehr verbreitet ist. Dies gilt insbesondere für den Bereich der Begleitung von Sterbenden und Trauernden. Häufig habe ich erlebt, wie wenig Raum dem Trauernden und Sterbenden im Krankenhaus gelassen wird. Auch habe ich Musik als eine wichtige Kraftquelle erlebt und nutze sie als Ausdrucksmittel zur Verarbeitung von Gefühlen. Meine eigenen positiven Erfahrungen haben mich motiviert, anderen diese Möglichkeit des Zugangs zu ihren Gefühlen zu erschließen, denn die Musik fängt da an, wo die Sprache mit ihren Möglichkeiten oft endet.

Raum schaffen für den Trauernden und Sterbenden

2. Musiktherapie als Form der Trauer- und Sterbebegleitung

Was ist Musik-therapie?

Was ist Musiktherapie? Diese Fragen stellen mir die meisten meiner Patienten/-innen, wenn ich sie das erste Mal besuche. Musik hat eine ganz tief greifende Wirkung auf den Menschen. Schon im Mutterleib als ungeborenes Wesen nehmen wir die Stimme unserer Mutter wahr und können uns an sie nach der Geburt erinnern. Wir hören den Herzschlag der Mutter und die beruhigende Wirkung tritt immer wieder dann ein, wenn wir ihn auch außerhalb des Mutterleibes wieder wahrnehmen. So ist der Herzschlag der erste Kontakt mit Rhythmus für das Kind.

Erfahrungen mit Musik im täglichen Leben

So archaisch unsere Erfahrungen mit Musik am Anfang unseres Lebens sind, desto vielfältiger und unterschiedlicher sind sie im Laufe unseres Lebens. Der eine musste in der Schule vorsingen und ist vom Lehrer gerügt worden, dass er nicht singen kann. Das hinterlässt das ganze Leben einen tiefen Eindruck und führt oft zu der Aussage, ich bin aber ganz unmusikalisch. Die andere hat in der Kindheit Musikinstrumente spielen gelernt und einen ganz positiven Einstieg in den aktiven Umgang mit Musik gehabt. Aber ob wir es wollen oder nicht, wir stehen in unserem Leben die meiste Zeit unter einem starken Einfluss von Musik, sei es über das Radio, Fernsehen oder in Kaufhäusern. Musik wird für sehr viele Zwecke eingesetzt, sei es um einfach zu unterhalten oder um bestimmte Botschaften zu vermitteln.

Musik ist Ausdrucksmittel für das innere Erleben des Patienten

In der Musiktherapie hat Musik die Funktion Ausdrucksmittel zu sein für Gefühle, Erinnerungshilfe für manch vergessene Erfahrung oder Entspannungsmedium. *Ulrike Haffa-Schmidt*, eine Musiktherapeutin in der klinischen Onkologie, drückt die Funktion der Musiktherapie folgendermaßen aus: „In der Musiktherapie geht es um Beziehungsaufnahme, Verstehen, Entspannen, Integrieren, Ausdruck finden für Unaussprechliches und Gefühltes, Entlasten und Begleiten." (Haffa-Schmidt 1999, S. 320)

Die Begleitung eines Patienten in Phasen von Trauer und im Sterbeprozess steht für mich im Mittelpunkt meiner Arbeit als Musiktherapeutin. Während der Ausbildung zur Musiktherapeutin stand folgender Leitspruch im Mittelpunkt: Der Patient führt und der Therapeut folgt. Jede Musiktherapie geht nur soweit, wie der Patient bereit ist mit zu gehen, wie er sich darauf einlässt. Dadurch ist jede Begleitung individuell und einzigartig und führt mich selbst jedes Mal neu in die Auseinandersetzung mit meiner eigenen Endlichkeit. Annemarie Tausch beschreibt in ihrem Buch „sanftes Sterben" diese Begleitung folgendermaßen: „Ich denke, das Schönste für den Erkrankten ist, wenn er gehört wird in dem, was er fühlt. Wenn ihm die Möglichkeit gegeben wird das auszusprechen, ohne abgewürgt zu werden, ohne beschwichtigt zu werden." (Tausch 1996, S. 21)

Begleitung heißt: Auf die Wünsche des Patienten einzugehen

In der Musiktherapie habe ich über die Grenzen der Sprache hinaus die Möglichkeit im Klang Trauer, Abschied und Sterben anzusehen und sich darüber gemeinsam sowohl den Gefühlen und Ängsten des Patienten als auch seinen Ressourcen zu nähern. Ich möchte im Weiteren die verschiedenen Möglichkeiten der Musiktherapie verdeutlichen, die ich eingesetzt habe.

Musik schafft Möglichkeiten über die Grenze der Sprache hinaus

2.1 Rezeptive Musiktherapie

Eine von mir häufig genutzte Form der Musiktherapie ist die rezeptive Musiktherapie. Rezeptiv bedeutet: Der Patient hört zu, nimmt die Musik über den Körper auf. Oft beginne ich eine Musiktherapie mit einer Entspannungsanleitung für den ganzen Körper und bitte den Patienten sich von der Musik, die ich dann für ihn z. B. auf einer Kantele spiele, tragen zu lassen. So eine Entspannung kann bis zu zehn Minuten dauern und wirkt auf jeden Patienten anders. Der eine fühlt sich durch die Musik leichter, hat das Gefühl zu schweben, die andere nimmt eine angenehme Wärme im ganzen Körper wahr oder es entstehen Bilder. Das entscheidende für den weiteren Verlauf der Musiktherapie

Rezeptive Musiktherapie kann den Patienten öffnen für seine Gefühlswahrnehmung

ist, dass sich etwas in der Beziehung zwischen mir und dem Patienten verändert, die meisten Patienten öffnen sich, lassen mich näher an sie heran. Die ganze Atmosphäre, die oft in einem Krankenzimmer sehr bedrückt oder bedrückend wirkt, löst sich durch die Begegnung in der Musik.

Imagination mit Musik lässt den Patienten Kraft sammeln

Eine andere Form der rezeptiven Musiktherapie ist eine Imagination mit Musik: Ich fordere den Patienten auf, sich einen Ort vorzustellen, an dem er sich wohlfühlen kann, entweder ein ihm bekannter Ort oder einer aus seinen Träumen. Ich biete ihm an sich dort hin zu versetzten in seiner Vorstellung und leite ihn an, sich diesen Ort mit allen Sinnen vorzustellen. Dann spiele ich für den Patienten auf der Sansula und bitte ihn sich vorzustellen, dass diese Musik ihm Wärme und Kraft gibt. Der Patient hat so die Möglichkeit für kurze Zeit, Kraft zu tanken, auszuruhen und manchmal in Berührung zu kommen mit den eigenen Wünschen und Träumen, die vielleicht verschüttet sind unter Angst und Ungewissheit.

2.2 Aktive Musiktherapie

Aktive Musiktherapie weckt die Kreativität und Lebendigkeit des Patienten

Bei Patienten, die es sich selbst zutrauen, ist auch eine aktive Musiktherapie möglich. *Johannes Th. Eschen* schreibt über die aktive Musiktherapie: „Aktive Musiktherapie (aM) ist ein Sammelbegriff für alle Arten der Musiktherapie, bei denen der Patient selbst mit Instrument oder Stimme handelnd beteiligt ist. In der Regel spielt oder singt der Therapeut mit – ganz gleich ob in der Gruppen- oder Einzel-Musiktherapie – und ist dadurch in besonderer Weise affektiv eingebunden in das musikalische Geschehen." (Johannes Th. Eschen 1996, S. 5) Für die aktive Musiktherapie muss der Patient nur in der Lage sein, seine Finger zu bewegen oder seine Stimme zu gebrauchen. Manchmal halte ich das Instrument für den Patienten fest, damit er möglichst wenig Anstrengung aufbringen muss. Die Instrumente, die ich für die Musiktherapie benutze, sind zum größten Teil den

Patienten unbekannt und wecken dadurch die Neugierde, sie mal auszuprobieren. So hat das Instrument einen eigenen Aufforderungscharakter und lässt die Patienten oft die Hemmungen überwinden, einfach mal „drauf los zu spielen". Dieses freie Spielen ohne Anleitung und den Versuch es zu steuern wird Improvisation genannt. *Fritz Hegi* beschreibt Improvisation so: „Improvisation ist also eine Erfahrungswelt, in der sowohl alte Gefühle wieder belebt als auch neue Gefühle geweckt werden. Beide Prozesse sind nötig, um neue Lebensenergie, Ideen, Phantasie, Wünsche usw. überhaupt figürlich werden und zum Ausdruck kommen zu lassen." (Hegi 1997, S. 159) Für die Patienten, die durch ihre Krankheit und den Aufenthalt in einer fremden Umgebung sehr eingeschränkt sind in ihrer Autonomie, kann das eigene Spielen wie eine kleine Befreiung aus den Zwängen des Alltags wirken. Was vorher verkrampft war, löst sich, die Gesichtszüge entspannen sich, das Gesicht öffnet sich und oft tritt ein Lächeln auf die Lippen.

Freie Improvisation lässt den Patienten seine Autonomie spüren

Abbildung 1: Kantele, finnisches Saiteninstrument

Selbst gespielte Klänge sind Ausdruck der momentanen Befindlichkeit

Zwei Patientinnen, die sich ein Zimmer teilten und sich zudem noch gut verstanden, habe ich am Ende einer rezeptiven Musiktherapiesitzung gebeten, einfach mal auf der Kantele, die sie beide sehr liebten, frei zu spielen, was ihnen gerade in die Finger kam. Sie haben beide nacheinander gespielt und sich gegenseitig zugehört. Nach jeder Improvisation habe ich den jeweils anderen gebeten, zu sagen, was sie in der Musik gehört hat. Frau D. und Frau L. konnten sich selbst gut in der Beschreibung ihrer gespielten Musik wiederfinden, sie war Ausdruck ihrer momentanen Befindlichkeit.

2.3 Die Symbolwirkung eines Instrumentes

Der Symbolcharakter eines Instruments besteht in Klang, Aussehen und Handhabung

Wie schon im letzten Kapitel beschrieben, hat jedes Musikinstrument einen Aufforderungscharakter, kann aber auch durch seinen Klang und / oder sein Aussehen und Anfühlen einen Symbolcharakter haben. So kann eine Harfe oder eine Kantelle symbolisch stehen für die frühkindliche Zeit, kann an Wiegenklänge erinnern und damit sehr viel Geborgenheit ausstrahlen. Eine Trommel hat sehr tiefe, erdige Töne und kann dadurch mit dem Bodenständigen oder Erdverbundenen assoziiert werden. Wobei ein Langklinger wie eine Klangschale, eine Metallschale, die mit einem Schlegel angeschlagen oder angerieben wird, ein Mitschwingen ermöglicht, ein Ablösen vom Boden.

Instrumente lassen sich als „Stellvertreter" für Personen und Gefühle aufstellen und spielen

Oder aber ich kann die Instrumente stellvertretend für verschiedene Personen und damit verbundene Gefühle aufstellen. So habe ich eine Patientin aufgefordert, sich für sich selbst und für ihren Ehemann ein Instrument auszusuchen und es zu spielen. So hatte sie den nötigen Abstand, um die Beziehung und die damit verbundenen Probleme deutlich zu machen und dadurch selbst wahrzunehmen. Für die Patientin war es anschließend möglich zu sagen, was ihr in der Beziehung fehlt und im Spiel eine Lösung für sich zu finden. Anhand der Position der Instrumente zu einander lässt sich auch schon eine Aussage über die Beziehung der Personen oder Gefühle, für die sie stellvertretend stehen, machen.

3. Musiktherapie im Akutkrankenhaus (Onkologie)

Ich arbeite seit 2001 mit onkologischen Patienten/-innen im Brüder-krankenhaus St. Josef als Musiktherapeutin. Zuerst, in meinem Anerkennungsjahr, für jeweils zwei Stunden die Woche als Abschluss meiner Ausbildung und seit April 2003 auf Honorarbasis.

Das Brüderkrankenhaus St. Josef in Paderborn hat einen seiner Schwerpunkte in die Onkologie, in die Krebstherapie, gesetzt. Anderthalb onkologische Stationen mit insgesamt ca. 34 Betten und eine große Zahl an ambulanten Patienten, die zur Bestrah-lung oder Chemotherapie kommen. Die Patienten wechseln sehr schnell vom stationären in den ambulanten Bereich, dadurch herrscht sehr viel Unruhe auf der Station und man kann immer wieder Patienten auf dem Flur oder im Tagesraum treffen, die noch keinen Bettplatz haben. Das Pflegepersonal ist die meiste Zeit sehr stark ausgelastet. Die Musiktherapie war für alle etwas Neues. Aber nach einer kurzen Einführung zu Beginn meiner Praxistätigkeit im Oktober 2001 war eine gute Zusammenarbeit mit dem Pflege-personal möglich, was nicht zuletzt auch damit zusammenhing, dass sie mich als Kollegin aus dem Haus kannten, da ich als Kran-kenschwester auf einer inneren Station im Haus arbeite, und ich Verständnis für ihre wenige Zeit hatte. Die Zusammenarbeit mit den Ärzten beschränkte sich aus Zeitmangel auf wenige Abspra-chen mit dem Chefarzt. Seit gut einem halben Jahr gibt es auf der Onkologie auch eine Psychoonkologin, die das Angebot macht, Gespräche zu führen und Entspannungsübungen anzubieten. Die Zusammenarbeit mit dieser Psychoonkologin erleichtert es mir, die Patienten ausfindig zu machen, die von der Musiktherapie profitieren können, da sie die meisten Patienten kennt, bei Chefarzt-visiten mitgeht und durch ihre volle Stelle noch viel mehr Kontakt zu den Patienten hat. Sie nimmt sich außerdem die Zeit kurz mit mir über die möglichen Patienten für die Musiktherapie zu spre-chen und auch kurz zu reflektieren, was sich bei ihrer und bei meiner Therapie entwickelt hat.

Die Onkologie ist stark ausgelastet und sehr unruhig

Zusammenar-beit mit Ärzten, Kranken-schwestern und Psychoonkologen

Im Laufe der Zeit entsteht ein routinierter Ablauf meiner musiktherapeutischen Tätigkeit auf der Onkologie. Einen Tag in der
Woche, meistens montags, gehe ich auf die Onkologie und auf
die Chirurgie, wo die Patienten oft die Erstdiagnose Krebs gestellt bekommen, frage das Pflegepersonal und die Psychoonkologin um Rat, welche Patienten für die Musiktherapie in Frage
kommen, da sie die Patienten am besten kennen. Anschließend
gehe ich dann zu ihnen ans Bett, stelle mich und die Musiktherapie vor und verabrede mich mit den Patienten, die sich für
die Musiktherapie interessieren, für einen Termin am Mittwoch
von 10:30 bis ca. 17:00 Uhr. In dieser Zeit habe ich sowohl einen
Raum zur Verfügung, wo ich ungestört mit den mobilen Pati-
enten/-innen in Einzeltherapie oder in kleinen Gruppen arbeiten kann, oder ich gehe zu den bettlägerigen Patienten/-innen
ins Zimmer und versuche dort einen Raum zu schaffen, in dem
Musiktherapie möglich ist.

3.1 Setting und Probleme

Setting ermög-
licht die
Musiktherapie
auch mit
bettlägrigen
Patienten

Meine Musiktherapie findet, wie schon erwähnt, immer mitt-
wochs statt. Im Akutkrankenhaus gibt es sicher kaum einen sehr
geeigneten Zeitpunkt, vor allem, wenn ich im Krankenzimmer
meine Sitzungen mache. Es herrscht immer eine gewisse Be-
triebsamkeit und es passiert nicht selten, dass mitten in der Sitzung eine Krankenschwester ins Zimmer kommt trotz Schild an
der Tür. Aber der Mittwoch bietet sich an, weil es dann auf der
Station etwas ruhiger zugeht ohne Chefarztvisite. Ich arbeite in
zwei verschiedenen Settings: Sowohl am Krankenbett mit bettlägerigen Patienten, als auch in einem Musiktherapieraum. Nach
immer wieder neu auftretenden Schwierigkeiten einen Raum zu
finden, der nicht zu weit von der Station entfernt ist, war es mir
in letzter Zeit möglich einen Büroraum zu nutzen, der auch im
Erdgeschoss liegt, und dadurch von den Patienten ohne Schwierigkeit zu erreichen ist. Der Raum ist klein, ermöglicht mir aber
ungestört und mit Ruhe zu arbeiten. Das Schild an der Tür „Musik-

therapie, bitte nicht stören" erinnert das Pflegepersonal an die Therapiesitzung. Im Musiktherapieraum habe ich meistens Einzelmusiktherapie gemacht, da in der Literatur Gruppenmusiktherapie in der Akutphase einer Krebserkrankung nicht als sinnvoll und durchführbar angesehen wird und eine wirkliche Gruppentherapie, mit einer über einen längeren Zeitraum gleich bleibenden Gruppe im Akutkrankenhaus, wo die Verweildauer so kurz wie möglich sein soll, sich nicht anbietet.

Eine Art Gruppentherapie ergab sich manchmal bei der Musiktherapie am Krankenbett. Patienten, die nicht aufstehen konnten, habe ich in ihrem Krankenzimmer besucht und dabei ganz unterschiedliche Situationen angetroffen, von 1-Bett-Zimmer bis hin zu 3-Bett-Zimmer mit eingeschobenem viertem Bett. Die Situation eines bettlägerigen Patienten ist eine besondere und gekennzeichnet durch Abhängigkeit. *Mangold* und *Oerter*, zwei klinische Musiktherapeuten, beschreiben es so: "... er ist abhängig von Bezugspersonen, und erlebt dies oft schmerzhaft. Er kann nicht zu uns kommen...(...), alles muss ihm gebracht werden. Instrumente müssen tragbar sein. (...) er ist nicht aufrecht, sondern liegt, dadurch verändert sich der Blickwinkel, seine Wahrnehmung der Umwelt und seine Wahrnehmung von sich selbst." (Mangold / Oerter 1999, S. 350)

Die Situation eines bettlägrigen Patienten ist geprägt durch Abhängigkeit

Eine meiner ersten Sitzungen im Krankenzimmer fand in einem 4-Bett-Zimmer statt. Zwei der Patienten kannten mich schon von der letzten Sitzung, die anderen beiden waren neu. Als ich ins Zimmer kam, machten alle Patienten einen müden Eindruck und bestätigten das auch auf Nachfrage. Der Einstieg mit einer Kanteleimprovisation wurde von allen begrüßt und als sehr anregend und schön empfunden. Im Laufe der Sitzung entwickelte sich eine freie Improvisation mit Kantele, Ektara, Rührtrommel und Djembe zwischen drei der Patientinnen und mir. Die vierte Patientin wollte nur zuhören, beteiligte sich aber am anschließenden Gespräch. Die schläfrige Atmosphäre hatte sich in eine aufmerksame verwandelt und drei Patientinnen saßen aufgerich-

Musiktherapie im Krankenzimmer verändert die ganze Atmosphäre

tet im Bett. Am Ende der Sitzung war das Interesse füreinander geweckt und vier Frauen unterschiedlichen Alters und Herkunft waren mit der Musiktherapie in Berührung gekommen.

Das Krankenzimmer als Setting hat den großen Nachteil, dass es sehr unruhig sein kann, durch ein Telefon, das klingelt oder durch Besucher, die sich durch das Schild an der Tür nicht abhalten lassen, einzutreten.

Krebskranke sind verunsichert durch die Krankheit und „Todesangst"

Auch wenn ich die Erfahrung gemacht habe, dass sich das Vertrauen zu mir und der Musiktherapie häufig schnell eingestellt hat, ist doch die Verunsicherung eines Krebskranken sehr groß. Ich möchte noch einmal Mangold und Oerter zitieren, in deren Worten ich meine Erfahrungen wieder finde. „Sein Leben ist bedroht: Angst und die Frage wie es weitergeht wird stehen im Raum (...) Das Bewusstsein ist auf das Krankengeschehen konzentriert. Die Vorstellung, sich jetzt mit Klang und Musik zu beschäftigen, in dieser akuten Situation, scheint vorerst befremdend (...) Es gibt immer wieder schwerkranke Patienten, die nicht mit Klang und Musik in Berührung kommen wollen. Manche brauchen einfach nur noch Stille, manche befürchten, mit Gefühlen zu ungeschützt in Kontakt zu kommen..." (Mangold / Oerter 1999, S. 350)

Informationsbroschüre hilft, die Musiktherapie einzuschätzen

Diese Verunsicherung durch ihre Krankheit hat bei einigen Patienten dazu geführt, dass sie in dem Moment, wo ich sie zur Musiktherapie eingeladen habe, sich nicht vorstellen konnten, die Musiktherapie auszuprobieren. Um die Patienten nicht noch mehr zu verunsichern, und ihnen etwas Zeit zu geben, um über das Angebot nachzudenken, habe ich eine Informationsbroschüre entworfen, die den Patienten einen kurzen Einblick in die Musiktherapie gibt. Diese Broschüre liegt auf der Station aus und kann dem Patienten schon bei der Aufnahme auf der Station ausgehändigt werden.

3.2 Fallbeispiel: Frau W.

Frau W. ist 58 Jahre alt. Sie hatte vor ca. drei Jahren Brustkrebs mit Brustamputation, Bestrahlung und Anschlussheilbehandlung. Jetzt hat sie seit kurzer Zeit Kopfschmerzen und wie sich im Laufe unserer Sitzungen herausstellt: Metastasen in den Hirnhäuten, d. h. der Tumor hat in das Gehirn gestreut. Sie bekommt Chemotherapie und Bestrahlung.

Frau W. macht zu Beginn der Therapie einen sehr unruhigen Eindruck, sie erzählt sehr viel, ihre Gedanken drehen sich am Anfang nur um das Thema Sexualität. Die Sexualität ist Jahre lang der einzige persönliche Berührungspunkt mit ihrem Mann gewesen, diese Momente haben ihr die Kraft gegeben, das anstrengende Leben einer Bäuerin zu führen, für den Hof, und am Anfang ihrer Ehe für Onkel und Tante und für ihre beiden Kinder zu sorgen.

Persönlicher Berührungspunkt

Sie sieht keine Aufgabe mehr für sich, da das Verhältnis zwischen ihrem Mann und ihrem Sohn, der seit kurzer Zeit den Hof führt, sich verbessert hat, seit sie krank ist. So braucht sie nicht mehr weiter Vermittlerin zu sein zwischen den beiden.

Vermittlerin

Abbildung 2: Holzagogo wird mit einem Klöppel angeschlagen oder gerieben

Holzagogo In einer Musiktherapiesitzung beschreibt sie mit der Holzagogo ihren Lebensrhythmus. Ich begleite sie auf der Djembe. Zuerst spielt sie den Lebensrhythmus vor ihrer Krankheit: Sehr sprunghaft, ein schneller Rhythmus ohne Ruhepunkt; dann ihren Lebensrhythmus in der Krankheit: Dumpf, stockend, stolpernd, wie gelähmt. Sie sagt dazu, dass sie sich allein fühle. Als letztes spielt sie ihren Zukunftsrhythmus: Herausgelockt aus der Bewegungslosigkeit spielt sie temperamentvoll, dynamisch und mit Höhepunkt am Schluss. Ich kann ihre Kraft im Spiel spüren, aber das Dumpfe ihrer Krankheit herrscht in vielen Sitzungen vor.

In einer anderen Sitzung spielt sie ihre Traurigkeit, sie fühlt sich allein und seit langer Zeit über ihre Kräfte gefordert und unverstanden: Auf dem Glockenspiel lasst sie eine einsame, traurige Melodie ertönen.

Wieder in einer anderen Sitzung geht es ganz explizit um die Beziehung zu ihrem Mann. Ich lade sie ein dieses Beziehungsgefüge nachzustellen. Sie wählt für sich das Glockenspiel, spielt verschiedene Tonhöhen im schnellen Wechsel, die Tonfolgen sind absteigend. Für ihren Mann wählt sie die Djembe: sie schlägt hart zu, bis sie Angst hat, das Instrument könnte kaputt gehen, sie ruft wütend: Ich, Egoistisch, Herrisch, Meine Verabredung, Meine Termine. Wir spielen abschließend einen Dialog: Sie spielt sich selbst mit dem Glockenspiel und ich spiele ihren Mann auf der Djembe. Jedes Mal wenn sie ihren Rhythmus gefunden hat, störe ich sie mit der Djembe. Danach sagt sie: „Das hat gepasst!"

In unserer fünften Sitzung geht es ihr psychisch schlecht, nachts war sie verwirrt, hat es selbst gemerkt; sie hat Angst vor dem Tumor im Kopf. Sie sagt, sie wolle nicht mehr leben. Sie hat stärkste Kopfschmerzen und Schwindel und wirkt sehr unruhig. Ich *Rhythmokinetik* biete ihr Rhythmokinetik an. In der Rhythmokinetik geht es darum, bewusst durch Bewegung und Tiefenatmung den Körperrhythmus so zu beeinflussen, dass er wieder seine eigene Ausgewogenheit findet. Wir machen eine einfache Übung im Sitzen, die ich ihr später aufschreibe und mitgebe, damit sie sie zwischen den Musiktherapiesitzungen selbstständig durchführen kann. Sie wird ruhiger bei der Rhythmokinetik und erzählt mir von einem Ausflug am letzten Sonntag zusammen mit ihrem Mann. Am Schluss des Ausflugs sind sie zu einer Gottesmutter in einem Wallfahrtsort gefahren. Da ihr der Besuch dort so gut getan hat und sie selbst sich durch den Schwindel bedingt nicht aus dem Krankenzimmer traut, biete ich an, mit ihr zur Gottesmutter im Krankenhausgarten zu gehen. Viel ruhiger und ausgeglichener bringe ich sie in ihr Krankenzimmer zurück.

Ein wichtiger Schwerpunkt unserer gemeinsamen Musiktherapie zieht sich von der siebten bis neunten Sitzung. Angeregt durch ihre Idee schon immer malen zu wollen und nie die Zeit dafür gefunden zu haben, probieren wir Musikmalen aus. Beim Musikmalen wird eine instrumentale Musik abgespielt und die Patientin hört einfach zu. Materialien zum Malen liegen bereit und sie kann sich im Laufe der Musik aussuchen, womit sie malen möchte. Frau W. hat sich für Aquarellwasserfarben entschieden. *Hartmut Kapteina* schreibt in einem Bericht über Musikmalen: "... – die Musik ist flüchtig. Das Bild ist konkret: Ich kann es anfassen, betasten, herumtragen, ich kann über es verfügen, wann immer ich will. Die Musik hingegen ist nur in der Zeit vorhanden, in der sie erklingt, und während sie klingt, verklingt sie bereits; (...) " (Kapteina 1982, S. 35)

Musikmalen

Für Frau W. war es wichtig, das Bild, das Resultat ihrer Arbeit, in den Händen zu halten, es ihrem Mann und ihren Kindern zu zeigen. Sie wollte ihr erstes Bild sogar neben ihr Bett hängen.

Ich möchte ihnen das letzte der drei Bilder beschreiben. Frau W. hat dazu keltische Harfenmusik (Sherazade, What else) gehört. Auf dem Bild ist eine dickbauchige Burg und davor rote Buschwindröschen, die sich im Wind wiegen, zu sehen. Titel ihres dritten Bildes ist: Die Burg, die ich liebe. Sie malt einen Ort, nämlich eine alte Ruine, die sie kennt und die sie oft besucht hat. Ein Ort, an dem sie sich wohl gefühlt hat. Ich möchte noch einmal Hartmut Kapteina zitieren: „Der Maler ist ganz und gar von der Ausgestaltung seiner gegenständlichen Abbildung gefesselt. Die Brücke zwischen Musik und Bild bilden nicht die Struktur, die Form, die Bewegung oder die Farbe, sondern lediglich die durch das Hörerlebnis provozierte Bildfantasie, die häufig bis ins kleinste Detail auf das Papier gebracht wird." (Kapteina 1982, S. 42)

So sagt Frau W. nach dieser Sitzung, sie habe beim Malen alles vergessen, es sei ihr richtig gut gegangen.

Sansulaspiel   In der zehnten Sitzung geht es Frau W. körperlich schlecht, sie kann nicht mehr aufstehen, hat eine Lungenentzündung bekommen, atmet sehr schnell und flach, möchte aber gerne Musiktherapie im Krankenbett machen. Ich probiere ihren Atem durch das Spielen einer Klangschale auf ihrem Bauch zu beeinflussen, alle vier Atemzüge einen Anschlag. Sie sagt, dass es ihr gut tue, aber der Atem wird nicht langsamer. So probiere ich ein ruhiges Sansulaspiel aus. Frau W. scheint sich zu entspannen, ihr Atem wird etwas ruhiger und sie scheint zeitweise einzuschlafen.

Unsere letzten drei Sitzungen finden auf der Intensivstation statt. Vor der elften Sitzung treffe ich ihre Familie im Warteraum. Sie haben schon von mir gehört und freuen sich, mich zu treffen. Ihr Mann geht zusammen mit mir in ihr Zimmer. Frau W. ist an ein Beatmungsgerät angeschlossen, sie reagiert nicht auf Ansprache. Ich spreche sie an und spiele Sansula wie in der letzten Musiktherapiesitzung, ich spiele für sie und ihren Mann. Ihr Mann kommt zu mir, nachdem er dem Spiel gelauscht hat, und fragt mich nach einem Liebeslied aus seiner Studentenzeit. Da ich es nicht kenne, ermuntere ich ihn, das Lied für seine Frau zu singen. Er nimmt ihre Hand und singt es für sie. Danach geht er hinaus und ich spiele zum Abschied noch einmal Sansula.

Bei meinen letzten beiden Besuchen bin ich alleine bei Frau W. Ich spiele jedes Mal Sansula bestimmt durch den Grundrhythmus ihrer Atmung und spreche mit ihr. Einen Tag nach der letzten Musiktherapiesitzung stirbt Frau W.

Frau W. konnte in der Musiktherapie ihre Probleme deutlicher sehen und sich zeitweise lösen von ihrer Furcht und dem Kreisen um ihre Krankheit. Beim Musikmalen hat sie ihre eigene Kraft im Symbol der Burg festgehalten und sich selbst beim Malen von der Fessel der Krankheit gelöst.

3.3 Musiktherapie im Krankenhaus – eine Chance?

Aus meinen Erfahrungen mit über 100 Menschen, mit denen ich musiktherapeutisch gearbeitet habe, sehe ich die Musiktherapie gerade im Akutkrankenhaus als eine große Chance an. Für den Patienten werden Räume geschaffen, in denen er wenigstens für kurze Zeit zur Ruhe kommen kann, Probleme loslassen oder sogar bearbeiten kann.

Die Nähe von Tod und Sterben macht eine tiefe Auseinandersetzung in der Musiktherapie möglich und sinnvoll

Gerade der nahe Tod und die Auseinandersetzung mit dem Sterben ermöglichen eine ganz dichte und oft schnelle Entwicklung einer Beziehung. Dieser Hintergrund machte für mich auch die oft kurze Therapiedauer (1 – 4 Sitzungen, Frau W. ist die große Ausnahme) sinnvoll und wirkungsvoll.

Musiktherapie trägt damit zu einem wichtigen Teil der Psychohygiene bei, die es dem Patienten ermöglicht, eine gute Krankheitsbewältigung zu entwickeln und damit die Gesundung seines Körpers zu unterstützen. Einer jungen Frau, die das Ausmaß ihrer Krebserkrankung im Laufe der Sitzungen immer deutlicher wahrnehmen konnte, die aber mit allen Fasern am Leben hing, hat die Kantelemusik als Symbol für das Leben und die Lebendigkeit und schließlich als sie ihre Beine nicht mehr bewegen konnte als Symbol für die Bewegung gefunden. Das Spiel der

Musiktherapie als guter Weg zur Krankheitsbewältigung

Kantelle hat ihr Entspannung, Ruhe und Ausdrucksmöglichkeit gegeben. Selbst einen Tag vor ihrem Tod hat sie sich die Kantelemusik gewünscht und ist danach ins Koma gefallen und am nächsten Tag gestorben. Als ich für sie das letzte Mal gespielt habe, saß Ihre Familie mit am Bett. Ihre Mutter hat geweint, aber im Laufe des Spiels ist sie ruhiger geworden und hat aufgehört zu weinen. Die junge sterbende Patientin bat mich nach dem ersten improvisierten Stück noch um eine Fortsetzung und beendete diese Fortsetzung, indem sie sagt, dass es genug ist. Danach hat sie nicht mehr die Augen aufgemacht und nicht mehr gesprochen, danach hat sie das Leben losgelassen.

Annemarie Tausch drückt es in ihrem Buch „Sanftes sterben" folgendermaßen aus: „Ihr tägliches Ziel war es, nicht zu sterben, wenn man noch lebt, sondern zu leben, wenn man stirbt." (Tausch 1996, S. 28)

4. Musiktherapie im ambulanten Hospiz

Das letzte Zitat ist eine gute Überleitung zum zweiten Teil meiner Praxistätigkeit: Musiktherapie im Ambulanten Hospiz, Warburg. Das Ambulante Hospiz Warburg besteht seit 1997 als ein eingetragener Verein. Ziel der Hospizbewegung, sowie es in den Leitlinien des Landes NRW beschrieben ist, besteht darin: "... selbst Schwerkranke so zu stabilisieren, dass sie auch ihren letzten Lebensabschnitt noch als lebenswert empfinden und weitestgehend ohne Schmerzen in Geborgenheit, Ruhe und Würde sterben können." (Ministerium für Arbeit, Gesundheit und Soziales NRW 1997, S. 6)

Die Hospizbewegung möchte den letzten Lebensabschnitt lebenswert machen

Aufgabe des Ambulanten Hospizes ist nicht die Pflege der chronisch kranken und sterbenden Menschen, sondern die Begleitung. Die Patienten oder die Angehörigen können sich jederzeit an das Hospiz wenden und ehrenamtliche Mitarbeiter, die eine einjährige Hospizausbildung gemacht haben, besuchen dann diese Familien, stehen für Gespräche zur Verfügung oder bleiben einfach mal bei den Kranken, wenn die Angehörigen wichtige Termine zu erledigen haben. So werden sie zu kontinuierlichen Begleitern und Gesprächspartnern.

Das ambulante Hospiz sichert die Begleitung dieser Menschen

Als ich zum ersten Reflexionstreffen dieser Hospizgruppe kam, sie treffen sich einmal im Monat, hatte ich ein paar Instrumente dabei und stellte so die Musiktherapie vor. Anschließend bekam ich sofort sehr viel Unterstützung und mir wurden zwei Frauen vorgestellt, bei denen ich vielleicht musiktherapeutisch einsteigen konnte. Begleitet von jeweils einer ehrenamtlichen Mitarbeiterin des Hospizes, lernte ich diese chronisch kranken Menschen zu Hause kennen, unter ihnen war auch Frau K., von der ich später mehr berichten möchte.

4.1 Besonderheiten des ambulanten Settings

Hohe Flexibilität Das ambulante Setting ist noch viel mehr als das Setting am Kran-
des Therapeuten kenbett geprägt von der ganz persönlichen Umgebung. Der
Raum, in dem ich arbeite, ist mir vorher nicht bekannt und von
mir nicht zu beeinflussen, oder zu gestalten. So bin ich in meiner Rolle als Musiktherapeutin gefordert, mich immer neu einzustellen und das nicht nur durch das Setting. Ich möchte noch
einmal *Oerter* und *Mangold* zitieren: „Die innere Situation des
Patienten verändert sich häufig. Dadurch ist die Bereitschaft und
Flexibilität der Therapeutin noch mehr als sonst gefordert, sich
einzuschwingen auf die jeweils gegebene emotionale Gestimmtheit des Patienten. (...) Indem wir mit Musiktherapie auch ein
Beziehungsangebot machen, können wir uns nicht mit unserer
Person heraushalten. Im Eingehen eines Kontaktes liegt für beide Seiten zugleich auch die Frage, ob in der nächsten Woche,
(...) noch eine Weiterführung möglich ist. Abschiednehmen steht
bewusst oder unbewusst immer mit im Raum." (Mangold / Oerter
1999, S. 351 – 352)

Bei Frau K. kam eine häufig wechselnde Umgebung dazu, weil
wir in vier verschiedenen Räumen musiktherapeutisch gearbeitet haben, bis sich das Arbeitszimmer als geeigneter Raum ein-
gebürgert hat. Die Instrumente mussten auch bei diesem Setting
transportierbar sein, sodass die Auswahl eingeschränkt war. Bei
Frau K. war eines meiner wichtigsten Utensilien ein dickes
Volksliederbuch, da ich bei weitem nicht so textstark bin wie
Frau K.

Eine große Schwierigkeit stellte für mich am Anfang die Neugierde der Angehörigen dar, die immer wieder durch die Tür
guckten und die Sitzung damit störten.

4.2 Fallbeispiel: Frau K.

Frau K. ist 77 Jahre alt, lebt auf dem Hof ihres Sohnes zusammen mit Sohn und Schwiegertochter und hatte einen Schlaganfall mit einer Schwäche in der rechten Seite und einer Sprachstörung. Frau K. sitzt den ganzen Tag im Rollstuhl und wird von ihrer Schwiegertochter gewaschen und versorgt. Durch ein ausgeprägtes Rheuma in den Händen hat sie eine Fehlstellung der Finger und ist so beim Zugreifen und Halten sehr eingeschränkt. Sie wird vom ambulanten Hospiz betreut seit ihrem Schlaganfall.

Musikalischer „Treffpunkt"

Am Anfang unserer Musiktherapie war die Kontaktaufnahme über Musik sehr schwierig, weil sie sehr fixiert auf das Klavierspielen war. Sie konnte früher sehr gut Klavier spielen und hatte auch immer noch einen sehr hohen Anspruch an sich selbst. Doch durch die körperlichen Einschränkungen, sie konnte nur noch mit drei Fingern der linken Hand spielen, war sie schnell sehr unzufrieden mit ihrem Spiel und sagte: „ist nichts Richtiges". Im Laufe der Zeit war es, durch Renovierungsarbeiten begünstigt, möglich vom Klavier wegzukommen und an ihre Liebe zu den Volksliedern anzuknüpfen.

So sangen wir Volkslieder und begleiteten sie mit einfachen Rhythmusinstrumenten wie den Klanghölzern, dem Tamburin oder der Shekere.

In der 13. Sitzung wirkte Frau K. sehr frustriert und sagte, dass sie ja nur elastische Binden aufwickeln könne. Frau K. hatte vormittags die Aufgabe die elastischen Binden, die jeden Tag an ihrem offenen Bein gewechselt wurden, wieder aufzurollen. Sie sagte, dass Musiktherapie sich doch für sie nicht lohnen würde. Ich bat sie, noch einmal darüber nachzudenken bis zur nächsten Sitzung. Als ich nach Hause fuhr, war ich traurig und fragte mich, ob ich etwas falsch gemacht habe.

In der nächsten Sitzung machte ich ihr noch einmal deutlich, dass ich gerne zu ihr komme und dass es mir Freude mache, mit ihr Musik zu machen. Daraufhin entscheidet sie sich die Musiktherapie weiterzumachen.

Zwei feste Elemente haben sich inzwischen entwickelt:

Volkslieder 1. Das gemeinsame Singen von jahreszeitlichen Volksliedern und die rhythmische Begleitung davon (Manchmal ist es Frau K. sogar möglich, die geweckten Erinnerungen in Worten auszudrücken).

Klangdusche 2. Die Klangdusche mit Chime oder Klangschale

Bei der Klangdusche habe ich Frau K., die in ihrem Rollstuhl saß, mit den Klängen der Klangschale von den Füßen bis zum Kopf eingehüllt, eine Klangdusche von unten nach oben.

Musikmalen In unserer 16. Sitzung kommt ein neues Element in unsere Sitzungen: Das Musikmalen. Musikmalen soll Frau K. einen anderen kreativen Ausdruck ermöglichen und sie hat ein handfestes Ergebnis in den Händen, etwas, das sie vorzeigen kann.

Abbildung 3: Frau K. beim Musikmalen

Ich habe für Frau K. Klaviermusik von *George Winston* „Summer" mitgebracht, da sie Klaviermusik sehr liebt.

Ich habe alles für Frau K. vorbereitet und Fingerfarben mitgebracht, da sie weder Stift noch Pinsel halten kann. Schon kurz nachdem die Musik startet, fängt Frau K. an zu malen.

Zu meiner Überraschung taucht sie die Finger der rechten Hand in die Fingerfarbe ein, obwohl sie sonst die rechte Hand weniger gebraucht, da sie ja durch den Schlaganfall geschwächt ist. Die linke Hand benutzt sie zum Festhalten der Farbtöpfe. Die Musik ist lange verklungen, als Frau K. ihr Bild vollendet, denn es ist erst dann fertig, wenn das ganze Blatt mit Farbe angefüllt ist.

Neue krative Möglichkeiten

Wir haben im Laufe des Jahres noch in vier anderen Sitzungen Musikmalen gemacht und Frau K. hat von sich aus immer wieder danach gefragt. Außerdem verging seitdem keine Sitzung in der sie nicht wenigstens einmal stolz auf eines ihrer Bilder gezeigt hat. Ihre selbstgemalten Bilder stehen nämlich verteilt im Arbeitsraum, in dem wir Musiktherapie machen.

Ihr letztes Bild probieren wir dann auch zu spielen. Sie teilt ihr Bild in helle und dunkle Bereiche ein. Sie sagt, dass sie das Helle gerne mag. Das Dunkle steht für die Traurigkeit. Sie sucht sich für das Helle im Ausschlussprinzip die Klangschale aus und für das Dunkle die Oceandrum. Dann lässt sie das Helle und Dunkle von mir begleitet erklingen.

Abbildung 4: Fr. K. beim Bongo spielen

Bongos Ab der 21. Sitzung, zu der ich Bongos mitgebracht habe, werden die Bongos zu ihrem Lieblingsinstrument. Sie spielt sie nach einer kurzen Erprobungsphase mit beiden Händen, jeweils mit der Handaußenkante. Es entwickelt sich ein lebendiges Spiel zu Beginn einer Sitzung. Wir spielen Trommelstrophen: Ein gemeinsamer Refrain umschließt ein Trommelsolo von ihr und mir. Ich spiele dabei die Djembe.

Angeregt durch ihr Wippen mit den Füßen, probieren wir das Trommeln mit den Füßen aus: In Socken bewegt sie ihre Hacken auf den Bongos. Ihr ganzer Körper kommt so in Bewegung und ihr Gesicht strahlt. „Trommeln ist immer gut" so antwortet sie an jedem folgenden Sitzungsbeginn, wenn ich sie frage, womit sie anfangen möchte. Und was könnte wohl ein besseres warming up sein.

So gab es inzwischen drei feste Bestandteile jeder Sitzung:

1. Trommelstrophen

2. Die Klangdusche, die sie zum tiefen Durchatmen und in das Zuhören brachte

3. Atem und Stimme, zu dem die Volkslieder, aber auch einfache Stimmimprovisationen zählten

Dieser festgelegte Aufbau war für Frau K. sehr wichtig, weil er ihr Sicherheit gab und die Möglichkeit, sich selbst zu entscheiden, in welcher Reihenfolge sie was machen möchte. Am Anfang unserer Musiktherapie konnte sie keine Entscheidung treffen, sondern hat immer gesagt, ich müsste doch wissen, was wir als nächstes machen.

Festgelegter Aufbau

Die 42. Sitzung bedeutete Abschiednehmen. Mein Praxisjahr war vorbei und mein Angebot, die Musiktherapie mit Frau K. in irgendeiner Form weiterzuführen, wurde von der Schwiegertochter abgelehnt, weil jeder feste Termin von Frau K. zusätzlichen Stress für ihre Schwiegertochter bedeutete.

Wir nahmen Abschied mit dem Lied, „Nehmt Abschied, Brüder", das Frau K. vorschlug. Dieser Abschied nach gut einem Jahr ist auch mir sehr schwer gefallen. Ich hatte das Gefühl, dass Frau K. fast nur in der Musiktherapie Bestätigung und Selbstwert gespürt hat. Für ihre Familie hat sie viel Arbeit bedeutet und war sich viele Stunden am Tag selbst überlassen. Sie hat manchmal gesagt, wenn ihr ein Lied nicht eingefallen ist, oder sie nicht gut singen konnte: "Wenn ich ganz alleine im Bett liege, dann kann ich gut singen." Alleine und im Bett, kann das heißen geborgen, ohne Ansprüche von außen?

Resümee

Ich habe bei meiner musiktherapeutischen Arbeit im Hospiz mit zwei chronisch kranken Frauen gearbeitet, bei denen das Sterben noch nicht absehbar war, was heute selten und eher untypisch für die Hospizarbeit ist. Aber diese Menschen haben sich, wie jeder chronisch Kranke, schon in einem Sterbeprozess befunden. Frau Sch., die zweite Patientin im Hospizbereich, war

Der Sterbeprozess beginnt, wenn die Möglichkeiten des Lebens sich durch die Krankheit immer weiter einschränken

durch Schwindel und Kopfschmerzen, die Folge eines Schlaganfalls waren, und durch eine sehr ausgeprägte chronische Bronchitis sehr eingeschränkt in ihren Bewegungsmöglichkeiten. Und es fiel ihr schwer, sich zu konzentrieren. Trotzdem bot die Musiktherapie für Frau Sch. einen Raum, in dem sie ihre Erinnerungen an ihren verstorbenen Mann und Sohn angucken und zum Teil verarbeiten konnte. Sie selbst sagte: „Nach der Musiktherapie fühle ich mich etwas befreit, gelöster." Frau Sch. konnte so Abschied nehmen von einzelnen Teilen ihres Lebens.

Bei Frau K. war dieser Abschiedsprozess durch Folgendes gekennzeichnet: Die Möglichkeit von Frau K., ihre Hände noch zu gebrauchen, wurde im Laufe dieses Jahres immer begrenzter durch das Rheuma. Die Aussage von ihr „Musiktherapie lohnt sich nicht für mich", lässt darauf schließen, dass sie den Sinn und die Möglichkeiten ihres Lebens teilweise nicht mehr sieht und sich schwer tut, mit diesem Prozess des Abschiednehmens von körperlichen Fähigkeiten umzugehen. Ein Jahr lang, jede Woche Musiktherapie hat eine tragfähige Beziehung entstehen lassen, bei der Vertrauen und Entwicklung möglich wurde. Ich hatte das Gefühl, ein Teil ihres Alltags zu werden, auf den sie sich freuen konnte. Die Worte "das ist nichts Richtiges" oder "das kann ich nicht", die auf ein starkes Leistungsdenken schließen lassen, sind in der Musiktherapie immer weniger geworden. Der Stolz über ihre Fähigkeiten hat sie gestärkt und ins Erleben gebracht, weg von jeder Wertung.

Die Tränen zum Abschied – ich habe Frau K. in dem ganzen Jahr nie Weinen gesehen – zeigen deutlich den Verlust.

5. Möglichkeiten und Grenzen in der musik- therapeutischen Begleitung Trauernder und Sterbender

Jorgos Canacakis beschreibt in seinem Buch: „Ich sehe deine Tränen", dass viele Menschen verlernt haben, zu trauern, ihrer Trauer Ausdruck zu verleihen und sie nicht in sich hineinzu- fressen bis sie irgendwann überfließt oder ganz verlernt hat sich auszudrücken. Wir genieren uns Tränen, Wut und Angst zum Ausdruck zu bringen. Aber dadurch nehmen wir uns die Mög- lichkeit, uns zu erleichtern, den Druck auf dem Herzen loszulas- sen. Ich möchte mit einem Zitat aus seinem Buch deutlich ma- chen, dass Trauern ein lebenswichtiger Prozess ist. Er schreibt: „Ich betrachte Trauer als eine Periode, in der fortwährend le- benswichtiges Wachstum und Reife stattfindet, und als eine Über- gangszeit, in der wir die Gelegenheit erhalten, neue Fähigkeiten zu entwickeln, um mit den erzwungenen Veränderungen, die durch den Verlust eintreten, fertig zu werden.... Im Gegensatz dazu betrachte ich das Vermeiden der Trauer als krampfhaften Versuch, den Tod selbst zu vermeiden und aus unserem Leben zu vertreiben. Wer das richtige Trauern erlernt, holt Versäumtes nach und wird fähig, den Tod als untrennbaren Teil seines Le- bens anzunehmen." (Canacakis 1987, S. 177) Und genau dort erlebe ich im Krankenhaus oder im Hospiz die Möglichkeit der Musiktherapie: Die Musik hat eine vegetative Wirkung auf unse- ren Körper. Der Mensch hört den Klang, versucht ihn durch das limbische System (Gehirn) einzuordnen als etwas Gutes oder Bedrohliches und reagiert mit einem Gefühl, das durch eine vegetative Reaktion ausgelöst wird: Herz-, Atem-, Darm-, Blasen- oder Hautreaktionen. Der Hörer kann diese Reaktion nicht ver- hindern, denn er denkt nicht darüber nach, wenn er reagiert. Wenn der Mensch den Klang als etwas Gutes einordnet, das ihm vielleicht noch das Gefühl von Geborgenheit und Sicherheit ver- mittelt, dann ist es möglich, dass er seine Trauer loslassen kann und dass die zurückgehaltenen Tränen ihren Weg herausfinden.

Trauern ermöglicht die Auseinanderset- zung mit der Endlichkeit

Musik schafft den Raum, Gefühle zuzulassen

173

Aber genauso habe ich einmal eine junge, krebskranke Frau erlebt, die endlich ihren Tränen freien Lauf lassen konnte durch die Musik, die das aber nicht wollte und deshalb jede weitere Sitzung abgelehnt hat. Für mich stellt sich dann immer wieder die Frage, ob der Raum, den ich im Krankenhaus für die Musiktherapie biete manchmal nicht geschützt genug ist (was sich im Dreibettzimmer auch als relativ schwierig erweist) oder ob einfach noch nicht der richtige Zeitpunkt da ist für diese Frau, sich zu öffnen und die Trauer um ihre lebensbedrohende Krankheit anzugucken und zuzulassen.

Musiktherapie kann Kraft geben

Auch für Frau Wo., die im Sterben lag und mit der ich vorher häufiger Musiktherapie gemacht habe und die sich gut zur Musik entspannen konnte oder sogar selbst aktiv improvisiert hat, war am Ende ihres Lebens kein Raum mehr für Musik, oder wie sie es ausgedrückt hat: „Tut mir leid, sie kommen schon wieder zur falschen Zeit, es geht mir nicht gut." Die Vorstellung vieler Patienten, dass sie Kraft haben müssen für die Musiktherapie, hat viele Sitzungen schon gleich von Anfang an ausgeschlossen. Eine andere Begegnung zeigt noch einmal deutlich die Chance der Musiktherapie auf: Ich besuchte eine noch nicht mal 30-jährige Patientin zum zweiten Mal. Diesmal war sie nicht mehr ansprechbar und ihre Mutter saß bei ihr. Nachdem ich mit der Mutter ins Gespräch gekommen war und sie mir erzählt hatte, wie schwer es für sie sei, nichts tun zu können, bot ich an für sie beide Kantelle zu spielen. Ich sprach auch kurz die Tochter an und spielte dann für beide. Ich war am Anfang des Spiels unsicher, wie mein Spiel ankommen würde, aber im Laufe des Spiels spürte ich eine Ruhe, die sich im Krankenzimmer ausbreitete. Als ich geendet hatte, dankte mir die Mutter mit Tränen in den Augen und sagte, dass die Musik ihr gut getan habe und sie sich jetzt etwas leichter fühle und die Kraft spüre, für ihre Tochter da zu sein. Die Tochter starb in der folgenden Nacht.

Ausklang

Ich möchte schließen mit dem Liedtext von *Reinhart May*, der für mich die Hoffnung und die Chance der Auseinandersetzung mit Tod und Sterben ausdrückt. Er macht deutlich, dass wir den Tod und das Sterben oft weit wegschieben aus unserem Leben, obwohl die Auseinandersetzung damit, uns die Möglichkeit eröffnet, unser Leben mit "wachen Sinnen" zu erleben.

1.

Du hast mir schon Fragen gestellt
über Gott und über die Welt
und meist konnt´ ich dir Antwort geben.
Doch jetzt bringst du mich aus dem Lot
mit deiner Frage nach dem Tod
und was ist, wenn wir nicht mehr leben?
Da muss ich passen, tut mir leid,
niemand weiß da so recht Bescheid
solang es Menschen gibt auf Erden.
Ich stelle mir das Sterben vor,
so wie ein großes helles Tor,
durch das wir einmal gehen werden.

2.

Dahinter liegt der Quell des Lichts,
oder das Meer, vielleicht auch nichts,
vielleicht ein Park mit grünen Bänken,
doch eh' nicht jemand wiederkehrt
und mich eines bessren belehrt,
möcht' ich mir dort den Himmel denken.
Höher, als Wolkentürme steh`n,
höher noch, als Luftstraßen gehen,
Jets ihre weißen Bahnen schreiben,
jenseits der Grenzen unsrer Zeit,
ein Raum der Schwerelosigkeit, ein guter Ort, um zu bleiben.

3.
Fernab von Zwietracht, Angst und Leid,
in Frieden und Gelassenheit,
weil wir nichts brauchen, nichts vermissen.
Und es ist tröstlich, wie ich find',
die uns vorangegangen sind,
und die wir lieben, dort zu wissen.
Und der Gedanken, irgendwann
auch durch dies Tor zu gehen, hat dann
nichts drohendes, er mahnt uns eben,
jede Minute bis dahin,
wie ein Geschenk, mit wachem Sinn,
in tiefen Zügen zu erleben.

Reinhard May

Literaturverzeichnis

Canacakis, Jorgos: Ich sehe deine Tränen Trauern, Klagen, Leben können; Stuttgart: Kreuz-Verlag, 1987

Eschen, Johannes Th.: Aktive Musiktherapie; in: Lexikon Musiktherapie; Göttingen: Hogrefe-Verlag, 1996

Jansen, Eva Rudy: Klangschalen; Funktion und Anwendung; Diever (NL): Binkey Kok-Verlag, 1998

Kapteina, Hartmut: Kommunikation ohne Worte; in: Komplexe Welt der Sinne; Wilhmsdorf, 1999

Kapteina, Hartmut: Malen und Musik; Aus: Siegener Studien Heft 32, Siegen, 1982

Haffa-Schmidt, Ulrike: Am Rande der High-Tech-Medizin; Exsistenzbedingungen für Musiktherapeuten; in: Themenheft Musiktherapie in der Onkologie, Musiktherapeutische Umschau, 2000, 317 – 324

Hegi, Fritz: Improvisation und Musiktherapie; Paderborn: Jungfermann-Verlag, 1997

Mangold, Isabel und Oerter, Ulrike: „...Du kannst ja nicht das Klavier mitnehmen." Zur besonderen Situation der Musiktherapie am Krankenbett; in: Themenheft Musiktherapie in der Onkologie, Musiktherapeutische Umschau, 2000, 349 – 357

Tausch, Anne-Marie u. Reinhard: Sanftes Sterben; Was der Tod für das Leben bedeutet; Reinbek: Rowohlt-Verlag, 1996

Tiere als Helfer in der Begleitung

Carola Ottersted

Seit Anfang der 90er Jahre hat sich die *Tiergestützte Begleitung* von Menschen im Rahmen der physischen, psychischen, mentalen und sozialen Förderung, neben anderen Disziplinen, zu einer professionellen Ergänzung der Kranken- und Sterbebegleitung in Deutschland entwickelt. Auf der Basis von Erfahrungen in angloamerikanischen Ländern, wurde in Deutschland die *Tiergestützte Begleitung* vor dem Hintergrund der kulturellen Strukturen in Deutschland diskutiert und sozialgruppenspezifische Wege erprobt und ausgebaut. Ähnlich der raschen Entwicklung der Hospiz-Idee, konnte sich die *Tiergestützte Begleitung* – selbstverständlich in einem sehr viel geringeren numerischen und finanziellen Rahmen – in den deutschsprachigen Ländern in professionellen, wie ehrenamtlichen Bereichen durchsetzen.

Tierbesuchsdienste

Die *Tiergestützte Begleitung* umfasst die Bereiche der *Tierbesuchsdienste, Tiergestützte Pädagogik* und der *Tiergestützte Therapie.* Der *Tierbesuchsdienst* umfasst das ehrenamtliche Engagement von privaten Tierhaltern, welche mit ihrem Tier beispielsweise Kinder- und Altenheime besuchen. Die Tierbesuchsdienstler sind optimalerweise eingebunden in einen der auf Tierbesuchsdienste spezialisierten überregionalen Verein, wie z. B. *Leben mit Tieren e. V.* und *Tiere helfen Menschen e. V.* Gerade der Verein *Leben mit Tieren* bietet eine beispielhafte Struktur, die es dem Ehrenamtlichen ermöglicht, alle notwendigen Auflagen des Tierbesuchsdienstes zu erfüllen: Regelmäßige veterinärmedizinische Untersuchung des Tieres, Versicherungsschutz von Mensch und Tier, Kontaktaufbau zu den Heimen und supervisorische Begleitung der Tierbesuchsdienstler etc. Wie sieht ein Tierbesuchsdienst aus, welche Voraussetzungen müssen Tierhalter und Tier mitbringen, wie kann man ihn gestalten, welche Möglichkeiten und

Ehrenamtliches Engagement im Tierbesucherdienst

Voraussetzung für die tiergestützte Begleitung

Grenzen besitzt der Tierbesuchsdienst? Diese Themen werden ausführlich besprochen in der Literatur: *Otterstedt* (2001: 190 – 197), Olbrich / Otterstedt (2003: 385 – 403).

Im Rahmen privater Tierbesuchsdienste kennen stationäre Hospize Besuche von Hunden, Katzen und sogar Pferde, die der Patient noch einmal sehen und berühren möchte. Einige wenige Hospizhelfer nehmen zu ihrer ehrenamtlichen Sterbebgleitung – nach Absprache mit dem Patienten – ihr Haustier, i. d. R. einen Hund, mit.

Tiergestützte Pädagogik und Therapie

Professionelle tiergestützte Begleitung

Tiergestützte Pädagogik und *Tiergestützte Therapie* bezeichnet jene tiergestützte Begleitung, welche von professionellen Pädagogen, bzw. Therapeuten durchgeführt werden. Die Tiergestützte Pädagogik, bzw. Therapie verlangt ein pädagogisches, bzw. therapeutisches Konzept, welches Auskunft gibt, über die professionellen Vorraussetzungen von Mensch und Tier, sowie die konzeptionelle Integration des Tieres im Rahmen des professionellen pädagogischen, bzw. therapeutischen Einsatzes. Sowohl das Tier, als auch der Pädagoge, bzw. Therapeut wurden in einem der Weiterbildungsinstitute auf ihre Arbeit vorbereitet. Einem tiergestützten Einsatz liegt immer ein zielgruppen-, bzw. patientenorientiertes Konzept zu Grunde, welches aufzeigt, wie das Tier in die pädagogische, bzw. therapeutische Begleitung eingesetzt wird. Sowohl das Tier, als auch der Pädagoge bzw. Therapeut besitzen spezielle Talente. So können beispielsweise krankengymnastische Übungen mithilfe eines dafür speziell ausgebildeten Tieres bei einem Patienten durchaus einen besseren therapeutischen Erfolg erbringen, als eine herkömmliche physiotherapeutische Begleitung. Dies ist aber stets davon abhängig, ob der Patient die tiergestützte Therapie befürwortet und ob Therapeut und Tier auf diese Aufgabe professionell vorbereitet wurden.

Tiere in der Begleitung von schwerkranken Menschen

Während wiederholter Klinikaufenthalte, im Kampf mit der möglicherweise tödlich verlaufenden Erkrankung, kann der Kontakt zu dem eigenen Haustier lebens- und hoffnungswichtig sein. Und doch kann gerade die Versorgung und Pflege des Haustieres den Patienten in der schwierigen Zeit der körperlichen und seelischen, oftmals auch mentalen und sozialen Anforderungen überfordern. Es gilt selten, dem Patienten all seine Pflichten im Umgang mit dem Haustier abzunehmen, denn gerade das Versorgen eines Tieres sind wichtige rituelle Alltagsstrukturen, die uns motivieren morgens aufzustehen und feste Zeiten einzuhalten, auch zeitweise düstere Stimmungen zu meistern. In dieser Lebensphase sind allerdings Familienmitglieder, Freunde und Nachbarn hilfreich, die sensibel einspringen, wenn Überforderung droht. Muss der Patient erneut ins Krankenhaus, in die Kur oder ist durch ambulante Therapien stark beeinträchtigt, sollten mit dem Tier vertraute Menschen kundig einspringen, auch Zusammenführung von Patient und Haustier immer wieder realisieren können. Für diese Begegnungen, trotz teils intensivmedizinischer stationärer Versorgung, haben bereits einige Kliniken und Heime Begegnungsräume für die spezielle Begegnung mit Tieren eingerichtet.

Physische, psychische und mentale Relevanz des Haustieres

Die Not nach der Zeit im Krankenhaus und das Tier, – eine Hoffnung?

Gerade in der Zeit, wo der Patient die Nachricht erhält, er sei *austherapiert*, man könne so nichts mehr für ihn tun. Gerade in dieser Zeit, wo leider nach wie vor viele von ihnen erleben, wie Ärzte, Pfleger und Therapeuten sich von ihnen abkehren, die Helfer sich hilflos fühlen, gerade in dieser Phase benötigen die Patienten einer besonders engmaschigen emotionellen, wie sozialen Betreuung. Sie mit dem Rat nach Hause zu schicken: "... und machen Sie sich noch ein schönes Leben!", demonstriert eher eben diese Hilflosigkeit der Ärzte, Therapeuten und Pfleger, als dass es ein hilfreicher Rat für jene Patienten sei, die nach langer Zeit der Abhängigkeit von Klinikalltag und Therapien, sich

Zeit der Hilflosigkeit und Ohnmacht

nun im *Alltag draußen* wieder ohne feste Tagesregel zurechtfinden müssen, ... begleitet von der lähmenden Angst, was wohl auf sie zukommen wird. Wohl dem Patient, welcher vom klinikinternen Sozialdienst behutsam in die Begleitung von professionell ausgebildeten Gruppen, wie ambulante Hospize etc. entlassen wurde.

In dieser Zeit der Umorientierung (Akzeptanz, dass keine Therapie anschlug, dass der Körper auf sich gestellt ist, dass bisherige Helfer sich rar machen, dass man sich für neue Helfer öffnen muss, erneut Vertrauen aufbauen soll, Angst über die Zukunft nachzudenken, mit Familie, Freunden zu sprechen ... Angst, eine mögliche letzte Lebensphase anzudenken, zu fühlen ...), in dieser Zeit steht der Patient (aber auch seine Familie, seine Freunde) im wahrsten Sinne fassungslos allein mit seinen Fragen, seinen Gefühlen, seiner körperlichen, seelischen, oft auch sozialen Not.

Vom Tier zum Gesprächsthema

Förderung sozialer Kontakte durch Tier und Tierhalter

Immer davon ausgehend, dass der Betroffene Tiere begegnen mag, ist diese Zeit ideal für Tierbesuchsdienste. Hier können Freunde und Nachbarn sich einbringen, die ein Tier haben, welches kontaktfreudig ist. Nach Beratung durch die bereits erwähnten Tierbesuch erfahrenen Vereine, können gerade regelmäßige Tierbesuchsdienste für den Betroffenen wieder eine feste Struktur für den Alltag außerhalb der Klinik aufbauen. Hilfreich ist dabei, dass durch die Begegnung mit Tier und Tierhalter der Betroffene einen sozialen Kontakt außerhalb der Familie aufbauen kann, der nicht ausschließlich *Krankheit* zum Thema haben muss. Das Tier und die Begegnung mit ihm steht im Mittelpunkt. Und so wird es wohl auch den Tierhalter erleichtern, Kontakt mit dem Schwerkranken nicht ausschließlich über ein zentrales Thema *Krankheit, Tod* aufnehmen zu müssen. Die Anwesenheit des Tieres, z. B. durch die natürliche Dialogaufforderungen eines kontaktfreudigen Hundes, orientiert die Aufmerksamkeit des zwischen-menschlichen Gespräches zunächst auf das Tier. Darüber hinaus kann ein regelmäßiger Besuchsdienst z. B. von Nachbar (oder Tierbesuchsdienstler eines der Vereine) und Hund auch dem Angehörigen des Kranken Zeit bieten, in der er einmal Einkäufe o. a. außerhalb des Zuhauses erledigen oder sich auch diese Zeit einfach mal nur für sich und eigene Bedürfnisse nutzen kann. Diese Entlastung der Angehörigen kann nicht hoch genug eingeschätzt werden.

Vielleicht ist der Patient noch so weit mobil, dass ein Spaziergang zu Fuß oder mit Hilfe eines Rollstuhls möglich ist. Dieser ist sicherlich in Begleitung eines Tieres – Hund, Pferd, Esel oder anderen Wandertiers – um einiges spannender, als die Eigendynamik manch sich wiederholender Krankengespräche. Der Ausflug in die Natur wirkt auf die meisten Menschen ausgleichend und entspannend. Die Begegnung mit Tieren animiert all unsere Sinne und fördert i. d. R. auch die humorvolle Sicht der Dinge. Tiere geben uns – ähnlich wie Kinder – oft die Gelegenheit zu Lächeln, zu Lachen. Nicht nur, dass die durch das Lächeln, mehr noch durch das Lachen freigesetzten körpereigenen Hormone positive Stimmungen erleben lassen, das Lachen fordert auch eine tiefe Bauchatmung, die den Körper mit Sauerstoff versorgt und die eventuell von Schmerzen und Schonhaltungen verspannte Muskulatur lockern hilft. Diese positive Wirkung auf Körper und Seele sind in der Zeit der Sorge und Neuorientierung, im sich Auseinandersetzen mit der eigenen Lebensentwicklung eine besonders wichtige physische, psychische und auch soziale Bereicherung. Die tiergestützte Begleitung kann somit in dieser Phase der Kranken- und Sterbebegleitung Hilfe für den Betroffenen und indirekt auch Hilfe für die sich sorgenden Angehörigen und Freunde bedeuten.

Physische, psychische und mentale Dynamik

Schmerztherapeutische Effekte

Tiergestützte Begleitung der Angehörigen

Da wir die positiven Effekte auf das soziale Umfeld des Betroffenen immer wieder wahrnehmen können, werden bereits tiergestützte Begegnungen auch für Angehörige angeboten. Die Familienmitglieder, die oft jahrelang hohen seelischen, wie wirt-

Tiergestützte Entlastung der Familie

schaftlichen Belastungen ausgesetzt, physisch und psychisch erschöpft, durch die Fürsorge um den Kranken oftmals selber sozial isoliert sind, werden bereits in einige Projekten selber professionell tiergestützt begleitet. Nur durch eine intensive Unterstützung sind sie in der Lage, den Kranken daheim langfristig und liebevoll bis ans Lebensende zu betreuen.

Tiergestützte Begleitung in der letzten Lebensphase

Tiere im Hospiz, Alten- und Pflegeheim

Erstmalig wurde die tiergestützte Begleitung in der letzten Lebensphase in dem Buch *Tiere als therapeutische Begleiter* (Otterstedt, 2001a: 104, 2001b: 335 – 341) beschrieben. Es gibt Beispiele von Tieren, die Pfleger, Therapeuten oder Ärzte bei ihren Besuchen von Schwerkranken und Sterbenden begleiten. Aquarien und Vogelvolieren sind von stationären Hospizen und Pflegeheimen ebenso bekannt, wie *die Stationskatze*, die im Altenheim lebt und frei Kontakt zu den Bewohnern aufnimmt. Wiederholt wird von Pflegern berichtet, dass einige Katzen sich besonders zu jenen Bewohnern hingezogen fühlen, die im Sterben liegen. Andere Berichte erzählen davon, dass auch patienteneigene Haustiere, die in manchen stationären Hospizen und Heimen mit aufgenommen werden, eben gerade in den Sterbestunden sich vom Menschen wegbewegen.

Die reale Gefahr auf das Tier projizierter Forderungen

Das Tier ist Tier und nicht Mensch, besitzt artspezifische, aber eben auch individuelle Bedürfnisse, die sich im alltäglichen Verhalten abzeichnen. Die regelmäßige Beobachtung und Beschäftigung mit dem Tier und seinen Bedürfnissen, bindet nicht nur die Beziehung zu dem Tier, es ist die notwendige Basis für eine gelungene Begleitung von Menschen mithilfe von Tieren.

Überhöhte Erwartungen an da Tier

Tiergestützte Begleitung in der letzten Lebensphase fordert ein hohes Maß an Sensibilität für alle Beteiligten (Patient, Familie, Freunde, Pfleger, Therapeuten, Ärzte, Seelsorger, Hospizhelfer, etc.). Allzu oft lauten die von eigenen Bedürfnissen überlagerten Interpretationen des Verhaltens der betreffenden Tiere beispielsweise: *„Ist das nicht wunderschön, wie das Tier aber auch immer für ihn da ist?"* *„Das Tier hat sich von ihm abgewendet!"* *„Das Tier macht mehr Arbeit für uns, als das es hilfreich ist."* Aus diesen Reden wird klar, wie eng Hilfsbereitschaft und auf das Tier projizierte Forderungen miteinander verbunden werden.

So meinte ein Pfleger: „Wenn wir schon keine Zeit haben den Menschen zu begleiten, dann hat er wenigstens eine Katze!" Ein Tier als Sterbebegleiter? „So wenig wie ein Tier Therapeut ist, ist es ein Sterbebegleiter. Aber das Dasein eines Wesens kann eine gute Atmosphäre schaffen, die auch gerade in der letzten Lebensphase beruhigen kann." (Otterstedt 2001b: 340).

Soziale Interaktion zwischen Mensch und Tier

Wir können nicht davon ausgehen, dass das Tier seine Bestimmung darin sieht, *seinen* Menschen zu betreuen. Vielmehr gehen Verhaltensforscher davon aus, dass zwischen Mensch und Tier eine Ebene der Annäherung, des Interesses, der Kommunikation, der Toleranz und des Respekts sich entwickelt, sodass sich das Tier dadurch zu dem Menschen hingezogen fühlt, wie auch der Mensch zum Tier. Entsprechend artspezifisch und individuell unterschiedlichen sozialen Verhaltens, zeigt das eine Tier mehr, das andere Tier weniger Kontaktbereitschaft.

Es gibt aber auch Beziehungen der Abhängigkeit zwischen Mensch und Tier. Es gibt leider auch unter dem Mantel der Tierliebe nicht artgerechter Umgang mit Tieren, wenn z. B. der pflegende Angehörige das Tier zum *Schmusen* im Zimmer oder auf dem Bett des Betroffenen festhält. Auch das o. g. Beispiel *„Das Tier hat sich von ihm abgewendet!"* kann auf eben so eine abhängige Beziehung hinweisen: Das Tier habe sich vom Patienten abgewendet, wird dem Tier ein kausales Verhalten i. S. d. menschlichen Verhaltens zugemutet. Würde man entsprechend dem artgemäßen Verhalten, der persönlichen Gewohnheiten und Vorlieben des Tieres sein Verhalten betrachten, so würde zu erkennen sein, warum das Tier in diesem Moment den Patienten verlässt. Dieses Beispiel zeigt, wie wichtig die regelmäßige Beobachtung des Verhaltens des Tieres ist. Neben der Wissensaneignung des artgemäßen Verhaltens, ist die stetige Beobachtung die Basis der tiergestützten Begleitung.

Die schleichende Gefahr des Missbrauchs des Tieres

Überforderung als Grund nicht artgemäßen Verhaltens gegenüber dem Tier

Vor allem in Zeiten einer permanenten Überforderung äußern familiäre, wie professionelle Begleiter, dass ihnen das eine oder andere *nun wirklich aber zu viel* wird. So kann es passieren, dass das zuvor noch befürwortet Tier, nun Grund dafür sein soll, dass durch ihn eine zusätzliche Arbeit unzumutbar wird. Der o. g. dritte Ausspruch (*„Das Tier macht mehr Arbeit für uns, als das es hilfreich ist.“*) zeigt oftmals eher die Notwendigkeit der Umstrukturierung von Verantwortung und Arbeitszeiten, als eine außerordentliche Belastung durch die tiergestützte Begleitung. Wird jedoch der *Hilferuf* des Begleiters nicht gehört, ist damit zu rechnen, dass das Tier unter der Überforderung als erstes zu leiden hat. Misshandlungen sind in diesen Situationen nicht selten, oft gar eine Vorstufe zu Misshandlung auch der zu betreuenden Menschen. In diesem Fall wäre das Tier nicht in erster Linie eine positiv wirkungsvolle Hilfe in der Sterbebegleitung, als mehr (oft unbewusstes) Mittel zum Zweck die persönliche Überforderung sichtbar zu machen. In diesem Fall fällt die tiergestützte Begleitung unter Umständen durch Unbeständigkeit, geringer Flexibilität und wenig einfühlsamem Verhalten auf. Nicht selten muss so das Tier als *Warnlicht* für nicht adäquat artikulierbare Bedürfnisse der überlasteten Begleiter dienen.

Das Verhalten des Tieres als Spiegel der Belastbarkeit des Begleiters

Wir sehen nicht selten, dass das Tier zwar bei dem Betroffenen entspannt liegen bleibt, sobald aber der überlastete Begleiter sich nähert, reagiert das Tier mit Gesten von Stress, Verängstigung, Fluchttendenz. Wenn diese nonverbalen Zeichen nicht wahrgenommen werden, verwundert es den Kenner nicht, dass das Tier deutlich aggressiv wird. Das Tier[1], als Spiegel der Be-

---

[1] Da wo kein Tier diese Funktion übernimmt, kann leider zu oft beobachtet werden, dass v. a. Kleinkinder diese Rolle ausüben müssen.

lastbarkeit des Begleiters, wird in seinem Verhalten leider zu oft falsch interpretiert. Um diese Gefahr des oft unbewussten Missbrauchs des Tieres zu verhindern, ist im Rahmen der tiergestützten Begleitung – wie bei den Diensten der Hospizhelfer so erfolgreich demonstriert – eine supervisorische Betreuung unbedingt notwendig. Diese Betreuung sollte für die *tiergestützte* Begleitung selbstverständlich auch Analysen des Verhaltens zwischen Tier und Tierhalter, sowie zwischen Tier und Patient beinhalten. Erfahrene Supervisoren und Trainer arbeiten darüber hinaus mit situativen Übungen und Videoanalysen.

Erinnerungen und Emotionen in der Begegnung mit dem Tier

Tiergestützte Begleitung ist insbesondere dann erfolgreich, wenn die Tierhalter sensibel durch Biografiearbeit herausfinden, ob der Betroffene physisch, psychisch, mental und sozial von einer Tierbegegnung profitieren wird. Die Basis der tiergestützten Begleitung ist immer die eindrückliche Befürwortung des Betroffenen, einem Tier begegnen zu wollen. Aber gerade diese Bereitschaft kann sich bei der erwähnten Adressatengruppe aufgrund von Unpässlichkeit, Bewusstseinstrübung, u. a. schwerwiegenden v. a. physischen und psychischen Beeinträchtigungen innerhalb kurzer Zeit ändern. Besonders relevant ist hierbei meines Erachtens auch die Biografiearbeit, die es den Begleitern bereits im Vorfeld ermöglicht einzuschätzen, welche emotionelle Motivation mit einer Tierbegegnung verbunden werden. Tiere in der Sterbebegleitung können Erinnerungen an Erlebnisse mit eigenen Haustieren wecken. Diese Erinnerungen können den Betroffenen stärken oder auch die Trauerarbeit unterstützen. Der Sterbebegleiter muss aber auch damit rechnen, dass Enttäuschungen besonders dann stark empfunden werden, wenn die Vorstellungen nicht mit der Wirklichkeit übereinstimmen können. So hat beispielsweise eine vom Pflegedienst bestellte Tierbesuchsdienstlerin sich sehr einfühlsam auf den Besuch mit ihrem Hund bei einer schwer krebskranke Patientin vorbereitet. Sie hat sich kundig gemacht, welche Bedürfnisse die daheim versorgte Dame bzgl. des Hundebesuches haben könnte. Das jedoch, was dann passierte, hatte sie nicht vor-

Biografiearbeit als Basis der einfühlsamen tiergestützten Begleitung

aussehen können und macht noch einmal deutlich, wie sehr Sterbebegleitung auch immer mit der Biografie der Betroffenen einher-
geht. Der Pflegedienst hatte in Gesprächen mit der Patientin erfahren, dass diese früher Hunde gehabt hatte und das Zusammen-
sein mit Hunden vermissen würde. Die Dame war mit dem Besuch einer für sie noch fremden Tierbesuchsdienstlerin und dessen Hund einverstanden. Es fanden jedoch keinerlei Gespräche
statt, die der Tierbesuchsdienstlerin hätte Informationen zur Beziehung zwischen Patientin und Tieren geben können. Die
Tierbesuchsdienstlerin hatte Erfahrung mit schwerkranken Menschen und besuchte, gemeinsam mit ihrem freundlichen und
kontaktoffenen Labradorhund, die Patientin. Die Begegnung fand
im Beisein der Pflegerin statt und verlief mit einer scheinbar erfreuten und zufriedenen Patientin. Und doch entstand bereits zum
Ende der Begegnung für Pflegerin und Tierbesuchsdienstlerin eine
ersichtliche, jedoch zunächst vollkommen unverständliche emotionelle Verwandlung der Dame. Erst weitere Gespräche zwischen
Pflegerin und Patientin offenbarten, dass die Dame einerseits sich
über den Hundekontakt gefreut hatte, dann aber doch zu tiefst
enttäuscht gewesen war, sodass sie auch weitere Besuche entschieden ablehnte. Der durchaus kontaktfreudige Labrador hatte
eines vermissen lassen: Die Dame war es von ihren damaligen
Schäferhunden gewöhnt, dass diese ihr die Füße mit der Zunge
abschleckten. Und gerade diese Verhaltensweise, die bei der Dame
sowohl körperlich[2], wie seelisch intensive Erinnerungen hinterlassen hatten, hatte der Labrador ihr nicht bieten können.

Notwendigkeit von Informations- gespräche vor dem Tierbesuch

Dies eben beschriebene Beispiel zeigt, wie wichtig Vorgesprä-
che mit den Betroffenen sind, wollen wir tiergestützt begleiten.
Nicht immer sind Vorgespräche einfach zu gestalten. Gerade bei
Menschen, die teilweise oder überwiegend in der verbalen
Äußerung eingeschränkt sind, bedarf es – wie auch bei anderen
Angeboten der Begleitung – der einfühlsamen Gesprächsführung.
Das Buch *Der nonverbale Dialog, Für Begleiter von Schwerkran-
ken, Schlaganfall-, Komapatienten und Demenz-Betroffenen*

---

[2] U. a. Fußreflexzonen

(s. Literatur) zeigt alternative Gesprächstechniken – u. a. im Rahmen der tiergestützten Begleitung – detailliert auf. Im Buch *Der verbale Dialog* .... finden sich weitere wichtige Hinweise für ein vorbereitendes bzw. begleitendes verbales Gespräch im Rahmen der tiergestützten Begleitung.

Hygiene – ein Problem?

Sind die täglichen Begleiter sicher, dass der Betroffene sich eine Tierbegleitung wünscht, ist zunächst abzuklären, ob aus medizinischer Sicht etwas gegen eine Tierbegegnung spricht. In dem Buch *Tiere als therapeutische Begleiter* konnte ich ausführlich darstellen, dass selbst Menschen mit einem eingeschränkten Immunsystem mithilfe einiger einfacher Maßnahmen nicht von einer Begegnung mit einem Tier auszuschließen sind. Die im Jahr 2004 vom Robert-Koch-Institut herausgegebenen Empfehlungen unterstützen diese Ansicht und geben Institutionen, wie Altenheimen und Krankenhäusern Anregungen, wie bisherige Hygienepläne zu verändern wären, sodass einem Tierbesuch aus hygienischer Sicht nichts im Wege steht. Selbstverständlich immer vorausgesetzt, dass sowohl Gesundheit, Pflege, gute Ernährung des Tieres, sowie Verhalten von Tier und Tierhalter entsprechend ausreichend ist. Die Praxis hat gezeigt, dass nicht die Tiere für Patienten gefährliche Krankheiten übertragen, vielmehr jene Menschen, die nahen Kontakt mit dem Patienten pflegen (z. B. Angehörige, Pflegepersonal, Therapeuten und Ärzte mit Erkältung oder Bronchitis) eine viel größere Gefahr für die Betroffenen darstellen.

Gesundheit, Pflege und Hygiene – Voraussetzungen für das Besuchstier

Im angemessenen Rahmen gilt aber wohl auch für die Tierbegegnung, wie für andere Begegnungen und positive Aktionen im Alltag des Patienten: Alles was Freude und Spaß macht, mag der Betroffene selber entscheiden, was für ihn in dieser Phase des Lebens lebenswert – oder zu gefährlich, zu belastend ist. Gerade wenn eine Krankheit nicht mehr therapierbar ist, gilt – wenn es der Betroffene selber auch so empfindet –, dass nicht in erster Linie Vorsicht, vielmehr Lebensqualität und Freude Entscheidungen bestimmen dürfen.

Der soziale Aspekt der Tiergestützten Sterbebegleitung

Wie immer gilt, der Betroffene selber gibt die Richtung an. Wenn er um einen Tierbesuch bittet, dann sollte zunächst geklärt werden, welcher Tierart oder welchem (vielleicht bereits bekanntem) Tierindividuum er gerne begegnen möchte. Der Besuch gelingt insbesondere dann gut, wenn er bereits das Tier kennt und eine Vorstellung von der Begegnung mit ihm hat. Und auch die Begegnung mit dem fremden Tier kann positive Impulse in dem Alltag des Sterbenden geben. Ganz wichtig ist es, nie den Sterbenden mit einem Tierbesuchsdienst zu überraschen. Vielmehr macht es vielleicht dem Betroffenen Freude, gemeinsam mit dem Tierhalter zu planen, welches Verhalten er gegenüber dem Tier, welche Spiele, welches Leckerli, besser noch welches interessantes Spielzeug er für den Tierbesuch planen darf. Auch wenn Leckerli nicht immer im Sinne von Tierhaltern sind, ein vorbereitendes Gespräch hilft oft, dass die Leckerli artgerecht sind und später von der Futterration abgezogen werden können. Die Leckerli sollten für den Patienten von trockener Konsistenz, leicht zu fassen, auch teilbar sein. Vielleicht kennt der Tierhalter aber ein besonderes Spielzeug oder eine besondere Spielart, die er nur für die Tierbesuche zwischen Patient und Tier aufspart. So erhalten die Besuche auch für das Tier seinen besonderen Reiz. Vielleicht ist ja auch ein Spaziergang im Rollstuhl und mit Hund möglich. Vielleicht gibt es auch (Enkel-) Kinder des Patienten, die einmal bei dem Tierbesuch dabei sein mögen und – ist es ein Hund – diesen in einem lustigen Wettbewerb über leichte Hindernisse begleiten wollen.[3]

Methodisch-didaktische Aspekte in der Vorbereitung zum Tierbesuch

Die Tierbesuche erhöhen auch die Attraktivität des Patienten. So konnte die hohe soziale Attraktivität von alten und pflegebe-

---

[3] Der Tierhalter hat die Pflicht in jeder Situation auch die Bedürfnisse des Tieres zu wahren. Zu Grenzen und Möglichkeiten des Tierbesuchsdienstes finden sich wichtige Aspekte und Anregungen in Olbrich / Otterstedt (2003: 385 – 403).

dürftigen Menschen in Heimen in Studien dargestellt werden (Otterstedt, 2001). Erst regelmäßige Tierbesuchsdienste mit gemischten Tiergruppen in verschiedenen Pflegeheimen Münchens und Umland, veranlasste auch Angehörige zu generationsübergreifenden Besuchen bei den alten und oft sprachlich und körperlich eingeschränkten Verwandten.

Soziale Attraktivität alter und pflegebedürftiger Menschen durch Tierbesuche

Es scheint mir wichtig, diese Attraktivität durch den Tierbesuchsdienst auch für die Anhebung der sozialen Attraktivität zu nutzen, in der durch das bevorstehende Lebensende begrenzten Zeit der tiergestützten Sterbebegleitung, sollte das Gewicht der Tierbesuchsdienste jedoch auf die individuelle patientenorientierte Begleitung des Betroffenen liegen.

Tier in der Sterbebegleitung – Hilfe oder Störung?

Sterbezeit ist Abschiedszeit. Entsprechend der Entwicklung der körperlichen, wie seelischen Verfassung des Patienten, kann dieser Mal für eine neue Begegnung offen sein, ein anderes Mal eben aber auch schnell überfordert und desinteressiert. I. d. R. entwickeln die meisten Menschen zu ihrem Lebensende ein Bedürfnis nur noch wenige, ihnen sehr vertraute, hilfreiche Menschen um sich zu haben. Schritt für Schritt nehmen sie Abschied von den Kollegen, den Nachbarn, Freunden und Angehörigen. Und so ist es nicht verwunderlich, dass neue Begegnungen bereits recht frühzeitig von den meisten Patienten eher abgelehnt werden. Dies ist auch der Grund für die eher untergeordnete Relevanz einer tiergestützten Sterbebegleitung, die auf eine neue zwischenmenschliche und / oder Mensch-Tier-Begegnung basiert. Ist das Tier bereits im Haushalt oder dem Menschen bekannt, v. a. aber dem Patienten besonders an Herz gewachsen und angenehm in diesen Tagen, so entspricht dies auch dem Grad seiner Offenheit gegenüber der Tierbegegnung.

Tierbesuchsdienste besitzen in der Sterbebegleitung eine untergeordnete Relevanz

Professionalisierung der tiergestützten Sterbebegleitung

Seit einigen Jahren gibt es zunehmend Angebote der berufsbegleitenden Weiterbildungen für tiergestützte Pädagogik und Therapie. Nicht alle Angebote geben professionelle Techniken der Begleitung von Mensch und Tier weiter.

Qualifikation zur professionellen, tiergestützten Sterbebegleitung

Eine professionelle tiergestützte Begleitung stützt sich auf patientenorientierte Konzepte, die sich in die fachübergreifende Betreuung des Patienten integrieren. Professionelle tiergestützte Sterbebegleitung wird von einem professionellen Sterbebegleiter, Pfleger, Therapeut, Arzt, Seelsorger oder Menschen mit einer für diesen Arbeitsbereich wichtigen Qualifikation ausgeübt. Er ist Tierhalter und besitzt ein enges Vertrauensverhältnis zu seinem Tier, hat sich und sein Tier für die professionelle Arbeit weitergebildet, z. B. *berufsbegleitende Weiterbildung für Tiergestützte Pädagogik & Therapie, Ausbildung für Therapiebegleithunde*. Er lässt regelmäßig sein Tier untersuchen, trainiert und spielt mit ihm lustvoll und sorgt für eine gute Ernährung und Pflege.

Die professionelle tiergestützte Sterbebegleitung basiert auf vielfältiges Wissen zu den umfangreichen Themen der Sterbebegleitung, sowie der einfühlsamen verbalen, wie nonverbalen Begleitung von Menschen in der letzten Lebensphase, sowie der Trauerbegleitung von Betroffenen und ihren Angehörigen. Die tiergestützte Sterbebegleitung basiert auf Kenntnisse und Praxiserfahrungen in der Sterbebegleitung. Es ist förderlich, wenn zunächst ausreichend Erfahrungen gesammelt wurden ohne gleichzeitigen Einsatz eines Tieres, da so der Begleiter sich ganz auf die Interaktion Betroffener-Sterbebegleiter einlassen kann. Wird ein Tier in die Sterbebegleitung integriert, so muss der professionelle Sterbebegleiter neben den Bedürfnissen des Betroffenen und der zwischenmenschlichen Interaktion, auch die Bedürfnisse des Tieres, die Interaktion zwischen Betroffenem und Tier, sowie der daraus ergebenen veränderten zwischenmenschlichen Interaktion achten. Diese mehrschichtigen Anforderungen in der Kommunikation mit unterschiedlichsten Kommunikationsebenen (Laute, verbale, nonverbale Sprache, zwischen- und innerartliche Kommunikation) kann schnell zu Überforderungen und möglicherweise darauf resultierenden Versäumnissen führen. Die Mehrzahl von Unfällen zwischen Mensch und Tier entstehen aus derartigen Überforderungen in der zwischenartlichen Kommunikation.

Aus den o. g. Gründen ist eine ehrenamtlich tiergestützte Sterbebegleitung höheren Anforderungen unterlegen, als eine nicht-tiergestützte Begleitung. Werden die tiergestützt arbeitenden ehrenamtlichen Sterbebegleiter ebenso zeitintensiv, engmaschig und professionell aus- und fortgebildet, sowie begleitet wie Hospizhelfer, könnte dieses zusätzliche Angebot für Patienten und Angehörige ein Gewinn sein. Um den artgerechten Einsatz der Tiere zu gewährleisten, ist ein enger Austausch zwischen Hospizen und überregionalen Vereinen der Tierbesuchsdienste ebenso förderlich, wie die Zusammenarbeit bei der Auswahl geeigneter Tierhalter-Tier-Gespanne für die tiergestützte Sterbebebgleitung. So können sich die Vereinsstrukturen – Hospize und Vereine für Tierbesuchsdienste – in ihrer ehrenamtlichen Arbeit gegenseitig bereichern.

Tierhalter als ausgebildete und betreute Hospizhelfer

Für stationäre Einrichtungen wären Unterstützungsmodelle für die Integration der Haustiere der Patienten willkommen (z. B. auch Hospizhelfer, der die Pflege des Tieres übernimmt). Auch hier wäre eine Zusammenarbeit zwischen Hospizen und Tierbesuchsdiensten realisierbar.

Tiergestützte Begleitung in stationären Einrichtungen

Es ist anzustreben für Krankenhäuser, Rehakliniken, Pflegeheime und stationäre Hospize Konzepte zu entwerfen, wie man hilfreiche medizinische Technik, Naturerleben und Tierbegegnungen in den Alltag der Patienten integrieren kann. Kurzfristig sollten in jeder stationären Einrichtung ein Tierbegegnungszimmer für Begegnungen mit dem eigenen Haustier, aber auch für die Begegnung mit Tierbesuchstieren zur Verfügung stehen. Dieses Zimmer ist allein den Tierbegegnungen vorbehalten und unweit der hygieneintensiven Bereiche, sodass durch die separate Lage des

Raumes keinerlei Hygienebedenken auftreten können. Die Patienten werden eingeladen, neben Patientenverfügung auch eine Einverständniserklärung abzugeben, wenn sie Tierbesuch wünschen. So kann der Betroffene selber wählen, welchen Weg der Betreuung er wünscht.

Ehrenamtliche Versorgung von Haustieren

Es wäre wünschenswert, wenn regionale Hospize und Tierbesuchsdienstvereine Strukturen aufbauen, dass Patienten ihre Haustiere daheim versorgt wissen, solange sie ins Krankenhaus oder zur Kur müssen. Dies ist vorausschauende Hilfe, somit die Patienten nicht genötigt werden, unter dem Druck einer plötzlichen Krankeneinweisung und möglichen schwerwiegenden Diagnose kurzfristig sein Tier abgeben zu müssen. Ein betreutes Haustier aber fördert immer auch eine entspannte Betreuung und Begleitung des Menschen. Studien zeigten, dass die Klinikaufenthalte von Haustierbesitzern sich im Vergleich zu jenen Patienten ohne Haustier stark verkürzen.

Literatur

Olbrich, E.; Otterstedt, C. (Hrsg.) (2003): Menschen brauchen Tiere, Grundlagen und Praxis der Tiergestützten Pädagogik & Therapie, Kosmos Verlag, Stuttgart.

Otterstedt, C. (2001a): Tiere als therapeutische Begleiter, Gesundheit und Lebensfreude durch Tiere – eine praktische Anleitung, Kosmos Verlag, Stuttgart.

Otterstedt, C. (2001b): Diagnostik, Therapie und Begleitung mithilfe von Tieren; in: *Krankendienst*, Zeitschrift des Katholischen Krankenhausverbandes Deutschland, Nr. 10/2001.

Otterstedt, C. (2002): Therapie mit Tieren, Tiere fördern unsere körperliche Gesundheit; in: CoMed 1/2002 (S.79 – 81), Fachmagazin für Complementär-Medizin, Hochheim-Massenheim.

Otterstedt, C. (2003): Der heilende Prozess in der Interaktion zwischen Mensch und Tier; in: Olbrich / Otterstedt: Menschen brauchen Tiere.

Otterstedt, C. (2004): Aspekte der tiergestützten Therapie im Rahmen der Humanmedizin; in: Symposium Medical, Interdisziplinäres Forum für Fortschritte in Diagnostik und Therapie, 9/2004, Berlin.

Otterstedt, C. (2005a): Der nonverbale Dialog, Für Begleiter für Begleiter von Schwerkranken, Schlaganfall-, Komapatienten, und Demenz-Betroffene – mit Übungen zur Wahrnehmungssensibilisierung, verlag modernes lernen, Dortmund.

Otterstedt, C. (2005b): Der verbale Dialog, Für Begleiter für Begleiter von Schwerkranken, Schlaganfall-, Komapatienten, und Demenz-Betroffene – mit Anregungen zur kreativen Gesprächsgestaltung, verlag modernes lernen, Dortmund.

Otterstedt, C. (2005c): Die neuen Berufe der Tiere, Tiere als therapeutische Begleiter, Auswahl – Bedürfnisse – Umgang, Kosmos Verlag, Stuttgart.

Schwarzkopf, A.; Olbrich, E.; Otterstedt, C.; Rauschenfels, Chr. (2004): tiergestützte Aktivität, Förderung, Pädagogik & Therapie, Definitionen und Qualitätsanforderungen; in: Unser Rassehund, Verband des Deutschen Hundewesens, Dortmund, 7/2004, S. 16 – 17.

Weber, A.; Schwarzkopf, A. (2004): Heimtierhaltung – Chancen und Risiken für die Gesundheit, Robert-Koch-Institut, Berlin.

Humor in der Sterbebegleitung

Die Lachfalten des Todes

Werner Burgheim

1. Sterben und Humor: Zwei Gegenspieler

Empfindliche Themen sind es, Sterben, Tod und Trauer; Stichworte, die eines sensiblen Umgangs bedürfen. Ist es da nicht riskant, ja unpassend, mit Humor zu kommen, wo es doch gar nichts zu lachen gibt, wo es doch wirklich nichts zu lachen gibt? Ist der Titel des Beitrages nicht schon eine Zumutung, eine Verhöhnung trauriger Ereignisse, wie der des Sterbens und der Trauer?

Sterben und Humor: Wie geht das zusammen?

Als der Humorist und Clown *Alfred Gerhards* von einer Sterbenden eingeladen wurde, seine Sketche am Sterbebett als Abschiedsvorstellung zu spielen, war er sehr verunsichert, ob er dies annehmen kann. Manche sagten, dass sei doch unpassend und würdelos, so vom Leben Abschied zu nehmen. Als er später einen Vortragsabend mit dem Titel: „Das Lächeln am Fuße der Barre" im Abschiedsraum eines Bestattungsinstitutes vorbereitete, gab es irritierende Reaktionen: „Du wirst doch wohl am offenen Sarg Witze erzählen?" oder „Tod und Humor – wie soll das denn gehen?" oder "Werden da nicht Gefühle von Trauernden verletzt?"[1]

Und in der Tat sind solche Angebote ein riskantes Unterfangen, in dem nämlich die Ernsthaftigkeit der Situation überspielt, zugedeckt oder gar ins Lächerliche gezogen wird. Die Gefahren und Nebenwirkungen sollten gewusst und bedacht werden.

Andererseits ist das kosmische Gesetz der Polarität auch hier wirksam. Pole geben dem Leben Spannung und bringen etwas

---

[1] Gerhards, in Bischofsberger, 134 f.

Polarität

in Bewegung, bringen feste Formen ins Chaos, wo sich an dessen Rande die schönsten Formen (Fraktale) bilden. Der Mensch lebt von Gegenpolen: Einatmen und Ausatmen; Tag und Nacht; Streit und Versöhnung; Lachen und Weinen. Auch die Krisen und sogar das Böse sind Spannungszustände, die den Menschen herausfordern Widerstand zu leisten, um daran zu wachsen. Im Widerspruch findet Be-Gegnung statt wie auf einem engen Bergpfad: Unausweichlich, nur durch Auseinandersetzung und Vereinbarung ist diese Situation zu bewältigen.

Humor und Sterben sind solche Widersprüche, die sich brauchen so wie die Malerei den Schatten, wie das Schwarz-weiß-Bild das Schwarz. Der Humor braucht als Gegenspieler auch das Du, das Publikum, die Reaktionen, ein Lachen als Antwort.

Humor hat einen weiteren Gegenspiel im Inneren des Menschen. Große Humoristen und Clowns sind häufig, gleichsam als Gegenpol, zutiefst melancholisch. Wie wir noch sehen werden, setzt der Humor durch seinen Gegensatz immer Aktivitäten frei, bringt das Innere in Bewegung. Wenn Lähmung die äußere Beweglichkeit behindern und Ohnmacht und Ängste innerlich lähmen, kann oft nur noch der Humor oder das Lachen befreien. "Die Angst hat als Gegenspieler den Humor" (Viktor Frankl).

„Tragik und Humor sind ... nur darum Gegensätze, weil die eine, den anderen so unerbittlich fordert. "

Hermann Hesse

2. Was ist denn das: Humor? – Eine Sammlung

Nach dem Duden ist „Humor die Fähigkeit, Gabe eines Menschen, der Unzulänglichkeit der Welt und der Menschen, den Schwierigkeiten und Missgeschicken des Alltags mit heiterer Gelassenheit zu begegnen, sie nicht so tragisch zu nehmen und über sie und sich lachen zu können" (Duden-Fremdwörterbuch: 316).

Definitionen

Damit wird schon klar, dass Humor eine Lebenshaltung, eine Grundstimmung der heiteren Gelassenheit ist, die sich unterscheidet von kurzen, künstlichen Belustigungen und Lachsalven.

Lebenshaltung

„Eines der intimsten Kapitel über dieses Menschenwesen ist das vom Lachen und Weinen ... Wir können sagen, wenn der Mensch beginnt, in seinem Lebenslauf zu lächeln und zu weinen, so kann es für den, der die große Schrift der Natur zu lesen versteht, ein Beweis dafür sein, dass wirklich innerlich im Menschen ein Göttliches lebt, dass wenn der Mensch lacht, Gott in ihm wirksam ist, der ihn zu erheben versucht über alles Niedrige. Denn eine Erhebung ist das Lächeln und das Lachen. Und dass, wenn der Mensch weint, ist auf der anderen Seite wiederum der Gott ist, der ihn ermahnt, dass dieses Ich sich verlieren könnte, wenn es sich nicht in sich selber stärken würde gegen alles Schwachwerden und Sich-verlassen-Fühlen." (Rudolf Steiner)[2]

Wird dieses Göttliche im Humor und seine Heilkraft von anderen Menschen geweckt, ein Lächeln hervorgerufen, so ist dies ein Beitrag zur Menschlichkeit, eine Liebestat!

Auf die Begleitung und Pflege sterbenskranker Menschen bezogen, hat die Krankenschwesterlehrkraft, Dozentin und Beraterin für Humor im Gesundheitswesen, die Schweizerin *Irene Bischofsberger*, für sich und die Pflegepraxis eine hilfreich Nominaldefinition gefunden: „Humor ist ein menschliche Phänomen, das

Definition für das Gesundheitswesen

---

[2] Rudolf Steiner, 1910/1984.

199

sich trotz Gesundheitsbeeinträchtigungen und Behinderungen durch alle Lebensphasen hindurch zieht. Sowohl die Gabe als auch die Fähigkeit, Humor wahrnehmen und ausdrücken zu können, verändert sich im Laufe der Biografie. Daher können sich auch die Bedürfnisse der kranken Menschen und deren Familien in Bezug auf Heiterkeit und Lachen wandeln. Im Zentrum steht das Ziel, den krankheitsbedingten Missgeschicken und Unzulänglichkeiten mit heiterer Gelassenheit zu begegnen."[3]

Demnach ist also Humor gerade in Krisen, in der Krankheit und im Sterben ein belebender, seelisch und manchmal auch körperlich heilende Kraft, ein Kristall, der unter Druck und Schmerzen in der Tiefe wächst.

Humor
Wenn alles so traurig ist,
dass keiner mehr lachen kann,
und alles so aussichtslos,
dass es nichts mehr zu lachen gibt,
dann kann allein der Humor
immer noch ein Lächeln hervorzaubern.

Nicht, weil es Freude gibt, gibt es Humor,
sondern dort wo alle Freude gestorben ist,
an den dunklen Tagen voller Ängste,
gerade dort lebt der Humor.

Humor hilft, trotz allem zu lachen.
Humor findet man nicht durch krampfhaftes Suchen.
Humor ist ein Geschenk.
Humor lässt den Kopf lachen,
während das Herz weint.

---

[3] Bischofsberger, 35.

3. Von der Wirkmacht des Humors

3.1 Was leistet der Humor?

Humor schafft menschliche Kontakte und Kommunikation, ermöglicht, stützt und festigt menschliche Beziehungen. Humor ist ohne ein Gegenüber nicht wirksam. Gelingt der Kontakt, entsteht in der Beziehung eine neue Wesenheit, eine andere Ebene. Humor schafft auch eine Veränderung der Systeme in der Familie, im Krankenhaus, im Altenheim.

Kommunikation und Beziehungen ermöglichen

Änderungen in den Systemen

Humor kann gerade im Leiden und Sterben sich als Gegenpol entfalten, gerade und trotz aller Bedrängnisse. *Viktor Frankl*, ein Arzt und Therapeut, der das Konzentrationslager überlegte, spricht von der „Trotzmacht"des Humors, die gerade angesichts des Todes wirksam werden kann. Zum Lagehumor schreibt er in seinem bekannten Buch: „Trotzdem Ja zum Leben sagen": „So mag es noch erstaunlicher klingen, wenn ich sage, dass es dort (im KZ, W. B.) auch Humor gibt. Freilich: Wieder nur in Ansätzen und wenn, dann natürlich nur für Sekunden oder Minuten. Auch der Humor ist eine Waffe der Seele im Kampf um ihrer Selbsterhaltung. Ist es doch bekannt, dass der Humor wie kaum sonst etwas im menschlichen Dasein geeignet ist, Distanz zu schaffen und sich über die Situation zu stellen, wenn auch nur, wie gesagt, für Sekunden."[4]

Trotzmacht

Der Humor schafft Distanz auch im beruflichen Alltag, der sonst ob des täglich sichtbaren Leidens der Konfrontation mit Ausscheidung, Ekel und Verrücktheiten anders kaum auszuhalten wäre. Humor ermöglicht einen Perspektivenwechsel und stellt Situationen in einen anderen Rahmen (reframing) dar, er relativiert den bitteren Ernst der Situation und des Lebens. Oft wird eine verrückte Situation durch ein humorvolles Wort gerade noch gerettet.

Distanz schaffen

[4] Frankl, 74.

In seinem Klassiker: „Der Arzt in uns selbst" beschreibt *Norman Cousins* wie er von Schmerzen geplagt, sich schlaflos auf seiner Liege wälzt: „Nichts ist weniger lustig, als flach auf dem Rücken zu liegen, während einem alle Wirbel des Rückrades und alle Gelenke weh tun. Diese Schwierigkeiten waren nur mithilfe eines systematischen Programms zu überwinden". Die Diagnose: Eine zur Gelenksteifung führende Wirbelsäulenentzündung. Das bedeutete, dass sich das Bindegewebe im Rückrad in einem Auflösungsprozess befand ... Der Spezialist hat hinzugefügt, dass ihm persönlich kein Fall einer Genesung von dieser schweren Erkrankung begegnet sei ... Mir wurde bewusst, dass ich gut daran tat, etwas mehr zu sein als nur ein passiver Beobachter, wenn ich dieser eine Fall von 500 Heilungen sein wollte. So besorgte ich mir Filme, bei denen ich herzhaft lachen konnte ... Es funktionierte. Ich machte die freudige Entdeckung, dass zehn Minuten echten zwerchfell-erschütternden Lachens eine anästhetische Wirkung hatte und mir wenigstens zwei Stunden schmerzfreien Schlaf ermöglichten ... Wenn sich Lachen tatsächlich heilsam auf die Körperchemie auswirkt, dann war es, wenigstens in der Theorie wahrscheinlich, dass es die Fähigkeiten des Körpers, die Entzündung zu bekämpfen, verbessern würde. Zur Kontrolle lasen wir unmittelbar vor und mehrere Stunden nach den „Lachepisoden" die Blutsenkung ab. Jedes Mal war sie um mindestens fünf Punkte gesunken. Das war zwar kein wesentlicher Rückgang, aber er hielt an und verstärkte sich."[5]

Gegen Schmerz

Heilkraft

Atmung verbessern Wenn wir den Atmungsprozess beim Lachen und Weinen beobachten, so bemerken wir einen bedeutsamen Unterschied: Beim Lachen haben wir ein kurzes Ausatmen und ein langes Einatmen. Beim Weinen ist es umgekehrt: Langes Ausatmen, kurzes Einatmen. Im Weinen wird innerlich zusammengezogen, gedrückt. Die Folge ist ein langes Herauspressen des Atmens. Beim Lachen wird die Luft befreiend herausgestoßen. Lachen befreit und erleichtert, auch seelisch, neben der oben beschriebenen sonstigen körperlichen Veränderungen.

---

[5] Cousins, 27, 37 f.

„Der Humor wird, wie ein wohltuender tiefer Atemzug, Teil unseres Alltags ... Erfahrung wie Humor als eine neue Lebenseinstellung, zumindest aber als wichtigen Teil unseres alltäglichen Lebens, dann ist uns das Loslassen zu einem erfreulichen Begleiter geworden."[6]

Dass das Drama des Lebens ohne dieses befreiende Loslassen nicht zu ertragen wäre, wussten schon die Griechen. Nach jedem Drama im Theater erfolgte ein lustiges Spiel mit Narren, um einen inneren Ausgleich zu schaffen.

Der weltbekannte Schweizer *Clown Dimitri* ist überzeugt, dass sich nicht alles humorvoll darstellen lässt. Er schreibt: „Ich weiß zum Beispiel nicht, ob ich angesichts des Todes noch lachen könnte. Ich glaube, dies kann man auch nicht wissen. Ich müsste einen betroffenen Menschen nach dieser inneren Kraft fragen, die ermöglicht, dass Lachen so weit zu treiben. Eigentlich ist dies für mich die größte denkbare Form: Noch in Todesnähe lachen zu können."[7]

3.2 Dem Humor auf die Finger geschaut

Wir tun gut daran, dem Humor bei seiner praktischen Tätigkeit kennen zu lernen, um seine Wirkungsweise gebrauchen und einsetzen zu können.

Was bewirkt der Humor?

Die Personifizierung des Humors ist der Clown. An ihm können wir einiges von der Wirksamkeit des Humors entdecken. Doch von dieser Sorte gibt es zwei, die Gegenspieler sind. Doch gerade im Kontrast wird das Bedeutsame deutlich. Einmal ist da der große, wohlgekleidete Clown mit dem hohen Hut und dem weißen Gesicht. Er vertritt Wissen, Intelligenz, die Normen, spielt den Anstands-Wau-Wau, besser: Vater oder Mutter. Und dann,

Der Minimal-Clown

---

[6] Otterstedt, 89.
[7] Langfranchi, 24.

als Kontrast der „Minimal-Clown", mit dem sich die Kinder sofort identifizieren. Er ist klein, kahlköpfig und hat eine große, rote, runde Nase, überlange Schuhe, bunte Kleider, die viel zu groß sind. Er spielt auf einer Seite schräge Töne, stolpert über die eigene Füße, brüllt Geheimnisse den anderen laut ins Ohr, gießt den Kaffee in die Untertasse oder daneben und entdeckt voll Freude einen Wasserfall. Im Minimal-Clown kommt das unschuldige, tollpatschige, auch trotzige Kind spielerisch zum Vorschein. Dieser Clown hat Freude an Missgeschicken, er zeigt die Mängel und Fehler des Menschen auf, tritt heraus aus der Logik der Abläufe, übersprint die festgelegten Normen, spielt mit Freude komische Situation des Lebens. Sein Publikum, Kinder wie Akademiker, haben seine Freude.[8]

Kind und Narr

Grenzüber-
schreitung des
Clowns

„Das Einmaleins des Clowns: so meint *Max Frisch* ist, ‚dass er im Augenblick, wo er sich heldisch und würdig vorkommt, über die eigenen Füße stolpert. – Zum Wesen der Komik ... gehört das Unverhältnismäßige, das Unstimmige, das Unvereinbare."[9]

Was können wir von dem Clown Grundsätzliches lernen?

Widersprüche, Unverhältnismäßigkeit, Übertreibungen

Wodurch wirkt
Humor?

Schwellköpfe sind in der Mainzer Fasetnacht üblich, große Schuhe und die große rote Nase. Die Vorstellung, das Gesicht zu verlieren, ein Gesicht, für das ich mich schäme, verliert durch diese Nase ihren Schrecken. Diese Nase wirkt nicht entwürdigend, sondern befreiend, eröffnet den Zugang zu einer anderen Rolle, zu der des lebensfrohen Clowns.[10]

Vergrößerungen, Übertreibung, Verkleinerung

Übergroßen Schuhe geben die Erlaubnis, über die eigenen (schwachen) Füße zu stolpern. Humor macht Situationen relativ und kleiner, ob des größeren Missgeschicks, das auch noch sein könne.

---

[8] Vgl. Titze, 294 ff.
[9] Zit. nach Bischofsberger, 37.
[10] Vgl. Titze, 299.

Humor macht Kleinigkeiten durch Übertreibung größer und damit deutlicher und sichbar: Die übergroße Blume, die übergroße Spritze, die Übertreibung, Komik der Situation...

Vereinfachung, Reduktion

Die Komplexität der Welt, das übergroße Wissen der Medizin, die vielen gescheiten Fachausdrücke, dies alles reduziert der Humor auf einfache Bilder, klarwirkende Situationen, in einer für jeden verständlichen Sprache. Der Clown ist darauf angewiesen, dass sein Publikum ihn versteht, sonst gibt es Nichts zu Lachen. In der Reduktion wird seine Botschaft deutlich und wesentlich.

Verfremdung

Humor kann die Situation des Alltags verkleinern, verschlüsseln (codieren). Damit erhält der Betrachter die Möglichkeit, seine eigene Situation zu entschlüsseln, zu entdecken, über sich selbst zu lachen. So kann z. B. ein Abführmittel, das aussieht wie Kaffee durch Dekoration von Kaffeepulver dem Capuccino ähnlich werden lässt.

Distanz schaffen

Humor ermöglicht über der Situation zu stehen, sich zu erheben, sich selbst und die Situation nicht so ernst zu nehmen. In meinen Seminaren zur Sterbebegleitung, in dem viele Stunden über Sterben, Tod und Trauer gesprochen und gearbeitet wird, steuere ich mit einer Sammlung von 40 Karikaturen gegen, um die Dramatik auf diese Weise auf Distanz zu bringen und erträglich zu machen.

Ansteckung

Lachen und Weinen überträgt sich, steckt an. Dies kann sogar dazu führen, dass der Anlass des Lachens gar nicht mehr bewusst ist. Dies kann zu richtigen Lachkuren führen, in denen Tränen gelacht werden und einem nachher alles wehtut. Doch vorsichtig, man kann sich auch totlachen, oder wie die eingangs erwähnte Sterbende zum Clown sagte: „Wenn ich schon sterben muss, will ich mich wenigstens totlachen …"

Wiederholung
Lustig, komisch wirkt es, wenn eine Verhaltensweise immer wiederholt wird (running gag). Ein bekanntes Beispiel ist die Situation im „Dinner for one", in dem der Butler immer wieder über einen Tiger stolpert. Er würde wohl auch an der gleichen Stelle stolpern, wenn der Tiger gar nicht mehr dort liegen würde.

3.3 Kinder und Narren

Im Alter wieder Kind

Kinder und Alte haben viele Gemeinsamkeiten. Vielleicht ist es nötig, vor dem Sterben zu werden wie die Kinder, um in das Himmelreich eingehen zu können. Der Minimal-Clown und seine Wirkungsweise können herausführen aus der Angst, aus der Lähmung und Trostlosigkeit, durch die Trotzmacht des Humors. Demente Menschen, die mit Zahnpasta und Zahnbürste die Haare kämmen, die Unterhose über den Kopf ziehen und den Wintermantel über das Nachthemd anhaben, haben etwas vom Clown, eine Narrenfreiheit, die man sich in dieser Art nur im Alter leisten kann. Sterbenskranke haben nichts zu lachen, doch der Tod kann mitlachen, wenn trotzdem seelisch-geistig alles in Bewegung bleibt.

„Im Humor spiegelt sich der Mensch selbst in all seiner Unvollkommenheit wider.
Der Narr ist aber auch der Weise, der hinter die Dinge sieht.
Schon die Bereitschaft, über sich selbst lachen zu können,
ist ein erster positiver Strahl einer Wertschätzung.
Diese Kraft in uns zu wecken, hilft sich selbst anzunehmen.
Der Heilungsprozess hat begonnen"

Margarete Dittmer

4. Gegenanzeigen

Humor und Lachen um jeden Preis? Die Gefahr besteht, dass die aufgenommene, unkomische Situation zur Schadenfreude, zu Spott wird, ein Auslachen, dass eine ernste Situation ins Lächerliche gezogen wird. „Wer den Schaden hat, braucht für den Spott nicht zu sorgen", sagt der Volksmund.

Gefahren

Gerade im Gesundheitswesen, so konstatiert die anerkannte Professorin *Vera Robinson*, ist „der Kontext vielerorts von Stress, Krankheit, nackten Körpern, Exkrementen, Blut, invasiver Prozeduren, Trauma, Behinderung und Tod geprägt. In diesem Umfeld brauchen die professionellen Helfer/-innen ein Ventil. Aber natürlich bietet diese Situation auch den Nährboden für den Missbrauch von Humor."[11]

Krieg, Folter und Misshandlungen eignen sich offensichtlich nicht zum Lustigmachen. Aber auch schon den folgenden Witz finde ich makaber und völlig unpassend, obwohl er einige unlogische Übersprünge enthält und manche zum Lachen reizt.

Negativbeispiel

„Eine Katze lauert an einer Häuserecke und wartet auf eine Maus. Tatsächlich spaziert bald ein Mäuslein keck vorbei, erblickt die gierige Katze, stolziert mit erhobener Brust weiter und sagt nonchalant: ‚Keine Chance! Pfoten weg. Ich habe Aids.'" Im pflegerischen Bereich ist also Vorsicht geboten. Grenzen dürfen nicht überschritten und Grenzen müssen ausgelotet werden.

Grenzen erkennen

Ich bin auch misstrauisch, wenn Humor und Lachen allzu künstlich „hergestellt" wird. Diese kurzlebigen Effekte der Heiterlinge tragen nicht weit, auch nicht die Verordnung: Bitte dreimal täglich nach dem Essen lachen, nach einem Witzbuch für jede Krankheit.

Heiterlinge künstlichen Humors

---

[11] Bischofsberger, 21.

Individuelle
Gestaltung

Humor verlangt Einfühlungsvermögen und Spürsinn in die Situation, in die Deutungsmuster der Patienten und der Angehörigen. Der therapeutische Humor muss individuell gestaltet sein.

Biografiearbeit kann helfen, auf lustige, aber vor allem auf empfindliche Ereignisse und Erinnerungen der Menschen Rücksicht zu nehmen, damit das Lachen einem nicht im Halse stecken bleibt.

5. Humor als kompetente Intervention

Im Bewusstsein der Möglichkeiten und Wirksamkeiten, aber auch der Gefahren und Grenzen, soll dem aus ehrenamtlichen und professionellen Helfern/-innen bestehenden Netzwerk (Hospizgruppen, Pflegeteams) nun einige Anregungen gegeben werden:[12] Wie kann das Team selbst und mit anderen eine humorvolle Atmosphäre (trotz allem) erzeugen?

Reflektionsfragen:

1. Was bedeutet für uns und das Team Humor? Wie können wir Humor einsetzen bei Patienten, aber auch bei uns selbst, um vor dem Zuviel und damit dem lähmenden Mitleid uns schützen zu können.

Reflexion im Team

2. Wo sind die Grenzen des Humors?

3. Welche Fallbeispiele gibt es, an denen wir sie erkennen können?

4. Wie können wir humorige Kompetenz lernen und erweitern?

5. Welche Verfahrensweisen kennen wir, um unseren Humor in dem Netzwerk zu evaluieren? (Fragen zu Evaluation finden Sie in *Bischofsberger*, 260)

Konkrete Tipps:

- Sammeln Sie oder kaufen Sie Cartoons / Karikaturen. Prüfen Sie selbst oder mit anderen, ob sie darüber lachen können.

- Sammeln Sie lustige und komische Situationen und Äußerungen aus Ihrem beruflichen Alltag (Tagebuch). Vielleicht lässt sich die Wirkung durch Verfremdung, Übertreibung und Ähnliches noch verstärken.

- Tauschen Sie mit Kollegen/-innen gute Witze, Karikaturen und erlebte Situationen aus. Viktor Frankl vereinbarte mit einem Mithäftling im KZ, sich täglich gegenseitig einen Witz zu erzählen.

---

[12] Vertiefung in dem sehr hilfreichen Buch Bischofsberger.

- Beobachten Sie Clowns jetzt unter neuer Sichtweise. Vielleicht lässt sich noch mehr entdecken und abschauen.

- Laden Sie ausgebildete Klinikclowns in ihre Einrichtung ein, aber nicht, ohne das Personal und die Bewohner darauf vorzubereiten.

- Spielen Sie mit Worten, Fachbegriffen und Abkürzungen und wandeln Sie sie auf eine humorvolle Weise ab.

- Sammeln Sie Bücher, Filme, Kassetten und Spiele, bei denen man lachen und sich erfreuen kann (Lachkoffer, Patientenbibliothek).

- Geben Sie Angehörigen Tipps, welche sinnvollen, erheiternden Geschenke sie machen können. Denken Sie auch an lustige Begrüßungsgeschenke.

- Hängen Sie den Humor in Ihrem Büro und Ihre Gänge auf, verteilen Sie ihn auf Zettel, heften Sie an einen Baum, um den Humor pflücken zu können.

- An Fasching gibt es viele Anregungen zum Verkleiden. Die rote Nase des Clowns sollte keinesfalls fehlen.

- Setzen Sie sich selbst ab und zu gefühlsmäßig und sprachlich in eine humorvolle Stimmung.

- Verändern Sie in passenden Situationen Ihre Stimme, in dem Sie mit Wasser, mit einer Murmel oder mit Brausepulver im Mund sprechen. Sie können aber auch beim Sprechen statt auszuatmen einatmen. Probieren Sie es aus, der Lacheffekt wird Ihnen sicher sein.

- Holen Sie Tiere und Kinder ins Haus. Sie verbreiten Lebenslust und sorgen für lustige Situationen.

- Schreiben Sie den Humor als heilende Kraft in das Leitbild Ihrer Institution, wenn Sie dazu stehen und die Mitarbeiter genügend Erfahrung gesammelt haben (nicht als Werbeblock).

Beispiele aus meinem Lachsack (als Anregung zum Weitersammeln):

- Ein Guter Freund beim Besuch: „Lebst Du immer noch".
- Mehr zu sich selbst: „Du, Tod im Flur. So kenne ich Dich ja gar nicht".
- Oma beim Zahnarzt: „Gefällt Ihnen das neue Gebiss?" Sie strahlt mit den Zähnen bis hinter die Ohren: „Sie gefallen mir sehr."
- Zum Clown: Wenn ich schon bald sterben muss, möchte ich mich wenigstens totlachen.
- Hilft Dir selbst, sonst hilft Dir der Arzt.
- Wie schön: Im Bett mit Flügelhemd.
- Welches Parfüm? Eternity
- Die Krankenschwester: Früher schaute ich am Abend auf den Patienten, heute auf den Monitor.
- Ich freue mich schon auf deinen Nachlass: Brille, Gebiss, Perücke, Hörgerät.
- Wenn wir gestorben sind, ziehe ich wieder nach München ...

Berufliches Sterben:

- Der Matrose geht von Bord.
- Der Friseur springt über die Klinge.
- Der Lokführer liegt in den letzten Zügen.
- Der Oberförster geht in die ewigen Jagdgründe ein.
- Der Koch gibt den Löffel ab.
- Dem Bäcker geht der Ofen aus.
- Der Metzger geht den Weg allen Fleisches.
- Der Landwirt beißt ins Gras.

- Der Jäger geht vor die Hunde.
- Der Schornsteinfeger kehrt nie wieder.
- Der Golfer erreicht das letzte Loch.
- Die Putzfrau macht sich aus dem Staub.
- Der Dieb stiehlt sich davon.
- Der Philosoph gibt den Geist auf.
- Den Elektriker trifft der Schlag.
- Der Optiker schließt für immer die Augen.
- Der Musiker geht flöten.
- Dem Uhrmacher schlägt die letzte Stunde.
- Der Pfarrer segnet das Zeitliche.
- Der Atheist muss endlich daran glauben.
- Und für die Bestatter gilt das Motto: Wer anderen eine Grube gräbt, fällt selbst hinein[13]
- Der Schachspieler weiß: Am Ende des Spiels kommen Bauern und Könige in die gleiche Kiste.
- Die Krankenschwester wird vom Bestatter umgebettet.
- Der Arzt stirbt an der Überdosis.
- Dem Apotheker versagt die Pille.
- Der Richter spricht sein letztes Urteil.
- Der Beamte wird vom Schreibtisch nur umgebettet, direkt ins Krematorium.

*Der Tod lacht sich ins Fäustchen und
bekommt Lachfalten.*

---

[13] zit. nach Gerhards. in: Bischofsberger, 136.

Literatur

Bischofsberger, I, (Hrsg.): Das kann ja heiter werden. Humor und Lachen in der Pflege; Bern 2002

Cousins, N.: Der Arzt in uns Selbst. Die Geschichte einer erstaunlichen Heilung – gegen alle düsteren Prognosen; Reinbek bei Hamburg 1984

Frankl, V. E.: .... trotzdem Ja zum Leben sagen. Ein Psychologe erlebt das Konzentrationslager; 1991, 10. Auflage

Frisch, M.: Tagebuch 1946 bis 1959; Frankfurt 1985

Langfranchi, C. (Hrsg.): Dimitri. Gespräche über die Komik, das Lachen und den Narren; Dornach 2000, 3. Auflage

Otterstedt, C.: Der verbale Dialog mit Schwerkranken, Schlaganfall-Koma-Patienten und Demenz-Betroffenen, mit Anregungen zur kreativen Gesprächsgestaltung; Dortmund 2005

Steiner, R.: Lachen und Weinen, Vortrag vom 03.02.1910 Berlin; in: Metamorphosen des Seelenlebens. Pfade der Seelenerlebnisse II, GA 59; Dornach 1984

Titze,M.: Die heilende Kraft des Lachens, mit therapeutischem Humor frühere Beschädigungen heilen; München 2004, 5. Auflage

Themenhefte zum Weiterlesen:
Themenheft Nr. 136 Dr. med. Mabuse, März-April 2002,
Themenheft Nr. 2/2005 Sozialmagazin Zeitschrift für soziale Arbeit, Humor: Lachende Sozialarbeit

Miteinander Abschiednehmen

Carola Otterstedt

Einführung

Füreinander *da sein* meint auch, miteinander Abschiednehmen. So, wie wir die gemeinsame Begegnung schätzen lernen, möchten wir auch versuchen im Abschiednehmen *das* zum Ausdruck zu bringen, was für uns das *Da sein* bedeutet hat.

> *Abschiednehmen*
> *ist die Summe aller Eindrücke einer Begegnung,*
> *welche wir mit unserer Sprache und Gestik versuchen*
> *zum Ausdruck zu bringen.*

Wenn wir einen Menschen in seiner letzten Lebensphase begleiten, haben wir oft die Gelegenheit gemeinsam mit ihm noch einmal Stationen seines Lebens nachzuvollziehen. Wenn wir Teil seines Lebens waren, sind einige seiner Stationen, ein Teil seines Lebens auch unseres. Gemeinsames Abschiednehmen heißt auch, sich noch einmal gemeinsame Wegstrecken ins Gedächtnis rufen zu können, über lustige Erinnerungen gemeinsam lachen zu können, und auch sich zu trauen, über traurige Ereignisse gemeinsam zu weinen. Abschiednehmen bedeutet, in einer vertrauten Atmosphäre die Geborgenheit des Miteinander zu erleben. Nehmen Sie sich Zeit und Muße diese besonderen Momente des gemeinsamen *Daseins* zu erleben.

Geborgenheit schaffen, Vertrauen aufbauen

Kommen wir als Sterbebegleiter von außen in die Familie, so haben wir manchmal die Gelegenheit, insbesondere wenn sich eine vertrauensvolle Beziehung zu dem Sterbenden und seinen Angehörigen entwickeln konnte, ebenfalls ein intensives miteinander Abschiednehmen zu erleben. Oft ist es gerade der Sterbebegleiter von außen, der ein entspanntes Abschiednehmen in der Familie allein durch seine Anwesenheit unterstützen kann. Denn wenn die einzelnen Familienmitglieder in ihren Aufgaben entlastet und in ihrer Trauerarbeit unterstützt werden können, entsteht in ihnen die Kraft und der Wunsch, ganz bewusst den Abschied zu erleben und vielleicht sogar auch mitzugestalten.

Sterbebegleiter, die häufig Sterbenden begegnen, haben oft ein Gefühl dafür, wann Menschen sterben. Doch wäre es schade, wenn man als Angehöriger und Sterbebegleiter bis zu diesen letzten Momenten des Lebens mit dem Abschied warten würde. Abschiednehmen in der letzten Lebensphase muss nicht heißen, darauf zu warten, bis ein Arzt oder Pfleger sagt: *„In den nächsten Stunden wird Ihr Vater wohl sterben.“*

Wenn wir davon ausgehen dürfen, dass es möglicherweise mehrere Bewusstseinsebenen gibt, dann ist es durchaus möglich, dass der Mensch während des Sterbens einen Weg durch diese Bewusstseinsebenen zurücklegt. Der Mensch scheint, wie im Leben, so auch im Sterben nach *vorne* ausgerichtet. Sein Weg geht aus dem Leben ins Sterben und in dieser letzten Phase nimmt bei vielen Betroffenen das Interesse an seiner Umwelt

Loslösung Schritt für Schritt ab. Diese Loslösung aus dem Leben scheint sehr wichtig und hilfreich für die Betroffenen. Wenn wir sie aber erst in dieser wichtigen Phase auf uns und einen gemeinsamen Abschied lenken wollen, fordern wir ihre Aufmerksamkeit und unterbrechen sie in einem für sie wichtigen Schritt nach vorne.

Zeit für den Nehmen wir uns Zeit für den Abschied. Haben wir keine Angst
Abschied Abschied zu nehmen, auch wenn doch der uns liebe Mensch
nehmen noch am Leben ist. Jeden Tag verabschieden wir uns beim alltäglichen Auseinandergehen von Menschen. Nehmen wir die Gelegenheit wahr und nehmen von einem Menschen, der im Sterben liegt, Abschied zu einem Zeitpunkt, wo es gut ist, der nach unserem Gefühl gut gewählt ist. Dieser Abschied wird etwas Besonderes sein, für beide, auch, wenn danach noch viele Wiedersehen möglich sind. Dieser besondere Abschied gibt den Sterbenden für das Sterben frei.

1. Ängste und Sorgen im vertraulichen Gespräch

Der Abschied von einem Sterbenden bedeutet nichts *Endgültiges.* Wir können jederzeit, jetzt, morgen und wenn er bereits gestorben ist, noch Gedanken hinzufügen. Aber solange er lebt haben wir noch die Möglichkeit in sein Gesicht zu sehen, seine Augen wahrzunehmen, seine Hände zu spüren, mit ihm zu lachen und mit ihm gemeinsam zu weinen. Wir haben die Chance zu einem Dialog, einem Dialog, der für uns unmittelbar erlebbar ist.

> *Traulichkeiten*
> *Nicht die Traurigkeit*
> *der anderen*
> *riskieren wollen.*
> *Sein wie ich bin, der ich bin.*
> *Nicht sein, der,*
> *der nur die Traurigkeit*
> *der anderen*
> *nicht riskieren will.*

Tiefe Dialoge können von den Ängsten der Zukunft und den Sorgen um die Hinterbliebenen handeln. Gerade in Familien weiß man i. d. R. gut über die Nöte des anderen Bescheid. Wie wird die Familie ohne den Vater auskommen, der bisher für das Einkommen gesorgt hatte? Oder: Wie werden die noch kleinen Kinder den Verlust der Mutter verkraften? Aber auch: Wie sollen die Eltern, dessen Kind im Sterben liegt mit dem leeren Stuhl am Esstisch leben können? Oder: Wie wird man, wenn die alten Eltern gestorben sind, vermissen, wenn keiner mehr „*Kind*" zu einem sagt? Und: Wie wird man die Familienfeste feiern können? Wer wird sich weiter um die Familie kümmern? Wie sollen die wirtschaftlichen Probleme aufgefangen werden? Vor allem aber: Wie sehr wird man die Zärtlichkeiten des Partners vermissen? Oder: Wie soll man es ertragen, dass die Stimme des Kindes, sein Lachen nicht mehr zu hören sein wird?

Wertvolle Gespräche

Vielleicht entwickelt sich aus der gemeinsamen Trauer eine Vision, wie das Leben sich weiterentwickeln könnte. Wünsche oder gar Erwartungen an das weitere Leben der Familie, die der Begleiter dem Sterbenden verspricht zu erfüllen, sind nicht unproblematisch. Wie die Familie den Sterbenden loslassen muss, so muss auch dieser versuchen sein Leben und seine Familie loszulassen. Er wird seinen Weg gehen. Die Familie wird versuchen ihren Weg im Leben zu gehen. Versprechungen können die Loslösung und den Trauerprozess, sowie auch die weitere Lebensentwicklung behindern.

*Zwei lebens-
und sterbens-
wichtige Gesten*

Das Gespräch gibt beiden, dem Sterbebegleiter, wie auch dem Sterbenden, der im Sterben liegt, die Möglichkeit für zwei *lebens-* und *sterbenswichtige* Gesten: Wir, sowohl der Sterbebegleiter, als auch der Sterbende, haben zum einen die Chance um Verzeihung zu bitten für Dinge, die wir dem anderen angetan haben; zum anderen ihm zu danken, für Dinge, die er uns im Leben geschenkt hat. Es ist nicht immer ganz einfach Worte für all dies zu finden, was wir gerne dem anderen sagen wollen: *„Du weißt, was ich Dir jetzt sagen möchte ... “*. Aber wir spüren, wenn Augen und Herz sprechen, und durch die Wahrhaftigkeit wird Abschied möglich.

2. Umgang mit Schuld und Vergebung

Während unseres Lebens begegnen wir Situationen, in denen wir durch unser Verhalten schuldig werden an einem anderen Menschen. Unser Handeln empfinden wir selber im nachhinein als nicht angemessen und immer dann, wenn wir an dieses Erlebnis uns erinnern, fühlen wir Scham. Gerade in der letzten Lebensphase bedrücken diese Erlebnisse von Schuld, insbesondere dann, wenn noch kein Weg der Vergebung gefunden werden konnte.

Scham

Schuld ist nur ertragbar, wenn wir Hoffnung auf Vergebung haben dürfen. Das Gefühl der Schuld ist für uns so schwer zu ertragen, dass wir uns versucht sehen, das Geschehene in Gedanken beiseite zu schieben, es zu verdrängen. Manchmal auch möchten wir uns selber nicht schuldig sehen und sind schnell dabei, wenn die Möglichkeit besteht, einem anderen die Schuld zuzuschieben. Oft erleichtert es uns bereits scheinbar, wenn wir dem anderen nur die Ursache des Schuldigwerdens vorwerfen können.

Von der Not, Schuld verdrängen zu müssen

Der sterbende Ehemann zu seiner Ehefrau: *„Hättest Du damals nicht immer seine Partei ergriffen, ihm auch noch Geld zugesteckt, dann hätte ich gar nicht so weit gehen müssen, unseren Sohn aus dem Haus hinauszuschmeißen. Dann würde er mich jetzt vielleicht auch besuchen wollen."*

Oder die sterbende Mutter zu ihrem Sohn: *„Du musstest aber auch immer deiner Frau Recht geben. Vielleicht wäre alles anders gekommen und meine Enkelkinder würden mich auch mal hier im Altenheim besuchen. Jetzt kommst du auch nur noch einmal im Monat vorbei."*

Schuld kann überall da gelebt werden, wo Menschen miteinander in Beziehung kommen. Mit jeder Begegnung kann ich auch schuldig werden. In einer Begegnung mit anderen Menschen gehe ich nicht nur das Risiko von Missverständnissen ein, ich kann durch mein Handeln auch jederzeit, bewusst oder zunächst unbewusst, schuldig werden. Erkenne ich eine Schuld, so ist es wichtig, erneut in Beziehung zu treten mit jenem Mitmenschen, an dem ich schuldig geworden bin. Eine Verweigerung dieser Beziehung würde ein Bewusst-Schuldigwerden bedeuten, denn ich verweigere dem anderen, ihn um Vergebung zu bitten. Der Verletzte kann erst durch eine erneute Beziehung mit dem Schuldner dessen Schuld verzeihen lernen.

Umgang mit der Schuld

Das menschliche Handeln ist ansich auf ein Gelingen, nicht auf ein Schuldigwerden ausgerichtet. Wenn wir nun doch einmal schuldig werden, dann steht unserer Psyche verschiedene Schritte im Umgang mit der Schuld zur Verfügung.

1. Wir versuchen die Schuld von uns zu weisen, sie abzuschieben.

2. Wir verdrängen unsere Schuld.

3. Wir beginnen und versuchen unsere Schuld zu verarbeiten.

Die Ziele einer Verarbeitung der eigenen Schuld könnten lauten:

Das Annehmen der Schuld führt zum Frieden

1. Die Schuld fragt nach Vergeltung, nach einem angemessenen Ausgleich.

2. Die Schuld bittet nach Vergebung, um Verzeihung für das Leid.

3. Die Schuld sucht nach Versöhnung, einem gemeinsamen Band des Friedens.

Warum aber sollte man sich nun auf den gar nicht so einfachen Weg der Schuldverarbeitung machen? Verantwortung für seine Schuld übernehmen heißt, als mündiger Menschen auch die Verantwortung für sein Handeln und einen daraus entstandenen möglichen Schaden zu übernehmen. Erst, indem ich meine Verantwortung gegenüber der Schuld zeige, wird eine Versöhnung möglich und besteht die Hoffnung auf einen inneren, seelischen Frieden.

Für einen sich-schuldig-fühlenden Menschen ist es nicht einfach mit anderen Menschen über die Situation der Schuld zu sprechen. Vor allem wenn es Angehörige oder Freunde sind, hindert die Scham sich über seine Schuld auszusprechen. Gerade aber am Ende des Lebens kann die Schuld sehr bedrückend wirken. *Wie werde ich mit meiner Schuld sterben können?* Oder auch: *Könnte ich noch einmal diesen Menschen an dem ich schuldig geworden bin treffen, ihn um Verzeihung bitten?*

Eine einfühlsame Begleitung, vielleicht durch einen außenstehenden Sterbebegleiter, kann in der Verarbeitung von Schuld sehr hilfreich sein. Vertrauensvolle Gespräche über die Situation, die zur Schuld führte, sowie weitere Lebensumstände können den Sterbenden helfen, für sich neue Wege im Umgang mit der Schuld zu suchen.

Einfühlsame Begleitung

Schuld entsteht durch menschliche Beziehungen. Und Schuld kann vergeben werden durch eine wiederaufgenommene Beziehung der beteiligten Menschen. Vergebung und eine mögliche Versöhnung entstehen auf der Basis einer Wiederannäherung der zunächst noch gestörten Gemeinschaft. Dabei dürfen die Beteiligten allerdings nicht erwarten, dass die durch die Schuld entstandene Verletzung ungeschehen gemacht werden kann. Oder dass durch eine Versöhnung die Beziehung zueinander wieder wie zuvor sein wird. Das Erlebte wird, im günstigen Verlauf, zu einer Reifung der Beziehung führen. Vergebung und Versöhnung kann die Gemeinschaft wieder erlebbar machen helfen und das Geschehene als einen Teil des gemeinsamen Lebens zu erfahren suchen.

Vergebung und Versöhnung

Der Weg der Schuldbewältigung ist ein partnerschaftlicher Weg, der *den* Menschen benötigt, an dem man schuldig geworden ist. Die erneute Ansprache ist ein Wagnis sich diesem Menschen anzuvertrauen.

Weg der Schuldbewältigung

Vielleicht wird es für den Sterbenden möglich sein, noch einmal die für seine persönliche Schuldbewältigung wichtigen Menschen zu begegnen (ggf. auch über Brief oder Telefon). Da aber oft Menschen aus der ferneren Vergangenheit betroffen sind, kann es problematisch werden, ihren Aufenthaltsort ausfindig zu machen; möglicherweise sind sie bereits verstorben. Als Sterbebegleiter haben wir dann die Chance dem Betroffenen durch die Meditation einen weiteren Weg der Schuldverarbeitung aufzuzeigen. In

Meditation
einem Gebet oder in einer Meditation können wir unsere Gedanken auf die Situation der Schuld richten, auf die beteiligten Menschen, sowie auf unser eigenes schuldhaftes Handeln. Wenn wir den Menschen, an denen wir schuldig wurden, nicht mehr leibhaftig begegnen können, so können wir sie aber in unseren Gedanken um Verzeihung bitten.

Vielleicht haben Sie ja bereits in Ihrem Leben die Erfahrung gemacht, dass Ihre Gedanken auch andere Menschen erreichen. Wir wissen nicht, wie diese Gedanken Verstorbene erreichen können, aber wir können hoffen, dass unsere Gedanken und unsere Bitte um Versöhnung erhört werden.

Die folgende Meditation steht als Beispiel für viele hilfreiche meditative Wege die Schuld zu bewältigen, wenn eine reale Zusammenkunft dem Sterbenden nicht mehr möglich ist.

Kleine Meditation

Die Bitte als
Ruf nach
Vergebung der
Schuld
Bitte um Vergebung der Schuld
Das *Zauberwort* für die Vergebung der Schuld heißt „*Bitte!*". Aber kann unser „*Bitte!*" überhaupt gehört werde, wenn da keiner ist, den wir um Vergebung bitten können?

- Schließen Sie bitte die Augen.
  Nehmen Sie sich die Zeit und Ruhe in sich hinein zu lauschen.

- Stellen Sie sich vor, Sie sind in einer großen Schlucht, umgeben von hohen grauen Felsen.

- Noch sehen Sie nur diese Felsen um sich herum.
- Sie haben keine Angst, aber Sie spüren Ihre Anspannung.
- Sie ahnen, dass am Ende der Schlucht ein Ausgang sein muss, dass über Ihnen die Schlucht sich zu einem Himmel öffnen wird, aber Sie können ihn nicht sehen.
- Sie setzen sich auf einen Felsbrocken nieder und besinnen sich auf den Moment, in dem Sie schuldig geworden sind.
- Was war da um Sie herum? Sie hören wieder die Geräusche von damals.
- Sie sehen wieder das Licht und nehmen die Gegenstände war.
- Welche Personen waren um Sie herum? Wo standen oder saßen Sie?
- Und dann wurde auch gesprochen.
  Sie hören einzelne Wörter, ganze Sätze.
  Sie sehen die Gesichtsmimik Ihres Gegenübers, seine Gesten.
- Erinnern Sie sich noch an Ihre Gefühle von damals? Wie haben Sie sie geäußert?
- Welche Wörter, welche Gesten haben Sie verwendet?
- Halten Sie bitte kurz inne, als würden Sie einen Film anhalten können.
  Betrachten Sie die Szene!
- Gibt es irgend etwas, was Sie gerne wieder rückgängig machen würden?
  Trauen Sie sich dies den beteiligten Menschen jetzt zu sagen!
- Versuchen Sie ihnen alles zu sagen, was Sie ändern möchten.
- Das Bild der vergangenen Szene wird jetzt langsam, nach und nach vergehen.
- Sie sitzen auf einem Felsbrocken in der großen Schlucht.
- Sie fühlen sich matt und erschöpft, haben aber die Kraft sich langsam zu erheben und stehen in der Mitte der Schlucht.

- Sie haben die ganze Schlucht für sich alleine.
- Versuchen Sie jetzt an die Menschen zu denken, an die Sie schuldig geworden sind.
- Sie haben alle Freiheit jetzt um Vergebung Ihrer Schuld zu bitten. Schreien oder rufen Sie, so laut Sie mögen. Es kann auch nur das eine Wort sein: „Bitte!"
- Horchen Sie in die Schlucht hinein.
- Wandern Sie langsam durch diese Schlucht. Nehmen Sie sich Zeit. Wenn ein belastender Gedanke vor Ihnen auftaucht, wiederholen Sie ruhig: „Ich bitte um Verzeihung!".
- Vielleicht entdecken Sie irgendwo ein Stück des Himmels über der Schlucht, oder Sie erreichen das Ende der Schlucht.
- Setzen Sie sich dann erneut nieder auf einen der Felsbrocken. Und wenn Sie mögen, sagen Sie „Danke!"

Begegnung mit der eigenen Schuld

Durch die Begegnung mit unserer eigenen Schuld werden wir nicht zu Unschuldigen oder *Heiligen*. Durch den Mut, unserer eigenen Schuld begegnen zu können, werden wir zu *Menschen*. Wenn wir in uns das Vertrauen suchen, dieser Schuld zu begegnen, haben wir die Chance, um Versöhnung zu bitten.

Nicht immer ist für uns der Weg durch die *Schlucht*, durch die Verarbeitung unserer Schuld einfach zu finden. Das Ende der Schlucht oder das Himmelslicht über uns können wir nicht immer erkennen. Aber mit jedem „Ich bitte um Verzeihung!" sind wir dem Ausgang aus der Schlucht und dem Blick in den Himmel ein Stück näher gekommen. Dabei kann keiner wissen, wie häufig ein Mensch um Verzeihung bitten wird, bis er diesen Punkt auf seinem Weg erreicht. Jeder Weg, auch der der Schuldbewältigung, ist ein sehr individueller Weg und ist Teil unseres gesamten Lebensweges.

Gehen wir eigentlich ganz alleine durch diese Schlucht? Woher nehmen wir die Kraft und den Mut diesen Weg auf uns zu nehmen? Vielleicht ist es das vertrauensvolle Wissen, dass über der Schlucht ein Himmel und am Ende der Schlucht ein Ausgang sein wird. Neben diesem vertrauensvollem Wissen steht die Hoffnung, dass jeder von uns den Himmel erblicken und das Ende der Schlucht erlangen kann. Dieses vertrauensvolle Wissen und diese Hoffnung bilden die Basis für einen ganz persönlichen Glauben. Einen Glauben, dass die Erlösung von der seelischen Not möglich ist.

Vertrauen und Hoffnung pflegen

Eine Meditation zu dem Thema Schuld und Vergebung kann auch über das Lesen von biblischen Texten, z. B. der Psalmen angeregt werden.

3. Menschen, die wir aus den Augen verloren haben, neu begegnen können

Schweigen gestalten

Wie können wir eine Wiederbegegnung nach Jahren des Schweigens gestalten? Das Schweigen betrifft Menschen, die sich eine lange Zeit nicht begegnet sind, aber auch beispielsweise Familienmitglieder, die trotz der zeitweisen Begegnungen, z. B. auf Familienfesten, keine Möglichkeit fanden, miteinander über jene Themen zu sprechen, welche ihnen nun vielleicht wichtig geworden sind.

Erwartungen und Ängste

Es ist nicht ganz einfach einem Menschen zu begegnen, dem man lange Zeit aus den Augen verloren hat. Wie ist sein Leben seit der letzten Begegnung verlaufen? Wird er sich noch an mich erinnern? Hat er noch Interesse an einer Begegnung mit mir? Ist ihm eine bestimmte Situation, die mir so wichtig war, noch in seinem Gedächtnis, ihm vielleicht auch wichtig? Wie kann man so eine Begegnung überhaupt erbitten, beginnen?

Eine schöne Möglichkeit ist es, wenn man eine Einladung zu einer gemeinsamen Unternehmung mithilfe der Post versendet. Eine Postkarte oder ein kleiner Brief gibt dem anderen die Gelegenheit in aller Ruhe auf die Einladung zu reagieren. Als Sterbebegleiter können wir z. B. eine Auswahl von schönen Postkarten oder von farbigem Briefpapier, sowie unsere Hilfe beim Schreiben anbieten.

Einige Tipps für eine erste Begegnung

- Es ist einfacher, wenn die Begegnung zunächst zeitlich begrenzt ist. Ein wiederholtes Treffen und die Vorfreude darauf ist manchmal schöner, als sich bei einer Begegnung restlos zu verausgaben.

- Um eine seelisch belastende Wartezeit zu vermeiden, ist es besser einen nahen Termin der Begegnung vorzuschlagen.

- Die Zeit der Begegnung sollte den Zeitraum betreffen, in dem der Sterbende sich normalerweise am kräftigsten fühlt.

- Eine Begegnung ist zwangloser, wenn man sich auf einem *neutralen* Boden trifft, also nicht daheim, vielmehr besser einen kleinen Ausflug macht.

- Wenn man unsicher ist, ob man sich überhaupt noch etwas zu sagen hat, ist es besonders schön, wenn man das Treffen mit einer Unternehmung verbindet, wie einem kleinen Konzert, einem Besuch im Theater, Museum oder Tierpark, usw.

  Angenehme Atmosphäre und Freiräume schaffen

- Wenn der Sterbende Hilfe benötigt, ist ein kleiner gemeinsamer Spaziergang angenehm, bei dem z. B. während einer Pause bei Parkbänken, die Begleitung des Sterbenden sich auch einmal dezent entfernen kann.

- Wenn der Sterbende sein Heim nicht verlassen kann, ist es aber auch möglich spielerisch die Einladung so zu formulieren, als würde sein Besucher und er sich z. B. in einem Café treffen. Mit ein bisschen Hilfe und Lust am Spiel kann man mit einfachen Mitteln auch daheim eine Kafeehausatmosphäre basteln. Die veränderten Räumlichkeiten können den Sterbenden und seinen Gast über eine mögliche anfängliche Befangenheit hinweghelfen. Und wenn jeder am Rollenspiel Gefallen findet, dann gibt es bestimmt viel zum Lachen.

- Je phantasievoller eine Einladung zu einer gemeinsamen Begegnung ist, um so größer die Neugierde des Besuchers, und um so weniger groß sind möglicherweise die Bedenken bzgl. dieser Wiederbegegnung.

Vor einer Wiederbegegnung stehen eigene Wünsche und Erwartungen an das Treffen, die Vorfreude, aber auch Bedenken und Furcht, wie die Begegnung sich entwickeln wird. Als Begleiter haben wir die Möglichkeit in der Zeit des Wartens auf die Begegnung, dem Sterbenden unser Ohr zu *leihen*. Manchmal hilft es Sterbenden, wenn sie immer wieder Variationen einer möglichen Wiederbegegnungsszenerie durchspielen.

Wiederbegegnungsszenerie

4. Das Abschiednehmen: Ordnen der persönlichen Dinge

Was machen wir, wenn wir auf eine Reise gehen? Wir planen, was wir mitnehmen, was wir zurücklassen, wer von unseren Freunden sich um das Haustier oder die Pflanzen kümmern mag. Wir schauen noch einmal nach, ob auch unsere persönlichen Dinge geordnet sind, ob wir Geld, den Pass und die Tickets für die Reise bereitgelegt haben. Das Ordnen unserer persönlichen Dinge ist eine wichtige Vorbereitung für den nächsten Schritt, den wir machen möchten. Wir bereiten uns im Ordnen unseres Lebensraumes auch seelisch auf die Reise und den Aufenthalt an dem anderen Ort vor. Wir entscheiden uns, was wir in der Zukunft benötigen und welche Dinge wir zurücklassen können, wen wir umsorgt haben möchten und was wir benötigen, damit wir uns selber umsorgt fühlen. Das Beschäftigen mit dem Ordnen unserer persönlichen Dinge ist ein wichtiger Schritt für die Zukunft, heißt es auch in den vielen kleinen Entscheidungen Vergangenes im Guten, wenn auch nicht immer leicht zurücklassen, verabschieden zu können, und sich dadurch für den weiteren Weg auch seelisch Erleichterung zu schaffen.

Ordnen von persönlichen Dingen als Teil des Lebens Das Ordnen von persönlichen Dingen ist Teil des Lebens. Aber gerade in Zeiten der Krankheit, von persönlichen Krisen und insbesondere in der letzten Lebensphase erlangt die Beschäftigung mit persönlichen Dingen für viele Menschen eine große Bedeutung. Als Begleiter können wir die Sterbenden nur ermutigen sich ihren persönlichen Dingen zu widmen, denn es ist eine Hilfe im Abschiednehmen und ein Teil der Fürsorge für den Sterbenden selber und die Angehörigen. *„Aber Mutter, für ein Testament ist es doch noch viel zu früh. Dir geht es doch zur Zeit wieder ganz gut. "* Beruhigen Sie die Angehörigen, dass seine persönlichen Dinge zu ordnen, nicht notwendigerweise bedeutet, nun auch Sterben zu wollen. Und unterstützen Sie den Sterbenden in seinen Wünschen. Mit einem sensiblen Gesprächsangebot können Sie vielleicht als Sterbebegleiter vom Sterbenden erfahren, welche Motivation hinter seinem Wunsch steht. Versuchen Sie ihm Vertrauen und Geborgenheit zu vermitteln, ohne dass Sie ihm sein Handeln auszureden versuchen.

Es gibt unterschiedliche Motivationen mit dem Ordnen seiner persönlichen Dinge zu beginnen:

Ordnung schafft auch verbindliche Beziehungen

- Vorsorge treffen für den Fall einer akuten Verschlechterung

- Ausdruck von Ängsten, durch eine mitgeteilte Diagnose oder durch eine aktuelle gesundheitliche Verschlechterung

- Fürsorge der Familie und nahestehender Menschen, Tieren usw. (Testament)

- Fürsorge der eigenen Person (ärztliche Versorgung, Pflege, Patientenverfügung, Betreuung, Bestattung)

- Fürsorge im Alltag: Umgang mit Verträgen und wirtschaftlichen Werten (z. B. Umschreiben von Mietverträgen, Krediten, Versicherungen, Hausbesitz, Konten und Sparguthaben usw.)

- Ein Teil seiner Persönlichkeit durch persönliche Geschenke und Andenken weitergeben wollen

Die größten Sorgen machen sich Sterbende, wie ihre Angehörigen weiterleben können, wenn Sie selber einmal gestorben sind. Nicht nur finanzielle Probleme entstehen, vielmehr auch die soziale und emotionale Fürsorge steht hierbei im Vordergrund. Gerade wenn Elternteile schwer erkrankt sind und ihrem Sterben entgegensehen müssen, sind die Sorgen um ihre Kinder ein wichtiges Thema in der Begleitung. Oft bestehen die Kontakte zu den Pateneltern der Kinder nur noch sporadisch. Die durch private Interessen oder die Arbeitsmarktsituation bedingte Dezentralisierung von Familien und Freundeskreisen, verursacht häufig die Entfremdung zwischen Pateneltern, Großeltern und Kindern. Wenn dann ein Elternteil erkrankt, sind es oft eher nahe Freunde im unmittelbaren Lebensumkreis, die sich den Kindern verstärkt zuwenden. Für die betroffenen Eltern ist es sehr wichtig, in dieser Zeit verbindliche Beziehungen zu erleben. So wie man sich auf einen Verwandten, die Großeltern oder auch die Pateneltern verlassen würde, so sind Freunde, die sich jetzt der Kinder verlässlich annehmen, wichtig. Ein Sterbebegleiter kann diese begleitenden Freunde ermutigen, sich als verlässlicher Partner anzubieten. Es gilt hier dem kranken Elternteil, aber auch dem begleitenden Partner zu versichern: *„Ich bin für eure Kinder da. Ihr könnt sie mir anvertrauen, damit ihr für euch Zeit habt. Und damit auch später der trauernde Elternteil nicht alleine da steht."* Versuchen Sie behutsam in diese Entscheidungsprozesse die Kinder miteinzubeziehen. Die Zuneigungen von Kindern zu der einen oder anderen Person sollen soweit es geht berücksichtigt werden. Günstig ist es auch den *Paten* frühzeitig in die durch die Krankheit neu entstandene Familiensituation mit einzubeziehen. Motivieren Sie die beteiligten Erwachsenen zu Gesprächen, in denen sie ihre Vorstellungen und Wünsche in Bezug auf die Gestaltung des gegenwärtigen und zukünftigen Alltags versuchen zu formulieren. Beziehen Sie immer wieder den erkrankten Elternteil in die Überlegungen mit ein, aber versuchen Sie auch Rücksicht darauf zu nehmen, wenn er aufgrund körperlicher und seelischer Erschöpfung sich aus dem Verantwortungsbereich mehr und mehr herausnimmt. Es wird zum einen für den kranken Elternteil nicht einfach sein zu sehen, wie die Menschen um ihn herum mehr und mehr auch ohne ihn das Leben meistern lernen. Auf der anderen Seite, kann gerade daraus für ihn eine zusätzliche Hilfe zur Loslösung entstehen.

Verbindlichkeit ermöglicht Vertrauen und Loslösung

Seelische Unterstützung

In der Begleitung können wir Sterbende seelisch, aber auch durch die Vermittlung von sachkundiger Information beim Ordnen ihrer persönlichen Dinge unterstützen. Als Sterbebegleiter sind wir nicht Experten z. B. für Testamentverfassung, aber wir haben die Möglichkeit, den Sterbenden und seine Angehörigen auf Berater aufmerksam zu machen. Oft können auch Hospizvereine Rat geben, bei welchen Stellen in Ihrer Region man welche spezielle Beratung erhält. Unterstützen Sie den Betroffenen, dass er sich mindestens zwei verschiedene Berater anhört, bevor er sich entscheidet. Dies kostet ihn mehr Kraft und Geduld, aber nur so können eventuelle Fehlinformationen und ungünstige Entscheidungen vermieden werden.

Wenn wir unsere persönlichen Dinge beginnen zu ordnen entdecken wir oft liebgewonnene Gegenstände, die wir gerne anderen Menschen vermachen möchten. Aber auch finanzielle oder materielle Werte wollen wir uns nahestehenden Menschen oder vielleicht auch karitativen Verbänden zukommen lassen. Vom Gesetzgeber ist eine Erbverteilung vorgegeben, wonach dem Lebenspartner und den Kindern ein bestimmter Pflichtteil zusteht. Darüber hinaus aber kann der Betroffene jederzeit ein Testament aufsetzen, in dem er seine Vorstellungen formuliert. Dieses Testament sollte möglichst handschriftlich verfasst werden und mit Ort, Datum und Unterschrift versehen an einer auffindbaren Stelle abgelegt werden. Gut wäre auch, wenn der Sterbende ihm nahe stehenden Menschen über den Ort informieren, wo das Testament abgelegt ist.

Testament verfassen

Wenn der Sterbende nicht in der Lage ist mit der Hand das Testament zu verfassen, kann dieses auch im Diktat per Maschine geschrieben werden. Orts- und Datumsangabe sowie Unterschrift dürfen nicht fehlen. Diese Angaben sollten durch die Unterschrift von zwei Zeugen bestätigt werden.

Bestehen größere wirtschaftliche Werte, oder der Sterbende stellt sich eine außergewöhnliche Verteilung seines Erbes vor, dann ist es von Vorteil sich durch einen Notar beraten zu lassen und ihm die Aufsetzung des Testamentes zu überlassen. Es ist durchaus auch möglich, dass der Notar einen Hausbesuch macht bzw. den Sterbenden in der Klinik besuchen kommt.

Jeder von uns hat einige sehr persönliche Dinge, die wir unseren ganz *persönlichen Schatz* nennen. Dieser *persönliche Schatz* besteht oft aus Briefen oder den Eintragungen in einem Tagebuch. Da gerade schriftlich niedergelegte Gedanken, wie in Brie-

Der persönliche Schatz

Zum Schutz der Intimität schriftlicher Gedanken

fen und Tagebüchern, unser ungeschütztes Sein wiedergeben, sollten wir als Sterbebegleiter den Sterbenden auch motivieren darüber nachzudenken, was mit diesen Schriftstücken geschehen soll, wenn er sterben sollte. Diese Gespräche bedürfen ein großes Einfühlungsvermögen, um dem Sterbenden zu zeigen, dass Sie als Sterbebegleiter nicht am Inhalt, wohl aber an dem Schutz der Intimität seiner niedergeschriebenen Gedanken interessiert sind. Machen Sie ihm Mut, in Ruhe darüber nachzudenken, wem er diese Schriftstücke später zum Lesen geben möchte, oder ob sie beispielsweise bei seiner Bestattung im Rahmen eines Rituals mit ihm beerdigt werden sollen.

Persönliches Andenken als Abschiedsgeschenk

Oft mögen Menschen in ihrer letzten Lebensphase ihren Angehörigen, Freunden und Begleitern ein persönliches Andenken als Abschiedsgeschenk und Erinnerung an den gemeinsamen Weg übergeben. Dies können Gegenstände sein, die diese Menschen miteinander verbinden, sie an besondere Momente des Zusammenseins erinnern oder aber auch für den Empfänger einen persönlichen Wert besitzen. Sterbebegleiter kommen manchmal in die Verlegenheit, dass sie ein Geschenk von dem Sterbenden als Dank für ihre Begleitung erhalten. Dieses Geschenk kann einen beträchtlichen finanziellen Wert darstellen oder für die Familie des Sterbenden ein persönliches Andenken

Annahme von Geschenken

bedeuten. Nimmt der Sterbebegleiter ein Geschenk an, so kann es manchmal zu unschönen Auseinandersetzungen mit der Familie um eben dieses Geschenk gehen. Lehnt er das Geschenk ab, so wird er den Schenkenden enttäuschen, ihm die Gelegenheit zum Dank verwehren und die vertrauensvolle Beziehung möglicherweise gefährden. Gute Erfahrungen können wir als Sterbebegleiter jedoch machen, wenn wir stattdessen dem Betroffenen wahrhaftig erklären können, dass bereits die Begegnung mit ihm für uns ein Geschenk ist. Als Erinnerung an Ihrer beider Begegnung würden Sie sich über ein Foto sehr freuen. Wenn er damit einverstanden ist, bitten Sie ihn um ein bereits bestehendes Foto von ihm oder fragen Sie ihn, ob es ihm recht ist, wenn Sie ihn fotografieren.

Das Ordnen persönlicher Dinge umfasst auch die Person des Betroffenen selber. Wir können ihn als Begleiter frühzeitig auf Hilfen hinweisen, die ihn in seiner Fürsorge um sein Leben und Sterben unterstützen. Neben dem Betreuungsrecht und der Patientenverfügung, sind es vor allem die ausführlichen Gespräche mit den Angehörigen und ihm nahestehenden Menschen. Informationen durch eben diese Vertrauenspersonen, erlauben es dem Arzt im Notfall dem Willen und den Bedürfnissen des Sterbenden entsprechend zu handeln.

Gespräche über Patienten- verfügung und Bestattung

Gerade ältere Menschen lassen sich frühzeitig in einem Bestattungsunternehmen beraten und entwickeln ihre persönliche Vorstellungen, wie sie bestattet werden wollen. Viele auch haben bereits einen Vertrag mit einem Unternehmen abgeschlossen, oft aus der Fürsorge ihren Verwandten gegenüber, die sie nicht mit der Zahlung der Bestattung belasten wollen. Familien, die das Sterben als einen Teil des Lebens für sich entdecken konnten, werden in Gesprächen ihre Vorstellungen zusammentragen. Wenn die Trauerfeier und die Bestattung als eine Feierlichkeit eines sehr bedeutsamen Überganges am Ende des Lebens eines Menschen erlebt wird, dann werden alle Beteiligten, auch und gerade getragen von ihrer Trauer, diese Feierlichkeit gemeinsam vorbereiten wollen. Es gilt auch hier sensibel und einfühlsam die Bedürfnisse aller Beteiligter zu erfassen und unterstützen zu helfen. Versuchen Sie von dem Sterbenden und seiner Familie entwickelten Bild des *Übergangs vom Leben in den Tod* auszugehen und entwickeln Sie dann gemeinsam mit Ihnen einen Ablauf der Feierlichkeit, in der dieses Thema immer wieder auftaucht und alle Beteiligten (durch Lesungen, Lieder, Musik usw.) mit eingebunden sind. Ermutigen Sie auch den Pfarrer, der die Trauerfeier begleiten wird, frühzeitig an der Gestaltung mitzuwirken. Wenn es eine kirchlich ungebundene Trauerfeier werden soll, fragen Sie bei dem Friedhof an, ob ihre Vorstellungen der Trauerfeierlichkeit realisierbar sind. In der Mitgestaltung der Feierlichkeit wird allen Beteiligten erlebbar, dass der Sterbende seinen Körper, aber nicht uns verlassen wird. Er

Kreative Gestaltung der Trauerfeier

wird mit uns und unter uns an diesen Feierlichkeiten, die auch durch sein Mittun leben, teilnehmen.

Literatur

Fachbücher zur Begleitung

Dobrick, B.: Wenn die alten Eltern sterben, Das endgültige Ende der Kindheit; Kreuz-Verlag.

Duda, D.: Für Dich da sein wenn Du stirbst; Irisiana Verlag.

Ebert, A.; Godzik, P.: Verlass mich nicht, wenn ich schwach werde, Handbuch zur Begleitung Schwerkranker und Sterbender im Auftrag der ev.-luth. Kirche Deutschlands; E.B.-Verlag Rissen.

Hörlle, A.: Leben mit dem ewigen Abschied, Zur Situation pflegender Angehöriger; Matthias-Grünewald-Verlag.

Otterstedt, C.: Abschied im Alltag; iudicium Verlag.

Otterstedt, C.: Der nonverbale Dialog, für Begleiter von Schwerkranken, Schlaganfall-, Komapatienten und Demenz-Betroffenen mit Übungen zur Wahrnehmungssensibilisierung; verlag modernes lernen.

Otterstedt, C.: Der verbale Dialog, für Begleiter von Schwerkranken, Schlaganfall-, Komapatienten und Demenz-Betroffenen mit Anregungen zur kreativen Gesprächsgestaltung; verlag modernes lernen.

Otterstedt, C.: Trauerhefte für Kinder und Jugendliche.

Rituale für Sterbende, Tote und Trauernde

Birgit Janetzky

1. Begriffsbestimmung: „Ritual"

Bis heute ist es nicht selbstverständlich, über Rituale zu reden. Schnell kommen einem Bilder von Eingeborenenstämmen, Hexenversammlungen oder dunklen magischen Praktiken. So faszinierend diese Erscheinungen für den modernen Menschen sind, so wenig haben sie mit uns selbst zu tun – eine weit verbreitete Meinung. Doch seit den siebziger Jahren vollzieht sich ein langsamer Wandel. Rituale werden wieder gesellschaftsfähig. Ritualisiertes Handeln ist schon seit langem Gegenstand wissenschaftlichen Interesses in den der Religionswissenschaft nahe stehenden Disziplinen wie Ethnologie und Soziologie. Neue Forschungsansätze in dem „Ritual Studies" genannten Fachgebiet beschäftigen sich neben historischen und phänomenologischen Themen zunehmend mit Strukturmerkmalen und der Funktion von Ritualen in der Gesellschaft. Gegenwärtig vollzieht sich auch eine Wende im Verständnis vieler Menschen. Rituale werden als notwendige Hilfen bei der Bewältigung des immer komplexer werdenden Alltags gesucht und als wichtige Gestaltungsformen bei den Übergängen des Lebens, bei Geburt, Erwachsenwerden, Hochzeit und Tod. *Ritualforschung*

Um sich nicht im Dschungel der Ritualansätze zu verirren, ist es hilfreich, einige grundlegende Unterscheidungen zu treffen. Vieles wird als Ritual bezeichnet, von der unumgänglichen Zigarette nach dem Essen (Gewohnheit) bis zum Zubettbringen von Kindern (ritualisierte Handlung, die Struktur und Sicherheit gibt). Beides kehrt immer wieder und hat eine stabilisierende Funktion. Ritualisierungen bewähren sich als Möglichkeiten eine Ordnung herzustellen, Orientierung zu erhalten und mit Sprachlosigkeit und Angst umzugehen. In der Pflege können ritualisierte Handlungsformen dem Patienten und den Angehörigen helfen, *Unterscheidung von Gewohnheit, ritualisierte Handhabung, Rituale und Riten* sich sozial, zeitlich und räumlich zu orientieren. Wiederkehrende Formen der Begrüßung, des Angesprochenwerdens oder der Verabschiedung geben Sicherheit. Die Reichweite von ritualisierten Handlungen geht weit über den persönlichen Rahmen hinaus. Das gesellschaftliche Zusammenleben ist ohne Ritualisierung nicht vorstellbar, man denke an die Abläufe bei Gericht, im Bundestag oder beim Sport.

Rituale in engerem Sinn sind bewusst eingesetzte Verhaltensformen, um Veränderungen und Krisen zu bewältigen und um sich mit dem „Größeren" zu verbinden. Riten sind die von Glaubensgemeinschaften i. d. R. fest umschriebenen Rituale im Jahreskreis und an den Wendepunkten im Leben (vgl. auch *Weiher*: Mehr als begleiten, S. 39. Weiher fasst die Unterscheidung etwas anders als ich.).

Wenn ich von Sterbe-, Begräbnis- und Trauerritualen spreche, dann meine ich damit in erster Linie Rituale und Riten. Rituale sind Träger elementarer Gefühle und des Grundvertrauens in der Welt, wo immer sie durchgeführt werden, in einem Hospiz, in einer Klinik, in der Natur oder zu Hause, am Rande eines Bettes oder am Rande eines Grabes. Sie dienen der Transformation und der Übersetzung vom Unbewussten ins Bewusste, von Sprachlosigkeit in Sprache. Sie dienen dem Übergang von einem Lebensalter ins nächste, von einer Lebensaufgabe in eine andere. Rituale können zu reiner Gewohnheit und gedankenloser Nachahmung erstarren. Sie leben davon, dass die teilnehmenden Menschen sich innerlich mit dem Ritual verbinden, den Beobachterposten aufgeben und sich hineinbegeben. Ins Bild gebracht heißt das: Wenn man von außen auf ein Ritual schaut, dann ist es, als ob man vor einem Haus steht und einen kurzen Blick durch ein Fenster hineinwirft, Licht oder Dunkelheit sieht, Menschen sieht, die seltsame Dinge tun, irgendetwas hört. Es ist der Blick von außen auf ein Geschehen, dessen wahre Bedeutung sich erst erschließt, wenn man das Haus betritt und teil-

Rituale leben von der inneren Verbundenheit

nimmt. Wie das Haus, hat auch das Ritual verschiedene Aspekte oder Räume, die erst zusammen das Ganze ergeben.

Beziehungen und Fühlen finden auf einer anderen Ebene statt als Beobachten und Analysieren. Wer drinnen ist, der betet, klagt, feiert, dankt, lobt, ist traurig oder froh, ist verzweifelt oder berührt von der Liebe, die er erfährt. Zeit- und Raumwahrnehmung verändern sich. In diesem Raum und in dieser Zeit begegnen wir helfenden Kräften der Natur und des Universums, unserem wahren Selbst und einem „alten Wissen", das verschüttet ist von einem gewohnheitsmäßigen und eingeübten Interesse für Erfahrungen mit zeiträumlich erscheinenden Gesetzmäßigkeiten, die im Raum des Rituals das Wesentliche im Dunkeln lassen. Staunen, Sprachlosigkeit, das Erbeben vor dem sinnlich nicht Fassbaren, das ist der Raum des Rituals. Es kann zu der Erfahrung führen, die eigenen Grenzen als Mensch zu überschreiten und eine Resonanz aus einem Menschlichen jenseits der Grenzen zu erhalten.

Veränderte Zeit- und Raumwahrnehmung

2. Ritual und Gesellschaft

Viel wird über die Notwendigkeit neuer Rituale gesprochen und geschrieben. Rituale werden gefordert oder herbeigesehnt, denn von ihnen verspricht man sich Form und Struktur, die der Orientierung in der Beliebigkeit und Oberflächlichkeit einer modernen Lebensweise dient. Dabei ist es egal, ob alte Formen wieder mit Sinn zu füllen sind, ob Anleihen aus anderen, noch ‚funktionierenden' Kulturen gemacht werden oder die Kreativität zu rituellen Neuschöpfungen beschworen wird.

Verhältnis von Form und Inhalt der Rituale

Die Anthropologin *Ina Rösing* beschreibt die Situation in unserer westlichen Kultur und Gesellschaft sehr treffend: „Diesen Diagnosen – „verarmtes Brauchtum", „Fehlen der Klage" – ist gewiss zuzustimmen (...) Auch der „Therapie" dieses Mangels möchte man zustimmen: „neue, geeignete Modelle des Trauerns (des Sterbens, des Begrabens, d. V.) zu finden", um den „leeren Raum" wieder zu füllen. Doch die Fragen, die stehen bleiben, sind: Wie sollen diese neuen Modelle aussehen? Womit sollen die Lücken gefüllt werden? Die Offenheit dieser Fragen kennzeichnet die Diskussion um die Notwendigkeit von Trauerritualen durchgehend; diese Offenheit stellt eine Parallele zu der inhaltlichen Abstinenz in der Trauertherapie-Diskussion dar: *Rituale* werden gefordert, *Formen, Strukturen. –* Von *Inhalt*, von *Kontext*, ist nicht die Rede." (Ina Rösing, Verbannung, S. 457)

Studien über die Totenklage in Griechenland (Canaca-kis), Studien über russische und südslawische Toten- und Klagebräuche (Petzold) oder des Callawaya- Heilungsrituals für Trauernde aus dem Hochland Boliviens (Rösing), auch die Erforschung früherer Riten in unserer eigenen Kultur faszinieren durch ihren inhaltlichen Reichtum, den sicheren Rahmen, dem Schmerz, der Trauer Ausdruck geben zu können. Sie faszinieren durch die Selbstverständlichkeit, mit der Menschen sich hineinbegeben, singen, klagen, rasseln, weinen, schreien, schweigen, sich die Haare zerraufen, sich im Fluss reinigen etc.

In unserer Gesellschaft bringt man selbstverständlich sein Auto zur Reparatur in die Werkstatt und bezahlt anschließend die Rechnung. In der gleichen Geisteshaltung begibt man sich zum Arzt, um von ihm ohne großen persönlichen Aufwand Diagnose und Therapie der eigenen Krankheit zu erhalten. In dieser Gesellschaft ist es nicht verwunderlich, wenn von einem Ritual erwartet wird, dass es funktioniert wie ein Automat. Oben werfe ich eine Münze ein, unten kommt das gewünschte Ergebnis heraus. Das Streben nach Effizienz, nach beschreibbarem Sinn, nach einem Ergebnis ist so tief in uns verwurzelt, dass sich selbst bei Menschen, die langjährige Erfahrungen in Ritualarbeit haben, von Zeit zu Zeit ein innerer kritischer Beobachter einschaltet, der sagt: Was mache ich eigentlich gerade? Ist es nicht verrückt? Wirkt das wirklich?

Das Streben nach Effizienz widerspricht dem Ritual

Manche resignieren angesichts dieser Schwierigkeiten. Eine andere Möglichkeit ist, anzufangen und in manchmal mühevoller Kleinarbeit gleichzeitig zwei Bereiche im Blick zu behalten. Zum einen den Bereich der konkreten Formen: Welche kirchlichen und / oder gesellschaftlichen Rituale stehen Sterbenden und Trauernden in unserer Kultur zur Verfügung? Wie schaffen wir Räume, in denen wir rituell handeln, aufbauend auf eigene frühere Traditionen, berührt von anderen Kulturen, mit dem Mut der eigenen Kreativität zu folgen?

Zum anderen der Bereich des Kontextes: Wie fügen sich solche Rituale in unsere Konzepte von Leben, Tod und Trauer ein? Wie kann in unserer Gesellschaft wieder mehr über Werte und den Sinn reflektiert werden? Wie kommunizieren wir diese Werte? In welchem transpersonalen Raum bewegen wir uns? Dabei ist der erste Schritt, sich die Möglichkeit der Existenz eines Umfassenderen oder Göttlichen zu erlauben. Der zweite Schritt ist, sich an dieses Umfassendere oder Göttliche zu wenden.

Nachdenken über Werte und Sinn

3. Sterbe-, Bestattungs-, Trauerrituale

3.1 Sterben

Vorhandene Sterberituale

Das einzig vorhandene Ritual am Sterbebett ist in unserer Kultur aus der katholischen Kirche überliefert. Die gegenwärtige theologische Einstellung wagt es leider nicht mehr, von einem Sterberitual zu sprechen. Das geschah aufgrund der Entwicklung, dass dieses Ritual immer weiter zum Todeszeitpunkt verschoben wurde. Wenn der Pfarrer kam, war er gleichsam der Todesbote.

Katholische Kirche

In der *katholischen Kirche* wurde durch die Neuordnung der Sakramente im Zusammenhang mit dem Zweiten Vatikanischen Konzil aus der „Letzten Ölung" die „Krankensalbung", die Kranken gespendet wird. Das kann auch mehrmals geschehen, als Hilfe und Unterstützung in der Krankheit. Die Feier des Sakraments besteht hauptsächlich darin, dass der Priester dem Kranken die Hände auflegt, das Gebet aus der Kraft des Glaubens gesprochen wird und der Kranke mit Öl, auf das der Segen Gottes herabgerufen worden ist, gesalbt wird. Damit verbunden werden kann die Wegzehrung in Form der Krankenkommunion. Damit verbunden ist auch die Bitte um Gnade und Vergebung von Schuld. Auch die Gemeinde soll im Gebet und Fürbitten eingebunden sein.

Die Erfahrung in der Praxis der Seelsorge ist, dass das Sakrament nicht „rechtzeitig" erbeten wird, „sondern erst im Angesicht der völligen Aussichtslosigkeit menschlicher Bemühungen – also am Lebensende –, und dann in der Regel von den Angehörigen." (Weiher, Religion, S. 63).

Evangelische Kirche

In der *evangelischen Kirche* gibt es die Möglichkeit eines Krankenabendmahles, den Sterbesegen.

Muslimische Tradition

Die *muslimische Tradition* kennt die rituelle Waschung. Der Sterbende wird (soweit möglich) auf die rechte Seite gelegt, nach

Mekka gerichtet, die Sterbesure wird rezitiert und das Glaubens-
bekenntnis gesprochen. Die buddhistischen Formen umfassen
Lesungen und Gebete am Totenbett oder Zeremonien (Pujas)
des Lehrers oder von Freunden, die ortsunabhängig sind und
nicht am Sterbebett stattfinden.

Rings um das Sterben gibt es eine Reihe alter Bräuche, wobei
ich nur die benenne, die meiner Erfahrung nach gegenwärtig
von Menschen aufgegriffen werden, ohne sich explizit auf die
früheren Deutungen der Handlungen zu beziehen. Sie sind eine
Mischung aus volkstümlichem christlichem Verständnis und
kulturübergreifenden Phänomenen.

Unmittelbar nach Eintritt des Todes wird ein Fenster geöffnet, *Beispiele für*
damit die Seele hinausfliegen kann. Augen und Mund des Ver- *Brauchtum*
storbenen werden geschlossen und das Gesicht bedeckt, damit
der Tote Ruhe hat. Die Leiche wird aufgebahrt, gewaschen, ge-
kleidet, geschmückt. Geweihte Kerzen werden neben dem Toten
aufgestellt, die nicht verlöschen dürfen, solange der Tote im Haus
ist, sie müssen niederbrennen. Die Totenwache ist wohl dadurch
entstanden, dass man glaubte, in einem Sterbehaus nicht schla-
fen zu dürfen, weil man sonst nachstirbt, und aus dem Gefühl
heraus, den Toten „bewachen" zu müssen, vor Gefahren, die dem
Toten von Dämonen und vom Teufel drohen, aber mehr noch
die Lebenden vor den Gefahren zu schützen, die vom Toten ausgehen. Alle Spiegel werden verhängt oder umgedreht. Wenn eine
Leiche sich spiegelt, folgt ein weiterer Todesfall. Oder der Tote
erscheint als Geist. Oder der Spiegel stirbt ab. Alle Uhren werden
angehalten. Der Tote findet sonst seine Ruhe nicht. Der Verstorbene hat das Zeitliche verlassen (vgl. Handwörterbuch des deutschen Aberglaubens).

Der Moment, in dem ein Leichnam aus dem Raum oder dem *Die Aussegnung*
Haus gebracht wird, gewinnt wieder an Bedeutung. Dieser Ort
ist ein Ort des Überganges, hier starb der Mensch. Diesen Raum
hat er als Lebender betreten, in diesem Raum hat er die Räume

gewechselt, ging vom Leben in das andere Leben. Zurück bleibt der Körper. Dieser Übergang und der Ort, an dem er stattfand, in der so genannten Aussegnung gewürdigt. Im kirchlichen Ritual wird die Aussegnung mit Lesung, Gebet und Segen gestaltet. Denkbar ist aber auch eine frei gestaltete Zeremonie, mit eigenen Texten, erzählten Erinnerungen, Liedern, Gebet und Segen.

3.2 Bestattung

Wenn ein Mensch stirbt, müssen die Angehörigen i. d. R. innerhalb weniger Tage von der körperlichen Gestalt des Toten Abschied nehmen. In der Krisensituation der Konfrontation mit dem Tod und dem Verlust eines Menschen erfährt das bisherige Beziehungsgefüge eine Veränderung, die Angst auslöst: Angst, das Leben ohne den oder die Verstorbene/-n nicht bewältigen zu können, Angst, der eigenen Endlichkeit ins Auge zu schauen, Unsicherheit, wie dieser Übergang zu gestalten ist. Dem kann letztlich niemand völlig ausweichen, denn der Leichnam muss

Die Trauerfeier als öffentliches Abschiedsritual

in irgendeiner Form beigesetzt werden. Dies geschieht i. d. R. in Verbindung mit einer Trauerfeier, die somit das einzige in unserer Gesellschaft erhaltene öffentliche Abschiedsritual darstellt, das sowohl für Kirchenmitglieder als auch für kirchlich nicht gebundene Menschen durchgeführt wird.

Doch die Selbstverständlichkeit der überkommenen Begräbnisrituale schwindet. An die Stelle alter Bräuche und Gewohnheiten tritt oft die Effizienz der Bestattungsunternehmen: Mit wenig

Die Entwicklung: anonym oder persönlich

Aufwand, in kurzer Zeit, diskret und mit möglichst wenig emotionaler Beteiligung (denn das stört den reibungslosen Ablauf) den Leichnam unter die Erde bringen.

Das Begräbnis verändert sich in zweifacher Weise. Zum einen lassen sich immer mehr Menschen anonym bestatten. Es findet keine Trauerfeier statt. Die Urne wird anonym auf einem Gräberfeld beigesetzt. Hintergrund dafür ist der Wunsch, niemandem zur Last zu fallen, den Angehörigen die Grabpflege zu ersparen, sich nicht zu viel mit dem Tod beschäftigen zu müssen oder einfach die preiswerteste Möglichkeit der Bestattung zu wählen. Der Nachteil ist, dass man manchmal eher den Eindruck hat, dass der / die Verstorbene nicht gewürdigt, sondern entsorgt wird.

Auf der anderen Seite wird es Menschen zunehmend wichtiger, die Abschiedsfeier persönlich zu gestalten. Die Trauerfeier wird hier als ein wichtiger Schritt in der Verarbeitung des Verlustes und im Prozess der Trauer erlebt. Die Betroffenen nutzen die hilfreiche Funktion des Rituals und die Anteilnahme anderer Menschen. Rituale haben eine Funktion im Prozess des Abschiednehmens. Das Ritual markiert einen kritischen Übergangsmoment. Es führt den lebenden Mitgliedern der Gemeinschaft die Bedeutung des Einzelnen und der Gruppe vor Augen. Es rührt in der Seele an Größeres. Diese Grundfunktion bleibt. Was sich entsprechend der Gesellschaft wandelt und wandeln muss, sind die Formen, die diesen kritischen Übergangsmoment begleiten, tragen und erträglich machen. Kirchliche Rituale gehen von der Gewissheit eines Weiterlebens nach dem Tod aus, die viele Menschen so nicht mehr teilen. Hier entstehen neue Gestaltungsspielräume für Rituale. Alle Formen von Abschiedsritualen – kirchliche, christliche, nichtkirchliche, weltliche – bilden gemeinsam ein Gegengewicht gegen die Entsorgungsmentalität beim Umgang mit den Toten, die in der Seele der Menschen etwas Entscheidendes offen lässt.

Funktion des Rituals

Einige Elemente, die regelmäßig Bestandteil von Trauerfeiern sind, möchte ich aufführen:

- Grabbeigaben: Viele Angehörige geben dem / der Verstorbenen Dinge mit in die Urne, den Sarg oder das Grab. In früheren Zeiten wurden Verstorbenen Münzen, Schmuck, Waffen, Keramik und Gerätschaften des Alltags mitgegeben. Heute höre ich von Zigaretten, Schokolade, Blumen oder einer Zeitschrift, die der / die Verstorbene regelmäßig gelesen hat. Immer öfter nutzen Menschen die Gelegenheit, dem / der Verstorbenen einen Brief zu schreiben, in dem sie bisher Ungesagtes sagen, ihre

Elemente von Trauerfeiern

Liebe und ihren Schmerz, Belastendes, Schuldgefühle, Unge-
klärtes, Dankbarkeit und Freude ausdrücken. Diesen geben sie
mit ins Grab oder die Urne. Kinder malen oft Bilder und drücken so ihre Liebe und ihre Trauer aus.

- Kerzen in Form von Schwimmkerzen, die alle Trauergäste vor
  Beginn der Trauerfeier nach vorne tragen und in Schalen mit
  Wasser hineinsetzen. Oder eine Trauerkerze, die mit nach Hause
  genommen wird, um sich mit ihrem Licht mit dem / der Verstorbenen zu verbinden. Die Lichtsymbolik erschließt sich unmittelbar und muss nicht erklärt werden. Ein Mensch „erblickt
  das Licht der Welt", „ohne Licht oder Sonne wären wir nicht
  lebensfähig", „im Tod haben wir die Hoffnung, dass der / die
  Verstorbene an einen lichtvollen Ort geht".

- Musik, entweder Lieblingsstücke des / der Verstorbenen oder
  Lieder, deren Melodie und Text Trost geben, entweder traditionell auf der Orgel gespielt oder mit Musikanlage und CD
  eingespielt.

- Angehörige tragen die Urne oder den kleinen Sarg ihres verstorbenen Kindes selbst. Das ermöglicht aktives Handeln in
  einer Situation, die völlige Ohnmacht beinhaltet. Es drückt
  aus, dass ein Mensch bereit ist, den Tod anzuerkennen und
  ihn zu tragen.

- Kränze, Gestecke und Pflanzschalen als letzter Gruß und als
  Erinnerung an schöne Zeiten im Leben. Die Blumen und die
  Farben werden oft sehr bewusst ausgewählt. Z. B. wählt eine
  Frau, deren Mann gestorben ist, dieselben Blumen, mit de-
  nen ihr Hochzeitsstrauß gestaltet war.

- Blumenwurf: Blumen als lebendige, farbenfrohe Zeichen für
  die Besonderheit des Augenblickes und die liebende Verbundenheit. Wenn es ein sehr belastender Abschied war, könnte
  auch ein Stein symbolisch für die Schwere mit ins Grab gegeben werden.

- Erdwurf verbunden mit der Bestattungsformel „Erde zu Erde,
  Asche zu Asche, Staub zu Staub". Dies macht die Endgültigkeit

des Abschieds und die Vergänglichkeit des Körpers bewusst. Besonders bei Urnenbeisetzungen kann man erleben, dass Angehörige und Freunde die Beisetzung selbst „ganz zu Ende bringen" und das Grab selbst mit Erde auffüllen möchten.

Kleinigkeiten sind von Bedeutung, wie die Auswahl der Blumen, der Farben, der Kleidung, des Sarges oder der Urne und der Musikstücke. In der Feier werden Musik, Worte und Symbole benutzt, die die Situation emotional aufladen und die Gefühle ansprechen und intensivieren. Das Ritual schafft einen Rahmen, in dem das persönliche Erleben in einem größeren Zusammenhang erlebt werden kann. Es ermöglicht aktives Handeln, indem sich die innere Bewegung äußerlich in Zeichenhandlungen ausdrückt. Gefühle können ausgedrückt werden, ohne dass diese endlos sein müssen. Mit dem Tod stoßen wir an eine Grenze, die das Verstehen übersteigt. Dies löst Angst aus. Im Ritual können wir die Grenze überschreiten – und die Erfahrung machen, dass wir wieder in die Alltagswirklichkeit zurückkehren können, ohne selbst vernichtet zu werden. Und schließlich verbindet das Ritual die teilnehmenden Menschen miteinander und lässt sie ihre Zugehörigkeit zu ihrer Familie, Sippe oder Gruppe wieder spüren.

Grundlegend ist das Gefühl der Zugehörigkeit

Das rituelle Abschiednehmen bei der Bestattung verbindet mit der Gemeinschaft und verweist auf etwas, das über die einzelne Person mit ihrem individuellen Schicksal hinausgeht. Die innere Beheimatung, aus der Trost erwächst, ist eng verbunden mit dem Gefühl der Zugehörigkeit zur eigenen Familie, zur Menschheitsfamilie und zu allen Vorgängen in der Natur. Alles ist ohne Ausnahme eingefügt in das Werden und Vergehen, in das Entstehen und Sterben.

Der kollektive Aspekt eines Rituals ist nicht zu unterschätzen. Die Entwicklung bei den Begräbnissen geht dahin, aus diesem eigentlich öffentlichen Ritual, in das alle Menschen der Sippe, des Umfeldes und Lebensortes des Verstorbenen einbezogen sind, eine individuelle, auf den engsten Familienkreis beschränk-

Trost, der in Gemeinschaft entsteht

te Abschiedsfeier zu machen. Menschen verzichten auf den Trost, der entsteht, wenn ein Mensch sich in der Gemeinschaft und in dem Kreislauf allen Lebens verortet weiß.

3.3 Trauer

Persönliche Rituale

Dieselbe Entwicklung ist bei den Trauerritualen zu beobachten. In der westlichen Kultur finden sich nur wenige überlieferte, noch lebendige Formen der Trauer. Früher waren Menschen als Trauernde durch bestimmte Trauerkleidung sichtbar. Für andere Menschen war dies ein Zeichen, dass der trauernde Mensch eine besondere Zeit durchlebt und nicht für alle Dinge des Alltags zur Verfügung steht. I. d. R. dauerte die sichtbare Trauer ein ganzes Jahr. Nach dieser Zeit war der Jahreskreis geschlossen.

Beispiele für rituelles Handeln

Je individueller der Trauerprozess erlebt wird, umso mehr kommen persönliche Rituale in den Blick, die der oder die Einzelne für sich gestaltet. Dafür gibt es zahlreiche Anregungen, wie die innere Bewegung in symbolische Handlungen umgesetzt werden kann. Erinnerungen brauchen einen Ort und eine Zeit. Bilder, Gegenstände, Kerzenlicht, Schmuck, Briefe, Texte, Musik, das Grab oder ein bestimmter Ort im Freien können in besonderer Weise mit dem oder der Verstorbenen verbinden. Der Raum des Rituals kann genutzt werden, um bisher Unausgesprochenes auszusprechen, Dinge zum Abschluss zu bringen und sich zu lösen. Der Raum wird genutzt, die eigene Trauer anzunehmen, in die eigene Seele hineinzuschauen und wahrzunehmen, was sie mitteilen will (Anregungen dazu bei Uffmann, Tränen ...). Diesen persönlichen Ausdruck zu finden erfordert auch Mut. Es sieht ja schon komisch aus, wenn jemand abseits der wenigen bekannten und akzeptierten Formen etwas tut. Man stelle sich nur vor, man möchte auf dem Friedhof an einem Grab dem Verstorbenen einen wichtigen Brief vorlesen und dann verbrennen. Wer schaut sich da nicht verstohlen um, ob ihn gerade jemand sehen könnte.

Rituale im Familien- und Freundeskreis

In der westlichen Gesellschaft sind die Lebensbereiche segmentiert. Neben die Familie treten Freundeskreise, Menschen am Arbeitsplatz und interessengeleitete Gruppen im Verein oder anderen Zusammenschlüssen. Oft stehen diese Lebensbereiche relativ unverbunden nebeneinander. Doch alle sind betroffen, wenn eine/-r stirbt. Jeder dieser Kreise kann eigene Formen des Abschieds entwickeln. Und Elemente eines individuellen Rituals können in einer Gemeinschaft aufgegriffen werden.

Verschiedene Lebensbereiche

In der Familie bleiben die Toten über einen längeren Zeitraum hinweg präsent. So können besondere Anlässe wie Geburts- und Todestag oder der Hochzeitstag speziell gestaltet werden. Bei Familienfesten werden Erinnerungen an die Verstorbenen ausgetauscht. Bilder der Verstorbenen haben einen festen Platz. Noch einmal wird das Lieblingsessen gekocht, wird die Lieblingsmusik gehört, werden Orte aufgesucht, die für die verstorbene Person eine besondere Bedeutung hatten. Dies alles hilft, sich mit ihr innerlich zu verbinden, sie zu ehren als einen Menschen, der dazugehört über den Tod hinaus und der im Familienkreis nicht vergessen wird.

Kollektive Trauerrituale

Es gibt einige kollektive Trauerrituale, doch kaum einer weiß um die Herkunft der Feiertage. Gedenktage für Verstorbene gab es bereits im antiken Christentum. Seit dem 9. Jahrhundert wird an **Allerheiligen** am 1. November der Verstorbenen gedacht, wobei der Schwerpunkt auf ‚allen Heiligen‘, den Märtyrern, lag. Seit dem 11. Jahrhundert verbreitete sich **Allerseelen** am 2. November, an dem die Hilfe der Lebenden für die Verstorbenen im Zentrum steht. Gebete, Fürbitten und die Eucharistiefeier für die Verstorbenen sollen helfen, dass die Toten die Vollendung in Gott finden. Im irischen Einflussbereich (z. B. USA) haben sich vorchristliche Brauchelemente erhalten. Am Halloween, dem Vorabend der Heiligen (= hallows), wird ein ausgelassenes Brauchtum gepflegt.

Feier- und Gedenktage

247

Die Reformatoren hatten mit beidem Mühe, mit dem Totenkult im Allgemeinen und mit der Heiligenverehrung im Speziellen. Daraus ergibt sich eigentlich schon, dass weder Allerheiligen noch Allerseelen Chancen hatten, in den reformierten Festtagskalender aufgenommen zu werden. Seit dem 19. Jahrhundert entwickelte sich in protestantischen Gebieten ein Tag für das Totengedenken, der **Totensonntag**, auch Ewigkeitssonntag genannt, der am letzten Sonntag im Kirchenjahr gefeiert wird, bevor mit dem 1. Advent das neue Kirchenjahr beginnt. Häufig werden im Gottesdienst die Namen aller Gemeindemitglieder verlesen, die im Verlaufe des Jahres gestorben sind.

Der **Volkstrauertag** wurde durch den Volksbund Deutsche Kriegsgräberfürsorge nach dem Ersten Weltkrieg zum Gedenken an die Kriegstoten eingeführt. Ursprünglich wurde er am fünften Sonntag vor Ostern begangen. 1934 bestimmten die nationalsozialistischen Machthaber durch ein Gesetz den Volkstrauertag zum Staatsfeiertag und nannten ihn „Heldengedenktag". Nach Gründung der Bundesrepublik Deutschland wurde der Volkstrauertag erneut vom Volksbund eingeführt und der Termin in den November verlegt. Es ist ein Gedenktag für die Toten beider Weltkriege und die Menschen, die vom NS-Staat umgebracht wurden. Es ist ein Tag der kollektiven Volkstrauer, aber auch zu einem Tag der Mahnung zu Versöhnung, Verständigung und Frieden. Wer denkt, damit habe er nichts zu tun, braucht nur etwas in der eigenen Familie forschen. Fast jeder wird auf Menschen treffen, die im Krieg umgekommen oder vermisst sind, die ihre Heimat oder ihr Haus verloren haben, Geschwister der Eltern oder Großeltern, Cousins oder Cousinen.

Bräuche lösen sich von Konfessionszugehörigkeit

Es wird deutlich, dass diese Feiertage eine unterschiedliche Geschichte haben. Viele Menschen differenzieren nicht mehr die konfessionelle Herkunft. Der Brauch, an Allerheiligen oder Allerseelen Lichter auf die Gräber zu stellen und die Gräber zu schmücken, löst sich immer weiter von Zugehörigkeit zu einer Konfession oder Religion. Diese Feiertage werden inzwischen

auch genutzt, um in wechselnden Gemeinschaften der Verstorbenen des vergangenen Jahres zu gedenken. Diese Feiern finden in Kliniken, auf Friedhöfen oder in Bestattungsinstituten statt.
Zusammengeführt werden die Menschen durch die gemeinsame Erfahrung und den Ort, an dem diese gemacht wurde, weniger durch Konfessionszugehörigkeit.

4. Abschluss

Viele alte Rituale (Sterberituale, Herrichten nach dem Tod, Vorbereitung zum Begräbnis, Leichenzug, Feier in der Kirche, Trauerkleidung und Trauerzeit) sind weggebrochen, die Formen des Ausdrucks der Trauer und des Totengedenkens sind weitgehend individualisiert. Je individueller Trauer erfahren wird, umso weniger werden die Menschen der eigenen Familie und der Umgebung mit einbezogen. Je stärker sich die Menschen in die Lebensweise hineinbegeben, die von Konsum, Leistungsfähigkeit und Erfolg geprägt ist, umso schwieriger wird es, in sich den Raum für das Göttliche zu halten und sich in ihm mit Gott, der Natur, den Menschen zu verbinden. Das macht einsam und es *Hilfe aus dem* erschwert den Zugang zu rituellem Tun. Wer Rituale auf der glei- *Geheimnis, dem* chen Ebene ansiedelt wie den Besuch im Sportstudio, das eine *Nicht-Fassbaren* ist gegen die Rückenschmerzen, das andere gegen die Trauer, wird nie erspüren können, wie aus dem Dunkeln, aus dem Geheimnis, aus der Bezogenheit auf etwas nicht Fassbares Hilfe und Sinn erscheinen.

Ina Rösing formuliert die Schwierigkeit auf drastische Weise: „Sollen wir unsere Trauernden zur Waschung an den Fluss schicken (wie es die Andenbewohner in ihrem Ritual tun)? Es würde wohl nicht helfen ... Die Frage verdeutlicht die Absurdität einer formalen Forderung nach Ritual in einem Raum vollständiger Voraussetzungslosigkeit. Wer von uns Trauernden weiß selbst um seine Gefährdung? Dort weiß es jeder, jeder, der einen Menschen verloren hat. Dort ist es ein Glaube im Herzen der Menschen (...) Hier ist es nicht einmal ein Wissen im Kopf." (S. 461) Im Grunde genommen fehlen uns nicht die Rituale, sondern „uns fehlt es an Inhalten, an Werten, an Sinn. Wir können diese nicht herstellen, so wie wir vielleicht Rituale (...) erfinden können." (S. 468)

Die Schwierigkeit ist nicht, Formen zu finden, sondern sich gegen den Zeitgeist der Effizienz und des Höher-Schneller-Weiter, der Vorstellung eines unbegrenzten Wachstums (der Wirtschaft,

des Lebensalters, ...) zu entscheiden und sich von diesen äuße- *Sich mit dem*
ren Dingen weg und nach innen zu wenden, dort nach Werten, *Wesentlichen der*
Sinn und Göttlichkeit Ausschau halten, sich mit dem Wesentli- *eigenen Existenz*
chen der eigenen Existenz verbinden. Diese Dimension braucht *verbinden*
es in allen individuellen, gruppenspezifischen oder gesellschaft-
lich kollektiven Ritualen. Es ist die transpersonale Perspektive,
die über das Eindimensionale hinausführt.

Literatur

Canacakis, Jorgos: Ich sehe deine Tränen. Trauern, Klagen, Leben können; Stuttgart 1987

Handwörterbuch des deutschen Aberglaubens. Hrsg. von Hanns
Bächtold-Stäubli; Berlin, New York: de Gruyter. Stichworte: Tod, Grab,
Leiche.

Petzold, Hilarion: Gestaltdrama, Totenklage und Trauerarbeit; in: Petzold,
H. (Hrsg.), Dramatische Therapie; Stuttgart 1982

Rösing, Ina: Die Verbannung der Trauer, Nächtliche Heilungsrituale in
den Hochanden Boliviens; Nördlingen 1987

Uffmann, Antje: Tränen, Wasser, Feuer, Herz, Mein Begleiter durch das
Trauerjahr; Stuttgart, Zürich 2001 (Kreuz-Verlag)

Weiher, Erhard: Mehr als begleiten, Ein neues Profil für die Seelsorge
im Raum von Medizin und Pflege; Mainz 1999

Weiher, Erhard: Die Religion, die Trauer und der Trost. Seelsorge an
den Grenzen des Lebens; Mainz 1999

Rituale beim Abschied – Stützungen der Seele

Carola Otterstedt

1. Traditionelle Rituale

Traditionen entstehen und werden gebildet innerhalb einer starken und engen sozialen Gruppe, wie beispielsweise der Familie und soziale Gemeinschaften. Traditionen werden gebildet als Teilformen von Riten. Rituale entstehen aus der sozialen Bindung von Lebensgemeinschaften und dienen ihrem Schutz. Sie geben der Gruppe Halt und leiten sie in schwierigen Situationen. Rituelles Verhalten ist eine Art der Kommunikation. Gerade Rituale werden dort eingesetzt, wo wir Menschen seelisch herausgefordert werden. Rituale helfen uns die Übergänge in unserem Leben zu meistern, wenn ein Kind geboren wird, bei der Namensgebung, der Reife des jungen Menschen, der Partnerbindung bis hin zum Übergang vom Leben in den Tod. Der Aufbau von Ritualen wird verglichen mit denen von Dramen. Wie auch das Theater, versuchen Rituale den Menschen betroffen zu machen, ihn in seinem Sein zu berühren. Rituale wollen auffordern, sich emotionell zu beteiligen und als Akteur Teil des Ritus zu werden. Trauerrituale werden dann erfolgreich für die Abschiedsgestaltung, die Trauerarbeit, gelebt, wenn wir selber nicht nur distanzierter Zuschauer bleiben, vielmehr uns vom Geschehen emotional ansprechen lassen und selber zum Akteur werden. Rituell eingebundene Abschiedsgestaltung bedeutet darüber hinaus immer auch mitleidende Geborgenheit durch die soziale Gemeinschaft, die den Trauernden aus seiner Vereinsamung herausholt. Durch das gemeinsame Erleben einer rituellen Handlung entsteht eine besondere soziale Bindung zwischen den am Ritus Beteiligten. Das rituelle Trauerverhalten besitzt seine Wurzeln in alten Gruppentraditionen. Die Teilnehmer an Trauerzeremonien sind nicht notwendigerweise im einfachen Sinn des Wortes traurig, vielmehr nehmen sie im Rahmen der gemeinschaftlichen Tradition an den Handlungen

Traditionen als Leitformen von Riten

Aufbau von Riten

Trauerrituale

teil und zeigen durch ihre Teilnahme ihre Sympathie für die Hinterbliebenen. Gemeinschaftliche Trauerrituale, wie beispielsweise die Trauerfeiern oder Beerdigungen, unterstützen die sozialen
Bindungen und bekräftigen den Zusammenschluss der Hinterbliebenen (s. a. Otterstedt: Abschied im Alltag).

Gemeinschaft-
liche Trauer-
rituale

Bei allen Ritualen, auch besonders jenen, die im Folgenden beschrieben werden, ist es gut, wenn wir uns jederzeit vergegenwär-
tigen, für wen diese Zeremonie gestaltet wird. Lassen wir den
Schwerkranken, Betroffenen oder die Angehörigen nicht außen
vor, integrieren wir sie, nehmen wir sie in unsere Mitte. Wenn wir
ein Bett nicht verschieben können, dann verschieben wir uns.
Lassen Sie uns flexibel sein. Es kommt nicht so sehr auf das Äußere an, vielmehr darauf, dass die Gemeinschaft mit dem anderen
die rituelle Handlung trägt.

Fürbitten als Begleitung

Fürbitte

Jeder gute Gedanke für einen Menschen ist eine Fürbitte. Ein
Gedanke, der gemeinsam mit anderen Menschen ausgesprochen
wird, besitzt die Kraft und die Geborgenheit der Gemeinschaft.
Religiöse Glaubensgemeinschaften haben diese gemeinsame Kraft
erlebt und die Fürbitten als Teil ihrer Feiern aufgenommen. Fürbitten sind jedoch nicht religiösen Glaubensgemeinschaften vorbehalten, vielmehr jeder Einzelne und jede Gemeinschaft kann
einen Raum für eine aufrichtige Bitte schaffen. Auch können wir
andere darum bitten, eine Fürbitte für einen bestimmten Menschen
auszusprechen.

Eine schöne Idee ist beispielsweise, die Menschen, welche für
das Leben des Schwerkranken und seiner Familie wichtig waren und sind, mit einem Brief um eine Fürbitte zu bitten. Vielleicht mögen Sie in diesem Brief erklären, dass es ja nicht allen
Verwandten und Freunden, Bekannten und Arbeitskollegen
möglich ist, die Familie in dieser Zeit zu besuchen. Es wäre aber
schön von ihnen, wenn sie mögen, einen Gedanken auf diesem
Wege zu bekommen. Bitten Sie diesen Gedanken auf dem im

Brief beiliegenden Stern (etwa 10 cm groß und aus schönem gelbem Karton von Ihnen bereits vorbereitet) zu schreiben, anonym oder mit Namen, und zurück an die Familie zu senden. Berichten Sie auch in dem Anschreiben, dass Sie dann diese Fürbitten auf den Sternen immer wieder einmal vorlesen und die Sterne zu einer Milchstraße auf eine Schnur aufziehen oder einfach auf einen schönen großen Teller platzieren werden.

Fürbitten zeigen Sympathie und Solidarität mit den Menschen, die die Kraft und Geborgenheit durch die Gemeinschaft in dieser Zeit besonders stark benötigen. Um die Gemeinschaft spüren zu können, ist es schön, wenn einer aus der Gemeinschaft die Fürbitten einzeln vortragen mag und die übrigen Mitglieder der Gemeinschaft den Gedanken der Fürbitte beispielsweise mit „Amen". oder „Wir bitten darum!" oder „Herr, wir bitten Dich!" bekräftigt. Lassen Sie sich für jede Fürbitte Zeit, damit ihr Sinn und Gedanke von der Gemeinschaft in Ruhe aufgenommen werden kann.

Fürbitten zeigen Sympathie und Solidarität

Vielleicht aber möchten Sie auch die Gemeinschaft noch stärker mit einbeziehen. Stellen Sie auf einem Tisch viele Teelichter bereit. Zünden Sie eines der Lichter an und legen Sie ein langes Streichholz oder Ähnliches zum Weiterreichen der Flamme auf den Tisch. Die Stühle für die Gemeinschaft können beispielsweise um den Tisch platziert werden. Wenn die einzelnen Mitglieder der Gemeinschaft nicht eigene Fürbitten vorformuliert haben, verteilen Sie an diejenigen, die eine Fürbitte sprechen möchten, kleine Zettel oder die Sterne mit den Fürbitten. Und wieder nehmen Sie sich alle Ruhe und Zeit, wenn Sie nach und nach zum Tisch treten, ein neues Licht anzünden, die Fürbitte vorlesen und sie durch die Antwort der Gemeinschaft bekräftigen. Vielleicht mögen Sie auch ein bekanntes Lied zum Abschluss singen.

Wir können auch auf einem unserer vielen Wege durch die Stadt einmal in eine der Kirchen treten, auf einer der Bänke zu Ruhe kommen und unsere Gedanken schweifen lassen. In den katholischen Kirchen hat jeder, der mag, die Möglichkeit, eines der

Lichter, die vor einem kleinen Altar aufgereiht sind, anzuzünden. Jedes dieser Lichter meint ein Gebet, einen Gedanken oder eine Fürbitte für einen anderen Menschen.

Wenn wir eingebunden in unserem christlichen Glauben leben, werden wir die Fürbitten auch gerne religiös gestalten wollen. Wir erinnern uns an das Leid von Jesus Christus. Und in dem Gedenken an sein Leid fühlen wir Sympathie und Geborgenheit. Die Überwindung seines Leids im Tod gibt uns Hoffnung auch für unser Leben und Betroffen. Fürbitten können für uns Hilferufe sein, in Zeiten des Glaubens ebenso, wie auch in Zeiten, in denen unser Glauben durch Zweifel geprüft ist.

Wortlaut einer
Fürbitte
Der Wortlaut einer Fürbitte kann sich an einer geeigneten Bibelstelle orientieren oder auch frei gestaltet werden. Sie kann eine sehr persönliche Ansprache wiedergeben, aber auch gleichzeitig für jene Menschen verstanden sein, die sich in einer ähnlichen Lebenssituation befinden. Wir erinnern uns an das Leben Jesu Christi und bitten um seine Anteilnahme an unserem Leben, unserem Leid, um seine Solidarität mit uns. Wir bitten darum, mit Jesus eine Gemeinschaft bilden zu können, die Kraft dieser Gemeinschaft zu spüren. In Gemeinschaft mit Jesus meint aber auch, in Gemeinschaft mit den anderen Menschen, mit unseren Nächsten, so wie es Jesus vorlebte.

Herr Jesus Christus,
Du hast Leid erlebt und bist
uns auch in unserem Leid nahe.
Wir bitten Dich, Herr, schenke
... (Name) Kraft und Mut,
sein / ihr Leben, auch mit seiner / ihrer Krankheit,
in Geduld und doch auch mit Freude zu tragen.
Schenke deine Liebe allen Menschen,
die Momente der Einsamkeit erleben,
jenen, die an einer unheilbaren Krankheit leiden,
und den Menschen, die ohne Hoffnung sind.
Amen.

2. Entwicklung persönlicher Riten

Jede Familie hat auch die Möglichkeit, eigene Abschiedsrituale zu entwickeln. Vielleicht haben Sie bereits für den alltäglichen Abschied an der Haustür ein kleines Ritual, was Sie bisher noch gar nicht so bewusst als solches erkannt haben. Das täglich gleiche Verhalten entwickelt nicht allein aus einer Art Bequemlichkeit, nein, wir würden etwas vermissen, wenn sich der tägliche Ablauf verändern würde. Das Eingeübte gibt uns Sicherheit und Geborgenheit. Jeder weiß, was er in welchem Moment zu tun hat.

Wenn aber einer aus der Familie schwer erkrankt, verändert sich nicht nur für ihn der Alltag, sondern für die ganze Familie. Eingeübte Rituale sind oft nicht mehr aufrechtzuerhalten. Die Sicherheit des alltäglichen Ablaufs wird bedroht. Das Gefühl der Geborgenheit muss auf anderen Ebenen gesucht werden. Je mehr wir unsere Phantasie und schöpferische Kraft spielen lassen, desto besser werden wir mit fremden und unvorhergesehenen Situationen leben können.

Wenn wir persönliche Rituale entwickeln wollen, dann sind zwei Aspekte wichtig: Zum einen versuchen wir uns darauf zu besinnen, was wir als Familie als Basis unseres Zusammengehörigkeitsgefühls erleben. Zum anderen orientieren wir uns an einem bestimmten dramaturgischen Ablauf, dem auch die gewachsenen traditionellen Rituale folgen. Dieser Ablauf unterstützt unsere emotionellen Bedürfnisse und fördert somit auch das Gefühl der Geborgenheit und der Solidarität.

Entwicklung von persönlichen Riten

Was könnte die Basis der Familie in den letzten Jahren gewesen sein? Das ist manchmal gar nicht so einfach herauszufinden. Oft scheint man einfach so miteinander zu leben. Aber fragen Sie sich einmal gemeinsam, ob Sie vielleicht ein gleiches Hobby hatten oder welche Unternehmungen Sie gemeinsam gemacht haben? Manche Familien sehen in ihrem Glauben eine gemeinsame Basis, andere haben gemeinsam über Jahre mit einem Projekt (z. B.

das eigene Haus bauen) gelebt. In einigen Familien ist eine bestimmte Mahlzeit am Tag ein wichtiger Treffpunkt. Das Essen wird zelebriert und die wichtigen Themen des Lebens werden hier besprochen. Es gibt viele, sehr familienspezifische Situationen, in denen sich ihre Gemeinsamkeiten ausdrücken. Wenn man diese Gemeinsamkeiten als Basis eines persönlichen Rituals nimmt, so beginnt das Abschiedsritual in vertrauter Umgebung.

Ablauf eines Rituals

Der Ablauf eines Rituals ist bestimmt durch eine Einleitung sowie die Darstellung der Vergangenheit und der Gegenwart mit ihren emotionellen Höhen und Tiefen. Es folgt eine Reflexion, an welcher Stelle des Lebens man derzeit steht und welchem Übergang in welche Phase des Lebensweges hier gedacht wird. Nach einer Zeit der Stille wird mithilfe einer symbolischen Handlung die vergangene Lebensphase verabschiedet. In einer weiteren Zeit der Stille haben wir Zeit uns neu auf die Zukunft zu orientieren. Es werden Wünsche für die nächsten Schritte auf dem Lebensweg und darüber hinaus gesammelt. Mit diesen Fürbitten und einem Zeichen des gemeinschaftlichen Miteinanders findet das Ritual sein Ende.

Die ersten Teile des Rituals ermöglichen uns im geschützten und geborgenen Raum unsere rückwärtsgerichteten Gedanken und Gefühle zu erleben und uns von ihnen symbolisch zu verabschieden. Auf dem Höhepunkt vertrauen wir uns der Stille an. Wir versuchen unsere Ohren zu öffnen und in die Zukunft zu blicken. Das Formulieren unserer Wünsche und die gemeinschaftliche Bestärkung wird uns bekräftigen, bedrängende Gefühle der Vergangenheit und Gegenwart loslassen und Hoffnung für die Zukunft schöpfen zu können.

Zyklus für die Entwicklung persönlicher Riten

1. Einleitung

2. Darstellung der Vergangenheit und Gegenwart mit ihren emotionellen Höhen und Tiefen

3. Gedenken des Übergangs von einer Phase des Lebensweges in die nächste

4. Symbolisches Verabschieden der bedrängenden Gefühle der Vergangenheit und Gegenwart

5. Zeit der Stille und Neuorientierung in die Zukunft

6. Sammeln von Gedanken und Wünschen für die Zukunft

7. Zeichen des gemeinschaftlichen Miteinanders

8. Ausklang

3. Beispiel für die Gestaltung eines persönlichen Abschiedsritus

1. Gemeinsames Singen und Spielen eines Liedes bzw. Spielen von Musik über einen Tonträger.

2. Jeder schreibt im Vorfeld auf einen Zettel eine schöne und eine nicht so schöne, aber gut gemeisterte Begebenheit aus dem Leben der Familie (oder aus dem Leben des Betroffenen). Danach werden die Zettel neu verteilt und in Ruhe vorgelesen.

3. Die Familienmitglieder erinnern sich an die einzelnen Stationen und Übergänge im Leben des Betroffenen.

4. Nach einem Moment der Stille verabschieden sich alle symbolisch von den bedrängenden Gefühlen der Vergangenheit und Gegenwart; mithilfe einer symbolischen Handlung, die sich aus ihrem Leben, ihrer gemeinsamen Basis entwickeln lässt oder die durch eine der weiter unten vorgestellten Möglichkeiten angeregt wird.

5. Am Ort der symbolischen Handlung verharrt jeder für sich in einer Zeit der Stille und Neuorientierung. Dafür ist es notwendig, dass sich jeder warm, wohl und geborgen fühlt sowie ggf. eine Sitzmöglichkeit hat.

6. Mit der Neuorientierung entstehen Wünsche an die Zukunft. Diese kann man in Fürbitten sammeln (s. o.) und in der gemeinsamen Runde vortragen. Nach jeder Fürbitte und einer kleiner Zeit der Stille spricht die Gemeinschaft zur Bekräftigung das Amen o. Ä.

7. Als Zeichen der Gemeinschaft können sich alle umarmen oder ein anderes Zeichen der Nächstenliebe geben.

8. Zum Ausklang ist es schön, erneut ein Lied zu singen bzw. durch einen Tonträger spielen zu lassen.

Themen und Bilder

Im Folgenden einige Themen und Bilder, die zu persönlichen Riten anregen möchten. Sie sind auch für eine kleine Meditation während eines Ausfluges oder einer Mußestunde geeignet.

Anregung für Riten

Das Licht

Auch ein kleines Kerzenlicht ist über eine weite Distanz zu sehen. Unten im Tal können wir das einzelne Licht einer Hütte oben auf dem Bergkamm erkennen. Oder von einer Insel, weit vor der Küste, sind die Lichter des Festlandes in der Nacht gut wahrzunehmen.

Das Licht

Das Licht bedeutet den Wechsel von Tag und Nacht. Und nach der Nacht, wie lange sie auch uns vorkommt, haben wir die berechtigte Hoffnung auf einen nächsten Tag und damit das neue Tageslicht.

Geben wir jemandem ein Licht, schenken wir ihm eine Kerze, so schenken wir ihm Wärme und Hoffnung. Mit jedem Entzünden einer neuen Kerze können wir mit diesem Licht gute Gedanken an einen uns lieben Menschen senden.

Die Blume

Aus einem kleinen Samenkorn, vom Wind auf die Wiese geweht, wächst ein kleiner Trieb, grün, wie jeder Grashalm um ihn herum. Aus vielen grünen Blättern, einem Stängel, einer Knospe, erblüht nach und nach eine schöne, bunte Blume. Ihre farbigen Blütenblätter verändern sich durch Regen, Wind und Sonne. Mit dem Lauf der Sonne öffnet und schließt sich der Blütenkelch. Und mit der Zeit verblassen ihre Farben, trocknen ihre Blätter, verwelkt ihre Blüte. Die Blume, ihre Blätter und ihr Stängel zerfallen und werden zu Humus, der den Boden nährt und einem neuen Samenkorn Nahrung bieten wird.

Die Blume

Der Wasserkrug

Der Wasserkrug Aus einem tiefen See entnehmen wir mit einem Krug Wasser. Dieses Wasser, über einen Holzsteg langsam fließen lassend, wird wieder dem See zurückgegeben. Mit der Sonne und ihrer Wärme verdampft das Wasser im See und steigt hinauf in die Atmosphäre. Eine Wolke bildet sich am Himmel und entlädt sich in einem Regenguss wieder über dem See.

Der Krug ist wie unser Körper. Er leiht sich für kurze Zeit die Lebenskraft, das Wasser, und während des Lebensweges entlässt er wieder diese Kraft, bis im Betroffen all seine Kraft zurück in das ursprüngliche Ganze mit eingeflossen ist. Nichts geht verloren.

Der Flug des Luftballons

Der Flug des Luftballons
- In Kaufhäusern und Dekorationsläden ist es manchmal möglich, in der Papier- oder Geschenkabteilung einen mit Helium gefüllten Luftballon zu kaufen. Oder Sie gehen mit eigenen Luftballons direkt zu einem Fachbetrieb für Gase, wo Ihr Luftballon mit Helium gefüllt werden kann (siehe im Branchenfernsprechbuch unter Gase).

- Wählen Sie Luftballons in mehreren Farben. Die Farbe Blau oder Metallic-Farben sind nicht so günstig, da der Luftballon später vor dem Licht des Himmels nur schwer zu erkennen wäre.

- Sichern Sie die mit Gas gefüllten Ballons durch lange Schnüre ab, damit die Ballons nicht versehentlich entfliegen.

- Wenn Sie die Ballons im Auto transportieren wollen, nehmen Sie z. B. einen Bettbezug als Tasche. Die Ballons sind in ihm leicht zu verstauen und zu transportieren. Bei der Fahrt fixieren Sie die Ballons im hinteren Teil des Autos, damit sie in keinem Fall durch Eigenbewegung Ihnen die Sicht beim Fahren nehmen können.

- Bereiten Sie Papier und Schreibzeug vor. Sie können farbige Pappen in Postkartengröße schneiden oder Briefpapier in Kuverts stecken. Mit einem Locher stanzen Sie bei den Karten bzw. Briefumschlägen an der oberen Ecke ein Loch, in dem später der Ballon mithilfe einer Schnur befestigt werden kann.

- Für einen stärkeren Auftrieb nehmen Sie am besten drei aneinander gebundene Ballons.

- Ganz wichtig ist, dass vor dem Flug des Ballons geprüft wird, von welcher Richtung der Wind kommt und ob in Flugrichtung keine Bäume oder andere Hindernisse den Ballon behindern könnten. Da der Ballon erst langsam steigt, lässt man ihn am besten auf einem freien Feld steigen. Gerade auch dann hat man die Gelegenheit, seinen Flug besonders lange zu verfolgen.

Der Weg der Seifenblase

In Kaufhäusern oder Spielzeuggeschäften sind kleine Flaschen mit einer speziellen Seifenlösung erhältlich. Wenn man langsam durch den Ring die Seifenlösung bläst, entsteht eine große Seifenblase. Von einer Brücke oder einem Balkon stehend, fern von Bäumen, fliegen die Seifenblasen besonders schön und lang. Jede dieser Seifenblasen kann mit einem schönen Gedanken auf die Reise geschickt werden. Dieser Gedanke wird sich noch einmal besonders entfalten, wenn die Seifenblase sich aufgelöst hat.

Der Weg der Seifenblase

Das Schiff

Mit einem kleinen Schiff können wir unsere Gedanken, unsere Wünsche und Hoffnungen auf den Weg schicken. Wenn wir mithilfe von Papier ein Schiffchen basteln, so können wir zuvor oder auch auf seine bereits gefalteten Seiten unsere Gedanken aufschreiben. Von einer Brücke oder einem Ufer aus schicken wir dann dieses Schiffchen auf einem fließenden Bach auf seine Reise. Wie auch unsere Gedanken, darf das Schiff auch mal auf seiner Fahrt eine Pause machen. Seine Bewegungen, sein Sich-im-Wasser-Auflösen wird Teil seiner Reise sein:

Das Schiff

- Legen Sie zwei DIN-A4-Blätter aufeinander und senkrecht vor sich. Vielleicht mögen Sie farbiges Papier nehmen, dann legen Sie bitte den helleren Farbton zuoberst.

- Falten Sie das Papier einmal quer, sodass die obere Hälfte auf Sie zu kommt.

- Falten Sie dann das Papier einmal längs und klappen Sie es wieder auf.

- Falten Sie nun die oberen beiden Ecken an den Längsknick.

- Und klappen Sie dann den vorderen unteren Querstreifen nach oben.

- Nachdem Sie das Papier gewendet haben, wiederholen Sie dort dasselbe mit dem anderen Querstreifen. Sie haben nun einen so genannten Malerhut.

- Gehen Sie von unten mit Ihrem Daumen in den Malerhut, klappen Sie ihn auf und verstecken Sie die abstehenden Streifenecken. Wenn Sie den Hut nun so drehen, dass Sie die versteckten Streifen vorn, bzw. hinten haben, legen Sie den Hut platt vor sich.

- Knicken Sie zunächst die zu Ihnen zeigende untere Dreieckshälfte nach oben, wenden Sie dann das Papier und wiederholen Sie das mit der anderen unteren Dreieckshälfte.

- Sie können jetzt die beiden entstandenen Dreiecke gleichzeitig und vorsichtig auseinander ziehen und es entsteht das Schiff. Möglicherweise müssen Sie in der Mitte des Schiffes das Papier etwas korrigierend knicken und für eine bessere Stabilität drücken Sie mit dem Daumen das Loch unter dem Schiff rund auseinander.

Das Bild

Das Bild Mit einem großen gemeinschaftlichen Bild entsteht noch einmal ein Erleben des gemeinsamen Weges:

- In Läden für Zeichenbedarf erhalten Sie eine weiße Pappe (DIN-A2- oder DIN-A1-Format).

- Teilen Sie die Pappe mit Bleistift in ungefähr gleich große Quadrate (ca. 8 cm x 8 cm) ein.

- Die Beteiligten (Betroffener, Familienmitglieder, Freunde usw.) sitzen um einen Tisch bzw. um das Bett mit Tischauflage, auf dem die Pappe liegt.

- Jeder, der sich an ein bestimmtes Ereignis auf dem gemeinsamen Weg erinnert, nimmt eine Farbe (z. B. Pastellkreiden), die er mit diesem Ereignis in Verbindung bringt, und malt eines der Kästchen aus. Wenn er mag, kann er über dieses Ereignis sprechen.

- Natürlich kann die Vorgabe der Kästchen auch durch ein freies Malen ersetzt werden. Abstraktes Malen ist oft näher mit unserem emotionalen Erleben in Verbindung zu bringen. Aber auch gegenständliches Malen kann zu einem wunderschönen Gemeinschaftsbild führen.

Der Brief

Es gibt viele Gründe, warum wir manchmal unsere Gedanken im Gespräch gegenüber einem uns lieben Menschen nicht aussprechen können. Auch wenn wir schon lange nicht mehr einen Brief geschrieben haben, vielleicht können wir jetzt in einem Brief das ausdrücken, was uns gerade in den Sinn kommt oder uns bereits seit langem auf der Seele liegt. Dieser Brief kann, muss aber nicht dem Adressaten sofort übergeben werden. Unsere Gedanken sind mit dem Schreiben bereits auf dem Weg.

Der Brief

Kleine Texte

Mit wenigen Worten können wir manchmal gerade das zum Ausdruck bringen, was wir einem uns lieben Menschen wünschen, ihm mit auf den Weg geben möchten. Oft ist es aber nicht einfach, einen Anfang oder eine Form für einen Text zu finden. Wenn wir beispielsweise mit dem Namen des Angesprochenen beginnen und dann mit einer Reihung fortsetzen, dann ist ein erster Anfang gemacht:

Kleine Texte

Lieber ...,
ich wünsche und hoffe für dich,
dass ...
dass ...
dass ...
Amen (So sei es.)
Liebe ...,
Ich danke Ihnen für die gemeinsamen Stunden.
Danke Ihnen für ...
Danke Ihnen für ...
Danke Ihnen für ...
Diese Erinnerungen werden
in meinen Gedanken weiter lebendig bleiben.

Liebe ...,
Es ist schön, mit dir ... zu teilen.
Es ist schön, mit dir ... zu teilen.
Es ist schön, mit dir ... zu teilen.
Aber es ist auch schön, mit dir
über ... zu streiten
und sich hinterher wieder
versöhnen zu können.
Es ist schön, mit dir Momente
des Lebens zu teilen.
Lieber ...,
hab Dank für diesen Tag,
die heutige Begegnung
und die gemeinsame Wegstrecke.

Verschiedene Trauen Sie sich einfach einmal mit verschiedenen Stilformen zu
Stilformen spielen. Vielleicht liegt es Ihnen zu reimen? Besonders schön
sind Texte, die auch Humor zeigen, über die man liebevoll lachen kann, auch und gerade, wenn die Begegnung für die Beteiligten einen tiefen Sinn, wichtige Momente ihres Lebens bedeu-
teten.

4. Über das Loslassen und das Gelöstsein

Wie in anderen Phasen des Lebens, so nehmen wir auch die Entwicklung des Betroffen in Schüben wahr. Als Begleiter scheinen uns dann mitunter die Wünsche und Bedürfnisse des Betroffenen überraschend, die sich zunehmend mehr auf das Annehmen des Betroffen ausrichten. Diese nun plötzlich existierende Akzeptanz des Betroffenen aber wird oft von den Begleitern seelisch nur schwer verkraftet. Bisher haben wir einen Menschen gepflegt und begleitet, der in lebendiger Unruhe war, nun werden für ihn innere Besinnung und Ruhe vorrangig. Die Ambivalenz, die Doppelwertigkeit des gelebten Betroffen: Leben wollen, aber auch nach Erlösung im Betroffen sich sehnend, ist in diesem Moment überwunden. Der Betroffene scheint sich von dem Alltag, der Umwelt abzukehren: Der betroffene Familienvater interessiert sich nun plötzlich kaum noch, was in der Familie passiert. Oder: Das im Betroffen liegende Kind hat das Interesse an den Berichten seiner aus der Schule kommenden Geschwister verloren. Auch: Die Großmutter nimmt ihre sie pflegende Tochter kaum noch wahr. Diese selbstbezogene Besinnung ist ein weiterer und entscheidender Schritt für den Betroffenen, sich von seinem Leben lösen zu können. Im Tod lassen wir alles zurück. Es sind Übungen des sich Loslösens aus diesem Leben, die der Betroffene in dieser Zeit vor dem Übergang in den Tod vollzieht. Für die Angehörigen, die Begleiter scheint es wie eine emotionale Abkehr von ihnen. Das entstandene Desinteresse des Betroffenen an dem Leben um ihn, seine weggedrehte Schulter oder die geschlossenen Augen, sein zugekniffener Mund, sind uns bekannte körpersprachliche Zeichen der Abkehr. Und doch zeigt die Erfahrung in der Begleitung von Betroffenen, dass diese Abkehr für den Betroffenen eine lebens- und betroffensnotwendige Selbstbezogenheit ist, die letztlich erst eine Loslösung von seiner Umwelt ermöglicht.

In dieser Zeit ist der Begleiter besonders gefordert sich mit seinen persönlichen Erwartungen an das Leben und das Betroffen

Existierende Akzeptanz

Ambivalenz

Loslösen aus dem Leben

des Betroffenen auseinander zu setzen. Als Begleiter sind wir in dieser Situation auf einen guten Gesprächspartner angewiesen, der auch unsere eigenen Erwartungen und Enttäuschungen, unsere Wut, Angst und Trauer annehmen kann.

Es steht uns als Begleiter nicht an, den Lebens- und Sterbeprozess des Betroffenen zu diskutieren. Gestehen wir ihm zu, dass auch er die Bewegungen und die Ruhephasen seines Lebens, aber auch die Besinnung und die Ruhe in seinem Betroffen wahrnehmen und leben möchte. „Ich kann nicht mehr" ist nur ein Ausdruck von dem Betroffenen, der mit Liebe und Zuneigung, nicht mit Diskussionen und Vorwurf beantwortet werden möchte.

Leben

Ich kann nicht mehr.

Kind, das darfst du nicht sagen,
noch nicht einmal denken.

Aber irgendwann hat man
durch das Leben
das Recht sagen zu dürfen:

Ich kann nicht mehr.

„Ich kann nicht mehr. Ich bin betroffen," Ausdruck von Erschöpfung, Lebensmüdigkeit oder Sehnsucht nach Erlösung? Für uns, oft auch unerwartet, treten Bitten auf, wie: „Ich kann so nicht mehr weiterleben" oder „Mach, dass ich nicht mehr weiterleben muss."

Atmosphäre des
Vertrauens

Es ist wichtig, den Sinn dieser Bitten zu erkennen. Versuchen Sie als Begleiter ein Gespräch zu diesem Thema nicht zu verschieben, sondern versuchen Sie dem Betroffenen eine Atmosphäre des Vertrauens zu schaffen, in der er über seine Bedürfnisse und möglichen Ängste sprechen mag. Oft hat der Betroffene große Sorgen, wie das Betroffen im Übergang vom Leben in den Tod für ihn erlebbar wird. Auch ist die Erwartung von möglichen, noch auftretenden Schmerzen oder Symptomen, wie beispielsweise akuter Atemnot, oft Grund für eine aktuelle Angst, aber auch soziale Befürchtungen, wie beispielsweise „Werde ich Betroffen können, mich lösen können, wenn meine Ehefrau mich weiter besucht, immer an meinem Bett sitzt?" Dies können Ursachen für den Wunsch nach einem schnellen Tod sein. Als Sterbebegleiter haben wir die Möglichkeit, dem Betroffenen zu zeigen, wie wir ihn schätzen und wie wichtig und wertvoll er als Person bis zum letzten Augenblick seines Lebens ist. Wir können dem Betroffenen versprechen, für ihn da zu sein, auch weiter mit ihm über dieses Thema zu sprechen. Leihen wir ihm unser Ohr, damit er seine Erwartungen an das Betroffen, an den Tod und seine Wünsche für diesen Sterbeprozess formulieren kann. Bitten Sie ihn um Erlaubnis, ob Sie gemeinsam mit dem Team aus Begleitern, medizinischem und pflegerischem Personal über seine Gedanken sprechen dürfen. Die Behandlung der körperlichen Schmerzen kann möglicherweise noch optimiert werden und manchmal können dem Patienten durch wiederholte Aufklärungen der medizinischen und pflegerischen Unterstützung im Sterbeprozess Ängste genommen werden.

Angst

Schmerzen

Wann dürfen wir als Begleiter es zulassen, dass der Betroffene nicht mehr leben will? „Man darf ihn doch nicht verhungern lassen!" Als Sterbebegleiter, medizinisches und pflegerisches Personal sollten wir uns fragen: „Für wen ist es wichtig, dass dieser Mensch weiterisst?" Wenn wir als Sterbebegleiter oder die Angehörigen und Freunde den Betroffenen motivieren wollen: „Komm, iss doch eine Kleinigkeit!", dann ist es an uns zu schauen, ob wir das Abschiednehmen von diesem Menschen akzeptieren können. Muss der Betroffene für uns weiteressen, da wir ihn noch nicht loslassen können?

Lebens-verlängernde Maßnahmen

Wann darf ein Mensch auf Nahrung und Flüssigkeit verzichten? Betroffene Menschen spüren für sich den richtigen Moment. Oft ist es aber für uns Außenstehende schwer, diesen Moment als Teil der letzten Lebensphase zu akzeptieren, und so geschieht es, dass Betroffene mit Hilfe von Infusionen flüssige Nährstoffe erhalten. Jede invasive Methode, wie z. B. eine möglicherweise schmerzhafte Infusionsnadel im Arm oder in der Hand, ist eine Manipulation am Betroffenen und kann den Sterbeprozess in seinem emotionellen Erleben beeinflussen. Diese Art von Ernährung führt nicht sicher zu einer Gewichtszunahme, kann aber zu Problemen, wie zusätzlichem Hirndruck, Wassereinlagerungen, Erbrechen usw., führen. Lieber einen kleinen Bissen einer Lieblingsspeise im Mund genießen, als 500 ml Sonderkost wieder erbrechen.

Es gilt für uns Begleiter sowie für das medizinische und pflegerische Personal, behutsam zu entscheiden, welche Methode für den Betroffenen eine geeignete Unterstützung in seinem persönlichen Betroffen bedeutet. Je flexibler auch Mediziner in ihren Entscheidungen auf die individuellen Bedürfnisse der Betroffenen eingehen können, umso besser können wir dem Betroffenen ein Betroffen in seinem Sinne ermöglichen. Es wäre schön, wenn wir als Sterbebegleiter uns trauen, nicht nach so genannten allgemeinen vorbestimmten Regeln des Vorgehens zu handeln, vielmehr dem Betroffenen ins Gesicht schauen und vor seinen Bedürfnissen Achtung und Respekt haben sowie mit Courage und Feingefühl in seinem Sinne zu handeln versuchen.

Loslassen Loslassen heißt hingeben können. Kann ich als Begleiter den Betroffenen vom Leben loslassen und ihn dem Betroffen und Tod hingeben? Gerade wenn man gemeinsam in der Familie und ganz besonders durch die Zeit der Begleitung eine intensive Beziehung zu dem nun im Betroffen liegenden Menschen entwickelt hat, so fällt es schwer, diesen Menschen auch gehen lassen zu können. Vielleicht hilft es uns als Begleiter, einmal die letzten Wochen und Monate anzuschauen, den Weg des Betroffenen noch einmal nachzuvollziehen. Wo beginnt das Loslassen, das Hingeben, das Gehen vom Leben hin zum Betroffen und zum Tod?

5. Mögliche Schritte des Menschen in seiner letzten Lebensphase

- Die körperlichen, vielleicht auch mentalen Kräfte nehmen schrittweise ab.

- Das Bewegungsumfeld engt sich ein. Verzicht auf Reisen und Spaziergänge. Begrenztes Leben in der Wohnung, dann im Sessel oder Bett. Bedürfnis, die Augen zu schließen und bei sich zu bleiben.

- Zunächst noch für das Gespräch mit anderen offen sein und Interesse für die Eindrücke anderer zeigen. Eindrücke noch von außen an sich herankommen lassen, dann aber von ihnen sich mehr und mehr gestört fühlen, und schließlich sie kaum noch wahrnehmend.

Im Betrachten dieser Lebensschritte im Betroffen erkennen wir als Begleiter, dass uns der Betroffene bereits ein Stück vorausgegangen ist. In der Begleitung hatten und haben wir das Glück, auf seinem Weg eine Weile an seiner Seite zu sein. Nehmen wir uns jetzt die Zeit und Muße in aller Ruhe abzuwarten, wie seine nächsten Schritte sein werden, wie weit wir ihm noch folgen können und wo wir ihm eine Hilfe sind und ihn in seinem Loslassen unterstützen können.

Lebensschritte

Stilles Gespräch mit einem Betroffenen

Ich möchte bis zum letzten Augenblick
dir gegenüber meinen Respekt zeigen
und dir deine Würde lassen.
Das heißt, ich würde dir gerne
die Möglichkeit geben,
wenn du es wünschst
und es sich verwirklichen lässt,
in vertrauter Umgebung zu Betroffen.

*Ich würde gerne dir in Momenten
des Zorns, der Angst,
der Traurigkeit und
der Verzweiflung beistehen.
Und dich auf dem Weg
zu deinem persönlichen Frieden
begleiten.*

*Ich sehe die Trauer in deinen Augen,
der du dich vom Leben verabschieden musst.
Aber ich kann auch eine Vorfreude erkennen,
die sich nach Erlösung sehnt
und einem neuen Weg vorauseilt.*

*Meine Trauer
um den nahen Verlust um dich
ist überwältigend,
denn du gehst
und ich bleibe zurück.
Ich möchte dich aufhalten,
noch vieles mit dir gemeinsam erleben.*

*Aber wenn du gehen musst,
möchte ich dich
nicht ohne Abschied gehen lassen.
Darum werde ich Ja sagen
zu dem Weg, der vor dir liegt.*

*Ich versuche von der Trauer
über unsere bevorstehende Trennung zu sprechen.
Aber besonders oft möchte ich mit dir
über die schönen Erinnerungen,
die unseren gemeinsamen Weg begleiteten,
plaudern.
Und auch dich in jene Pläne,*

die meine Zukunft bedeuten können,
mit einbeziehen.
Denn nur so wirst du meine Bemühungen
um eine Loslösung wahrhaftig erleben.

Ich möchte versuchen,
dich für deinen persönlichen Weg
freizugeben.

Es wird Momente geben, in denen wir nur
auf unsere Gedanken vertrauen können.
Du bist mir ein wenig vorausgeeilt
und auf diese Entfernung können wir uns
mit Wörtern, Augen und Händen
nicht mehr verständigen.

Vielleicht erkenne ich einige Zeichen,
die du mir mithilfe deines Körpers signalisierst.
Ich möchte versuchen,
mich ganz auf dich und uns einzustellen,
um so deine Wünsche und Bedürfnisse
erfassen zu können.
Lass mich erkennen,
ob ich dir zu nahe trete,
ob du meine Hand gerne spürst.
Sende mir einen Gedanken,
ob ich dir mehr Raum geben soll
und wie ich dich weiter begleiten darf.

Immer weiter entfernst du dich
und mein Gang ist zu erdverbunden,
um mit dir Schritt halten zu können.
Noch sehe ich dich,
auch wenn dein Blick bereits
nach vorne gerichtet scheint.

Ich versuche für deinen Körper zu sorgen
und ahne schon,
dass du ihn bald zurücklässt.

Ich möchte auch deinen Geist und deine Seele
auf ihrem Weg unterstützen
und hoffe auf deine Zeichen.
Hoffe, dass das, was dir im Leben lieb war,
auch jetzt dir hilft mit Geist und Seele
deinen Weg zu gehen.

Die Musik, die spielt,
die Texte, die ich dir vorlese,
die Hände und die Stimme, die dich berühren,
mögen dir Kraft und Ruhe geben.

Ich möchte mir meine Hoffnung
und meine Phantasie
bewahren, die mir hilft,
den Übergang vom Leben in den Tod
als Prozess zu empfinden.

Auch wenn du bereits mir vorausgeeilt bist
und ich auf dem Lebensweg zurückbleibe,
so kann ich doch annehmen,
dass du unsere Umgebung
für eine Zeit noch wahrnimmst.

Du schweigst, kannst aber doch hören.
Deine Augen scheinen gebrochen,
werden aber doch weiter sehen.

Ich möchte auch weiterhin
dir in meinen Gedanken,
durch meine Worte
und in meinem Verhalten
mit Respekt und Zuneigung begegnen.

Einige Betroffene berichten in den letzten Lebenswochen von nächtlichen Träumen oder auch Visionen im Wachzustand, welche sie auf ein baldiges Betroffen vorbereiten. Der Besuch von einem Sensenmann oder anderen Überbringern der Botschaft, dass der Betroffene bald Betroffen wird, bewirken eher Angst und Unruhe. Symbolische Bilder, wie beispielsweise schwarze Vögel, werden ebenfalls von den Betroffenen oft als Ankündigung eines baldigen Betroffen empfunden. Auch wird manchmal von blühenden, lichtdurchströmten Landschaften oder anderen Orten und Räumlichkeiten berichtet, orientiert an den persönlichen Vorstellungen vom Jenseits der Betroffenen. Oder Betroffene erzählen von (Wach-) Träumen, in denen sie vertrauten Verstorbenen begegneten, die sie auf ihr baldiges Betroffen vorbereiten. Diese Begegnungen werden von den meisten Betroffenen als sehr beruhigend empfunden, da sie sich nach dem Betroffen auch im Tod von einem bekannten Menschen liebevoll erwartet wissen.

Träume und Visionen

Wir können annehmen, dass es ein Wissen gibt, welches dem Menschen zu Teil wird, das ihm sagt, jetzt geht es zum Betroffen sein.

Manchmal gelingt es, sinnlich und besinnlich miteinander Abschied zu nehmen. Wir können dabei Muße und Ruhe entwickeln und zur Besinnung gelangen. Besinnung meint, sich auf ein ruhiges Laufenlassen der Gedanken einlassen zu können, beschaulich sich den schönen Erinnerungen hingeben dürfen und den Blick nach vorne, auf den weiteren Weg richten zu können. Vielleicht ist dies, durch ein gemeinsames Abschiednehmen, durch ein Loslassen und Losgeben, möglich geworden: Wir geben den anderen für seinen weiteren Weg los.

Besinnung

Es gibt Momente unseres Lebens, in denen wir mit all unseren Sinnen das Leben erfahren, seinen Sinn aufspüren und zu einer Klarheit unseres Lebens gelangen. Dies ist nicht in erster Linie ein aktiver Akt unseres Selbst, vielmehr erfahren wir diese Klarheit wie ein Geschenk: Ein Gedanke, der uns zufliegt, prägt diesen

Moment unseres Lebens. Diesem Gedanken der Klarheit möchten wir dann Zeit und Raum geben, seiner in Ruhe und Besinnung wahrhaft werden können.

Klarheit als Teil *des Lebens* Dieser Moment der Klarheit ist Teil unseres Lebens. Manche Menschen erleben diese Momente der Klarheit wiederholt im Leben, andere erinnern sich kaum, jemals einen erlebt zu haben. Es scheint aber, dass gerade in der letzten Phase des Lebens, wo wir Menschen mehr und mehr uns auf unser sinnliches Erleben besinnen dürfen, viele Betroffene diese Momente der Klarheit bewusst erfahren. Oft macht es ihnen Angst, denn wir sind in unserem hektischen und von der Ratio beeinflussten Erleben die Besinnung kaum gewöhnt. Als Sterbebegleiter haben wir allein im Zuhören die Möglichkeit, dem Betroffenen hier ein vertrauensvoller Partner zu sein. Es wäre schade, wenn wir das Ereignis zerreden würden; gehen wir behutsam mit dieser Erfahrung des Betroffenen um und zeigen wir ihm durch unsere Achtung, dass er in diesem Moment etwas ganz Wertvolles erleben durfte.

Der Gedanke der Klarheit ist schwer mit Worten zu vermitteln, und so wird er von dem Betroffenen in dem Kontext versucht auszudrücken, wie dieser auch seine wirkliche und spirituelle Umwelt erlebt. „Mir wurde von einem Engel gesagt, ich werde jetzt Betroffen." Oder: „Ich habe ein helles Licht gesehen und eine Stimme sprach zu mir, dass es jetzt so weit ist."

Gerade aber weil unsere Worte nicht auszureichen scheinen für diesen klaren Gedanken der Besinnung auf den Moment des Betroffenen, vermitteln sich Betroffene auch auf andere Weisen:

- Nachdrückliche Bitte um den Besuch eines besonderen Menschen (Partner, Kinder, usw.)

- Bitte an die Begleiter um Verlassen des Raumes (als hilfreiche räumliche Trennung)

- Nachdrückliches verbales Sich-Verabschieden (ggf. eine letzte Notiz)
- Körperliche Kräfte werden für einen Abschied noch einmal mobilisiert
- Erneutes Aufwachen aus einem komatösen Zustand
- Muskelanspannung (Augenbewegung, Handbewegung, usw.) eines komatösen Betroffenen

Selbst, wenn kein Mensch um die Betroffenen ist, versuchen manche Betroffene in einer kleinen Notiz, wie beispielsweise „Ich danke euch für alles", sich vom Leben und den ihnen nahen Menschen noch zu verabschieden.

Für den Betroffenen bedeutet Betroffen das Bewusstsein: „Ich sterbe jetzt."

Für uns als Begleiter können wir mitunter eine Reihe von Anzeichen erkennen, die ein unmittelbar bevorstehendes Betroffen ankündigen. Diese Anzeichen können zum Teil auch Symptome einer Erkrankung sein und manche Betroffene verabschieden sich auch ohne zuvor eines dieser Anzeichen entwickelt zu haben. Wenn wir uns allein auf diese Anzeichen berufen wollten und gegenüber anderen, oder noch schlimmer, dem Betroffenen gegenüber äußern: „Jetzt geht's zum Betroffen, weil diese bestimmten Anzeichen erschienen sind", dann wäre dieses nicht nur emotionell für den Sterbe- und Trauerprozess sehr belastend, sondern auch voreilig, denn kein Mensch wird wissen können, wann ein anderer Mensch Betroffen wird. Die unten aufgeführten Anzeichen sind alleine Hinweise, gesammelt von den Erfahrungen vieler Menschen, welche andere in ihrem Betroffen begleiten durften. Diese Anzeichen zeigen nur das körperliche Leben auf. Die geistigen, seelischen und spirituellen Kräfte können hierdurch nicht erfasst werden. Diese Reihe von Anzeichen aber kann uns als Begleiter darauf vorbereiten, dass sich das, wonach wir uns augenscheinlich orientieren, der Körper des

Verschiedene Anzeichen

Betroffenen, verändern wird. Und wenn wir auf diese Veränderungen vorbereitet sind, dann können wir vielleicht ohne Schrecken und Sorge diesen Körper gehen lassen und verstärkt unsere Gedanken und Wünsche auf den Menschen im Ganzen richten.

In dieser Phase des Betroffens werden wir als Begleiter des Betroffenen oft nur bei ihm sitzen, für ihn da sein, vielleicht einmal seine Hand stützen und versuchen ihm eine gute Atmosphäre zu schaffen. Respektieren Sie die Bedürfnisse des Betroffenen, ob er jetzt noch gewaschen werden, noch essen oder trinken möchte. Es ist ganz wichtig, ihn jetzt in seinem Loslösungsprozess nicht mehr zu stören. Neben der Begleitung des Betroffenen, wird es in dieser Phase noch einmal besonders wichtig, auch die anderen Familienmitglieder in den Loslösungsprozess miteinzubeziehen, sie auf den bevorstehenden Abschied vorzubereiten, ihnen die Möglichkeit des Abschiednehmens aufzuzeigen. Versuchen Sie als Sterbebegleiter dem Betroffenen einen Raum der Ruhe zu geben und den Angehörigen und Freunden daneben einen eigenen Raum, wo sie zusammentreffen und reden können. Oft ist es besser, wenn der Betroffene in dieser Phase nicht zu viele Besuche bekommt, vielmehr sich ganz auf sich und seinen Weg besinnen darf. Aber natürlich gibt es auch Betroffene, die gerade gerne bis zum letzten Atemzug im Leben stehen wollen und kein Bedürfnis nach Zurückgezogenheit haben. Wie immer gilt, die Bedürfnisse des Betroffenen herauszufinden und so gut es geht ihn darin zu unterstützen.

Loslösungs-
prozess

6. Mögliche körperliche Entwicklung zum Betroffen hin

- Nahrung und Flüssigkeit wird nicht mehr vom Körper resorbiert. Der Betroffene verspürt kein Bedürfnis nach Nahrung. Er verschließt den Mund, verweigert die Nahrungsaufnahme. Er verspürt möglicherweise Durst, hat aber Schwierigkeiten beim Schlucken.

- Eingefallene Wangen, mitunter dunkelbraune Flecken auf den Zähnen und eine spitzer werdende Nase fallen auf.

- Äußere Körperpartien, Arme und Beine, können kalt werden, während der Rumpf i. d. R. warm bleibt. Der Betroffene selber empfindet seinen Körper jedoch als warm, oft auch als überhitzt. Er hat dann das Bedürfnis die Decke aufzudecken, sich von Kleidung und Überdecke zu befreien. Als Begleiter sollten wir keine Angst vor einer Erkältung haben. Es gilt hier unbedingt dem Bedürfnis des Betroffenen nachzugeben.

- Verlust der Kontrolle der körpereigenen Flüssigkeit. Spontane Blasen- und Darmentleerung.

- Der Atem wird schwächer, das Einatmen wird kürzer und das Ausatmen wird länger. Der Betroffene atmet oft sehr flach und im oberen Bereich des Brustkorbes. Das Atemgeräusch kann rasseln, muss aber nicht, oder kann auch ganz leise sein.

Ein letzter leiser Atemzug und dann ...

Stille

Es sei,
als würde der Atem
in Stille ausharren.

Die Erwartung
schwebt im Raum
einer Erlösung;
– sehnlichst!

An Resten der Energie
wird gezehrt,
wo nichts mehr
zu verzehren ist.

Es ist,
als würde der Atem
in Stille harren;
aus. –

Ihre Notizen